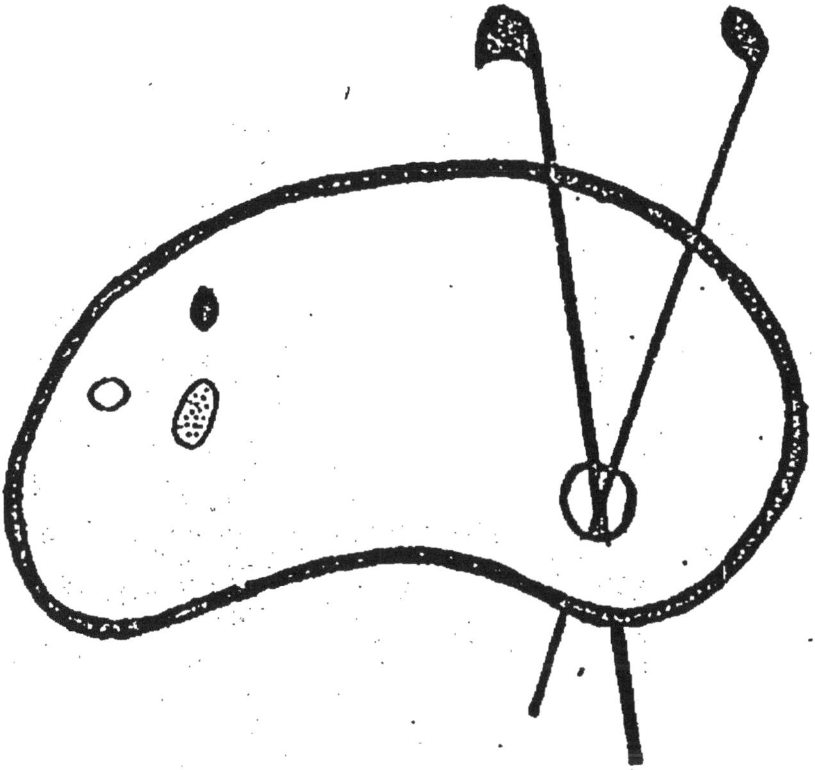

DEBUT D'UNE SERIE DE DOCUMENTS
EN COULEUR

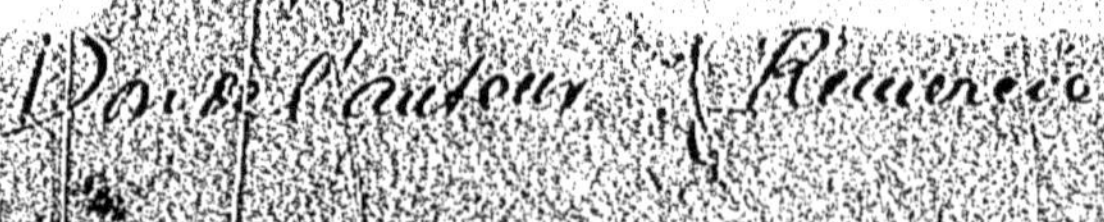

RÉSURRECTION

DE LA

PHILOSOPHIE ANCIENNE

LA PAROLE
LE GESTE
LA LANGUE UNIVERSELLE
LA PÉDAGOGIE
LA MORALE
L'ÉDUCATION SOCIALE

*Ouvrage présenté à l'Académie française
pour l'obtention du prix Montyon*

EN VENTE

Chez l'auteur AUGUSTE SIGRIST
185 bis, boulevard Montparnasse, 185 bis

PARIS
1907

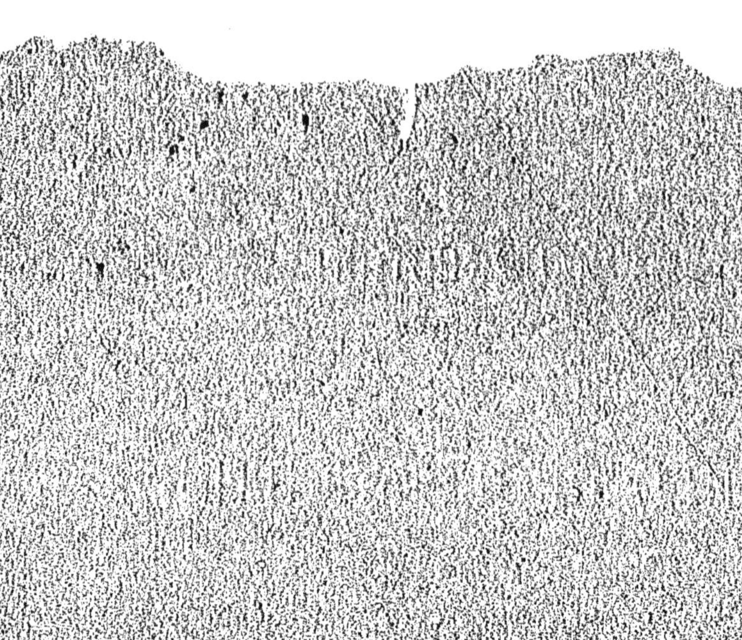

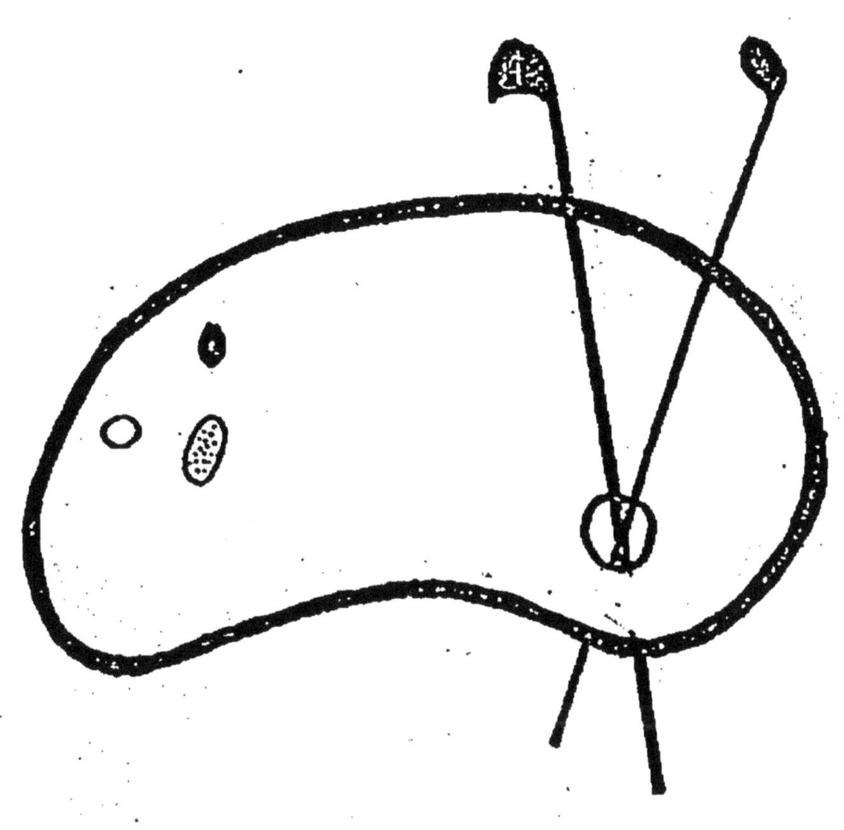

FIN D'UNE SERIE DE DOCUMENTS
EN COULEUR

PARIS .

agglutination de trois mots
primitifs
APPA – ARRA – ISSI –
dont le principal est ISSI
la voyelle I. claire écrit-ci dans
les choses de l'œil : la vue, les lois

le jour
la nuit
l'œil pareil au Soleil

l'œil vivifié par les glandes lacrymales comme par une source vive

Ill – rivière d'Alsace. Île, Vilaine
ville, agglomération d'habitants lacustres
île pour isla, insula, νησος
Inn rivière de Bavière – Innbruck ou
Innsbruck.
iss, rivière distillée le long des glaciers
de la Suisse, qui sur l'eau, Isère
Iss als, la glace (Eis – fixum –
eau solidifiée pareille à une île –
APPA – ARRA appartiennent
aux choses du toucher – en haut – en bas
Synthèse :
PARIS pour APPARISSI
APPAR ... ISSI
PAR ... ISS
flexions en SIS
soit la région où apparaissent
les îles, la raison de PARISIS
de l'Oise à la Marne, où les

dépôts des alluvions des 2 rivières
forment PARIS-EN-L'ÎLE-
la grande Jatte ell. été...
      comp. hisser
   "   issue
   La Seine, elle-même, a conservé
avec une petite variation le "INN"
celtique qui désigne la rivière
      comp.   Rhin
(voir pag. 131. 20) du livre)
Elle s'est mariée avec ENN ou
ENNE pour figurer les collines
des vallons qui obstruent son
cours & qui l'obligent à décrire
dans la plaine des courbes sinueuses
comme les plis du serpent.
Mais, le poète a certes pensé
dans "INN" pour donner raison
à ces vers inoubliables :

   Dans ces prés fleuris
   qu'arrose la Seine
   cherchez qui vous mène
   mes brebis chéries

RÉSURRECTION

DE LA

PHILOSOPHIE ANCIENNE

RÉSURRECTION

DE LA

PHILOSOPHIE ANCIENNE

LA PAROLE
LE GESTE
LA LANGUE UNIVERSELLE
LA PÉDAGOGIE
LA MORALE
L'ÉDUCATION SOCIALE

Ouvrage présenté à l'Académie française
pour l'obtention du prix Montyon

EN VENTE

Chez l'auteur : AUGUSTE SIGRIST

135 *bis*, boulevard Montparnasse, 135 *bis*

PARIS

A ma mère,
A l'Alsace, ma seconde mère
A la France, ma grande mère
Aux États-Unis d'Europe, la plus grande France
A l'Humanité, mère, plus grande encore,
De toutes les nations

AVANT-PROPOS

La langue, en Alsace, est fort singulière : ce sont des mots français, prononcés d'un accent étrange ; ce sont des mots *alt frankisch* (le mot est resté dans le patois populaire pour exprimer une chose « démodée, hors d'usage »), d'une intonation dure ; ce sont des mots, des phrases d'allemand que six cents ans de germanisation ont légués au pays, le tout mis en mouvement par une syntaxe presque anglaise.

Dans les hauts fourneaux, au-dessus des métaux en fusion, surnage une masse noire de crasse et de scories, ainsi il apparaît, au-dessus de cet amalgame de langues, une infinité de mots rebelles à toute analyse, à toute classification, incompréhensibles au Teuton, lui-même, paisible détenteur du pays.

L'originalité de ces mots presque énigmatiques fit germer en moi l'idée de les classer et de les comparer ; de cette juxtaposition jaillit pour moi, une vive lumière, pareille au phare dans la nuit.

Puisse-t-elle être l'avant-coureur de l'étoile, qui, par sa clarté, nous tirera, une fois pour toutes, de toutes les confusions de langues, de tous les quiproquos entretenus depuis la légende de la tour de Babel (*babl'a als*, parler; comp. *bab*, la porte — la bouche), jusqu'à nos jours.

La diversité, la grande variété des sujets traités dans cet ouvrage auraient demandé un gros volume. Examinant toutes choses à un point de vue nouveau, il eût été facile pour moi, de l'étendre à une vaste encyclopédie traitant de toutes les connaissances humaines, à l'instar de la philosophie ancienne, dont les lettres (*litteræ*, l'alphabet) sont, vous le verrez, le juste prélude.

J'ai préféré les présenter, sous un cadre exigu, pour en rendre la lecture moins pénible, souvent moins indigeste, jusqu'au jour où quelque sanction générale aura été donnée à mes idées et à mes méthodes.

Je soumets donc cet opuscule, écrit au courant de la plume, à l'appréciation de mes compatriotes et de mes contemporains, demandant toute leur indulgence, par le seul fait de les amener si loin des sentiers frayés, des chemins battus jusqu'à présent.

Mon but n'est pas de faire acte d'érudition,

car je n'ai appris aucune des formules, aucun des systèmes que je vais vous soumettre; mais, comme nous commencerons ce travail par une incursion dans l'hypothèse, excusez-moi, la fin de mon ouvrage nous ramènera dans le domaine de la vérité, de la réalité.

Le but que je poursuis est d'être utile aux autres : c'est, avant tout, un geste philanthropique.

Ma récompense sera large si d'autres personnes veulent joindre leurs efforts aux miens, pour chercher, dans la suite, à placer ce travail embryonnaire dans le rayonnement des choses utiles à l'humanité.

RÉSURRECTION DE LA PHILOSOPHIE ANCIENNE

PREMIÈRE PARTIE

RÊVERIES

J'étais en Alsace.

Depuis l'aube, je marchais, pressant le pas, à travers les coteaux en fleurs.

Le soleil, maintenant, haut sur l'horizon, dardait des feux de plomb, qui rendaient les articulations moins souples, la respiration plus difficile.

Je cherchai la fraîcheur : à l'orée d'un bois, je m'installai, près d'une source, dans une demi-obscurité, et je ne tardai pas à m'endormir.

*
* *

C'était la nuit de la Saint-Jean : les feux de joie rayonnaient partout, pour fêter le plein épanouissement du Dieu Soleil. Des bandes de vierges, à demi vêtues, dansaient en longues files, se déroulant en cercles concentriques autour des bûchers ardents. Les hommes, munis de bâtons, chauffaient au feu de larges rondelles de bois, qu'ils lançaient en l'air, dans un crépitement de flammes, telles des étoiles filantes.

Mille clameurs partout, des cris d'allégresse, des appels d'espérance dans la nature silencieuse, caressée déjà des premières effluves de la saison d'été.

1

Je n'étais plus seul. Un groupe de jeunes gens s'était détaché de la foule : nous faisions ensemble l'ascension du Saint-Odile, le roc muet, qui se dresse au sommet des Vosges ; nous allions, tournés vers l'ouest, voir l'étendue des flammes, qui, sur les monts, en ce jour de fête, émergeaient des points culminants ; nous marchions gaiement, en évoquant la grandeur de notre patrie, qui confinait, entre les deux mers, à l'Adour, au Rhin et au Var.

Nous allions, après cette joyeuse nocturnale, saluer l'aurore nouvelle, acclamer, à son lever, l'astre radieux, père et flambeau de l'univers.

*
* *

Nous approchions du sommet de la montagne, lorsqu'un orage formidable nous surprit. C'était le déchaînement horrible de toutes les forces de la nature : les arbres se tordaient dans les tourbillons ; les branches, chargées de pluie, s'affaissaient, craquaient sous les efforts des rafales ; et, la terre, ravinée par les eaux, laissait échapper sur les pentes, avec les torrents improvisés, des quartiers de roc, qui roulaient, qui dévalaient avec un bruit assourdissant.

A ce moment de la tempête, au milieu des éclats ininterrompus du tonnerre, nous entendîmes clairement une voix, qui parla ainsi :

Je suis le Génie séculaire de ces bois, de ces rochers, le gardien de ces sombres solitudes. Je fus le compagnon de vos pères et je vous aime tous, enfants du pays. Je connais le passé sinistre, je détiens la clef de l'énigme troublant, qui vous agite tous. De ces hauteurs, j'ai vu les plus terribles révolutions de la terre, j'ai suivi toutes les évolutions de l'humanité.

Je vous parlerai donc à l'aise du passé et du présent.

Ne craignez pas, jeunes gens, mes frères, et écoutez :

Ce mont, cher aux Dieux, est l'antique Ωον, l'œuf, le berceau de l'humanité en Europe, *wohn'a als*, demeurer, Wohnung, l'asile sacré de vos ancêtres; puis il est devenu l'ancien *Kokenborg*, le bourg des coqs — Hohenburg — avec le K aspiré (ch), le bourg des grands de la terre.

C'était le retranchement des premiers groupements humains; à son sommet, on entendait encore les derniers grondements du cratère éteint; et, à sa base, s'entre-choquaient les vagues agitées de l'océan. C'était l'ancienne maison hiératique de l'Alsace, Ἄλς (sel, Salz), alors que le bloc salé émergea de l'onde, des premiers en Europe.

C'est la plus récente *Els*, *elle*, le pays des hauteurs et des rochers, Fels, le pays des montagnes, Elsaß, le pays accidenté, qui s'étend de Bâle à Mulhouse, de Belfort à Wissembourg, c'est la montagne au sens allemand, ce sont les Vosges, frontières de la Gaule, dont les dernières collines, toujours gauloises, se baignent dans le Rhin.

En face de vous, vous voyez toute l'Alsace; à votre gauche le Palatinat (Pfalz), qui resta longtemps encore un lac salé, jusqu'au jour où le feu souterrain engloutit les chaînes les plus élevées de ces montagnes, et donna passage au Rhin.

Alors de nouvelles terres, soulevées violemment, virent le jour. Alors, les glaces se désagrégèrent peu à peu, et la vie prit naissance dans ces pays déshérités où les plaines étaient couvertes de nappes d'eau immenses, où le sommet glacé des monts fondait doucement sous le feu des étés trop courts.

A votre droite, c'est la <u>Suisse</u>, *exsudorium*, (Schwitz, sueur) qui déverse la sueur de ses glaciers par les plus gros fleuves de l'Europe occidentale.

Nos ancêtres furent les premiers habitants de toutes ces contrées mystérieuses, et ils occupèrent tous les pays d'Europe, fertilisés par les eaux des grands glaciers.

Êtres privilégiés, ils ont apporté à ce monde nouveau, une science divine, l'art de la parole et les éléments du langage : les Vosges, où ils habitaient, retentissaient du charme de leurs voix et de leurs chants : *Vosegus*, *Vosges*, Bogesen suivant les textes ; *vok-esse*, où l'on perçoit les voix ; *voces*, Bogel. Les heureux habitants étaient Gaulois (*galli*, *gallus*, coq, enjôleur, choyer, joie, joy, hocher, choc, *joke*, *jog*); comp. S..avoie.

Regardez, autour de vous, cette terre féconde, qui est la vôtre, à nulle autre pareille ; les routes blanches jetées, comme des flots de ruban, à travers les riants paysages ; les collines verdoyantes de pampres, chers à Bacchus ; les hameaux, pleins de soleil, les sources claires et les bois cachés dans l'ombre.

Écoutez, avec les chants de l'alouette, les cris joyeux du moissonneur. Voyez, dans les sillons, les cigognes, ces transfuges d'Égypte, se dresser tranquilles et graves, sur leurs longues échasses!

C'est une terre bénie! D'un côté, elle finit en une pente douce et se perd, à faible distance, dans les flots du Rhin, large fleuve dont les eaux roulent des paillettes d'or et scintillent de mille flammes, comme si le soleil, amoureux de ses rives, et las de fuir le soir, y noyait une partie de ses rayons : il brille, il rit, il emporte, dans le miroitement de ses ondes, cet éclair de joie qui s'échappe des yeux de l'homme heureux! (Comp. l'allemand 𝕽𝖍𝖊𝖎𝖓, *rein*, pur, expression impropre cependant, puisqu'il s'agit dans le mot « Rhin » de préciser l'éclat des eaux, comme la goutte de rosée, comme une larme dans *crin'a* als., pleurer, κρήνη, source, *rinnen*, ruisseler, *rinn'a* als., tomber goutte à goutte comme l'eau à sa source, comme le liquide fuit, goutte à goutte, d'un récipient mal joint).

De l'autre côté, tout le long des Vosges, la nature, souple comme le cou du cygne, se dessine en courbes molles, nuancées à l'infini.

Derrière ces ondulations, se dresse la montagne bleue, dont les cimes s'éclaircissent, blanchissent plus loin, et se confondent avec la pâleur de l'horizon.

C'est là, dit-on, la nouvelle frontière, cette ligne de sapins sombres et de tristes souvenirs!

C'est une terre enviée! Aimez-la comme vos pères, qui ont construit ces murs, comme les Celtes qui sont enterrés aux pieds des vieux dolmens. Voyez ces ouvrages cyclopéens, presque contemporains de la naissance de l'Europe actuelle, le mur Payen, le Menhir gigantesque, appelé plus tard le « Mennelstein », un des trois sommets du retranchement primitif des hommes de la période mégalithique — *els*, le pays des hauteurs — notez la flexion du mot d'un bout à l'autre.

Les Celtes ont érigé ces monuments grandioses; ils ont voulu conserver, intacts, tous les dons du Ciel, toutes les conquêtes morales, dont ils étaient si fiers :

la constitution libre,
l'égalité sociale,
la solidarité humaine,

sous l'égide de la branche de gui, symbole de la filiation, image de notre existence éphémère, de notre vie parasitaire dans ce monde.

Ils vivaient heureux, contents, dans l'encadrement du ciel bleu, qui les avait vus naître; et, pour éviter les empiétements, ils rendaient les communications plus difficiles. Sachant que les vallées, seules, pouvaient laisser passer les flots humains, ils les convertirent en lacs, en étangs (mer, plus d'air, beaucoup d'air).

Dans la direction du Midi, de l'autre côté de cette montagne, voyez Longemer, Retournemer, Gérardmer et beaucoup d'autres; tout autour de cette enceinte, voyez au Hohneck (autre cime des coqs, sommet du cône, pointe de l'œuf, qui voisine presque avec le ciel), les eaux déboucher dans la vallée de Munster, barrée autrefois à maints endroits, voyez Colmer (Colmar) et Guemer, plus loin, la vallée de Villé et la vallée de Barr (les noms sont caractéristiques), la vallée de Rosheim, avec Rosemer.

Beaucoup de ces étangs sont à sec, d'autres utilisés par des exploitations industrielles sont entretenus avec soin, quoique réduits, à l'endroit où ils ont été établis. D'autres ont été exploités d'une façon continue, à des titres divers, soit, suivant le mode lorrain, dans un double but agricole et piscicole, soit, suivant le mode alsacien, en vue de créer des réserves d'eau pour le flottage du bois, seul moyen de locomotion alors que les chemins n'existaient pas et que les sentiers, lits des torrents, étaient impraticables.

Ce n'est pas tout. Les agglomérations humaines, elles-mêmes, s'entouraient d'eau, et le moindre hameau s'érigeait à côté de la rivière ; de là, le nom de ville, village (*Ill*, rivière, Ille-et-Vilaine, Illiers, Yère, comp. *issi*, Isère, Isser, Issigeac, Issoire), les terminaisons en *ac*, *a*, *ay*, *au*, *cy*, *y*, *wy*, *wihr*, *wir*, suivant que ces centres, paraissant des îles, étaient établis au bord d'une eau courante, d'une eau de source ou d'une mare.

Plus tard, furent fondées les deux villes, célèbres alors, la première Argentory (*Argentoratum*, adaptation latine), en face des défilés de Saverne et de ceux de la Bruche, presque au confluent de l'Ill et du Rhin, pareille à ses congénères des Gaules, Argenton sur l'Orne, Argenteuil (arches, bateaux) sur la Seine, près de ses affluents, la Marne et l'Oise.

La deuxième ville, *Argentovaria*, Horburg, où accourent les chalands, près de Colmar, en face des débouchés des vallées de Munster et de Sainte-Marie-aux-Mines.

Cette dernière, déchue aujourd'hui, a eu son temps de splendeur.

Quant à la première, toujours grande, toujours prospère, elle est devenue, par la misère des temps, l'Assburg (je me trompe) le Strassburg du peuple germanique.

Pauvre ville ! Son nom celtique devait cependant la protéger contre les ambitions étrangères, bâtie sur l'Ill, torrent navigable (archen-tor-y). En effet, jugez de la progression des mots, arche, barque, harca, marcher, marquer le pas, charger, cargo, etc... C'est vers le marché que venaient les caravanes et tous les chemins convergeaient vers la grande ville !

Aussi, n'est-il pas étonnant, que plus tard, la cité fut appelée, par les arrière-neveux de Charlemagne, en pays germanique, terre d'annexion alors, « Ville des chemins », Straßburg, pour redevenir Strasbourg deux siècles seulement, et retomber dans l'ancienne servitude.

Tout a conspiré contre nous, même les cigognes : trompant l'hospitalité généreuse que nous leur accordions, elles ont amené, à leur suite, un jour de printemps, des colonies humaines, venant de l'Orient, avides de possessions nouvelles.

C'étaient les Hindous de l'Inde cisgangétique, en alsacien *Zigynner*, de la Cingitanie, jitanos, zingaris, poussés en avant par les races fécondes et prolifiques en bordure des monts Himalaya, qui cherchaient une autre patrie.

C'étaient, peut-être, les anges déchus, dont parle la légende, qui venaient des régions des monts Himalaya (comp. Himmel), peupler l'Europe et lui apporter un idéal nouveau. C'étaient les Cimmériens, les Cimbres, d'autres peuples encore.

C'étaient les Phéniciens, les Juifs qui s'installaient sur leurs bateaux aux bords du Rhin, pour se livrer au trafic des esclaves, à la vente des pierreries et des objets de luxe asiatique.

En quelques siècles, ces dissolvants eurent raison de nos mœurs pastorales. Nous négligeâmes le culte de nos ancêtres, en perdant notre foi; les affaires... l'immoralité des affaires fit le reste. L'argent finit par devenir notre seul mobile, à l'exemple des marchands venus de Tyr; les jeux de hasard furent notre seule passion : la ruine morale était consommée.

Alors, commencèrent tous nos malheurs.

L'étranger trouva, parmi nous, des espions et des traîtres!

Le mal était sans remède. D'autres peuples vinrent à la suite des premiers jusqu'au jour où, sur les plateaux de l'Auvergne, nous perdîmes notre indépendance et notre vie.

De toute cette grandeur, que reste-t-il ?

Pourquoi avons-nous quitté les grands «*Almend*» les terres communes où paissaient nos troupeaux et qui nous garantissaient, avec la chasse, la vie matérielle et la liberté de parcours sur une large surface de l'Europe ?

Dans toutes les sociétés anciennes, la terre, l'*alma mater*, n'était-elle pas la grande nourricière, la mère de l'affamé ?

La Terre, par destination, est-elle allemande ?

Mais la patrie allemande est un non-sens : je ne connais aucun état de la Germanie qui s'attribue ce titre, et le pur Germain ne comprend même pas ce mot ronflant, qu'à la condition d'y adjoindre l'idée de l'universalité des hommes (alle, Mann).

Ce sont les Romains qui ont commencé l'équivoque et ce sont les Latins qui le perpétuent !

Les Germains actuels sont, en grande partie, nos frères de la patrie celtique ; mais, de nouvelles races, venues de l'Asie, après avoir mis la main sur leurs terres, ont consacré l'erreur de la Rome décadente, pour mieux occuper le pays.

En effet, le mot *alla* a été détourné de son sens propre : le grec antérieur, d'une longue série de siècles, au hoch teutsch moderne, traduit le tout, l'entier par χος. Le même mot, quoique écrit *all* se prononce *óll* en Angleterre, dans le monde anglo-saxon ; et, les villages alsaciens ne sont pas rares où l'on prononce *oll*, tout, *olli lltt*, tout le monde.

Oui, les Germains reconnaîtront, tous, sous la dénomination *ditsch* (dit-isch), les pays où l'idiome européen prit son essor (*dit'a*, als. faire signe, dire, dit — *dire, detto, decir, dicho, hedit'a*, als. signifier) quoique l'expression consacrée en Allemagne pour parler soit sagen (comp. say, en anglais, sai'a, en alsacien). Mais, ce mot était particulier aux Saxons, voisins des pays gaulois (*Galli*) qui, dans leur idiome particulier (ἄλλος), quoique parlant une langue sœur, comme *des coqs sur leurs ergots*, évoquaient les vertus mâles de leurs ancêtres et faisaient vibrer l'âme des héros (*call*, prononcez *cóll*, angl. appeler).

Le mot *Gallus* était estropié lui-même par les Romains, car les Gaulois ont toujours protesté contre ce vocable qui ne les désignait pas ! Leur nom était le coq dans l'attitude du chant, comme κολοιος, le geai (qui imite la voix humaine) ; colombe (qui roucoule), *gaoul*, en Lorraine, qui a une bonne langue, *gueule*, en français vulgaire.

En Alsace, nous parlons un idiome *alt-frankish*, parce que les frères de la Gaule nous ont laissés six cents ans au pouvoir de nos pires ennemis; et notre langue n'a pu se modifier dans le sens latin, comme le français.

Puis, dans le seul but d'assurer leur propre existence, nos frères de la Gaule ont dû oublier, pour des siècles, les frontières du Nord et de l'Est, et se laisser entraîner dans l'orbite romaine.

Mais à quoi bon remémorer le *finis Galliæ* de César, puisque les Francs sont venus mettre à sac la Gaule tout entière, la pliant sous leur joug de fer jusqu'à l'avènement de la IIIe dynastie, à la fin du xe siècle.

Cependant, de quel droit, le Français est-il écarté du Rhin? Où vivent tous ses congénères?

Qui débrouillera la marche des races humaines? Où se sont arrêtés les vainqueurs, où se sont cachés les vaincus?

Les similitudes apparentes des langues prouvent fort peu en faveur de la communauté d'origine, car l'éclosion des idiomes se produisit partout, en suivant les mêmes procédés et les mêmes règles.

A

A l'origine, l'homme vivant, près de l'eau, du produit de la pêche et de la chasse, imita les mouvements et les cris des animaux auxquels il faisait la guerre : l'oie, le canard, le geai, le corbeau ou autres oiseaux, vivant dans son voisinage immédiat.

Ces animaux s'appelaient et se répondaient par: *gag — gag — couag, couag, couac!* à telle enseigne que *gags'a* (als.) est devenu synonyme de bavarder. C'était l'harmonie imitative.

Le geai appelé « jacques », jacasse, jase, agace. Caqueter et *chiacchierare* suivent le même ordre d'idées, et *cantacciare* nous mène à :

1. *cantare, canere,* chanter, canard, canne (le son du roseau).

2. *acciare,* hacher, ouvrir et fermer la bouche en claquant des dents.

Le bruit de la voix en *acciare* se retrouve d'ailleurs dans ramage, mais plus nettement dans *ratch'a,* als. bavarder, c'est-à-dire *acciare,* actionner la bouche avec des *r,* c'est-à-dire en faisant des roulements ou mieux des râles. Nous verrons, en effet, plus loin que les roulements font partie d'une autre catégorie de bruits. Le mot *acciare* se retrouve, plus distinctement, dans *linguaggio, language, lengaje,* dans les verbes rabâcher et ρἐάσσειν, ce dernier, sous une forme plus douce et plus civilisée, dans un marseillais moderne.

Il est donc naturel de déduire, par ce qui précède, que l'A, son entendu près de l'eau, a été employé par tous les hommes vivant dans son voisinage. Ce son acquit plus de rondeur par l'emploi des consonnes, et en même temps plus d'expression. Le mot ja, un dérivé de ces sons, est donc essentiellement le patrimoine d'hommes habitant la plaine, en bordure des régions aquatiques.

Il est facile de se convaincre de la vérité de cette assertion, en voyant que toutes les consonnes, successivement, ont concouru à indiquer les efforts de la voix pour parler en A.

J'en examinerai quelques-unes :

ALLA

ball'a, als. aboyer, râler, bail-ler.
prall'a, als. bavarder, se vanter.
Prahler, κλάζω, hâbleur, râle.
gallus, râle des genets.

ANNA

canere, canard.
ganso, Gans.
gansl'a, als. dire des niaiseries.
Schwann.
Hahn.

ASSA

jacasser, fracasser, phraser.
γράζειν.
assero, affirmer.
βαβάσσειν.
frass'a, als. manger, ouvrir et fermer la bouche.
schwatz'a, als. bavarder.

ARRA

narrare.
garrulitas.
crai'a, als. chant du coq.
γραῖος, vieille femme.
κράζω, crier comme un corbeau (bavarder).
ciarlare, bavarder.
ciarlatano, charlatan, qui parle tant, brailler, railler.
garrulus, geai.
jars, mâle de l'oie.
jargon.

(suite)

charlare, en espagnol, se dit des oiseaux qui imitent le langage des hommes.

(Voyez l'ironie des mots).

AFFA

raffl'a, als. bavarder.
waffl'a, als. bavarder.
affirmo.
affor, affaris.
fari, fatus.
schnaffl'a, als. bavarder.
waffel, als. gueule.

AKKA

gags'a, als. bavarder, jacasser, caqueter.
gracchiare, bavarder,
chiacchierare.
cantacciare.
linguaggio.
fragen, sagen.
ratch'a, als. bavarder (r..acciare)
Sprache.
gracchia, corneille.
Häher, geai.
papagayo, perroquet.
ἰάχω, faire du bruit en criant.
δίωγα, la chasse, Jagd, comp. Diane.

AMMA

clamare, llamare, chiamare lamentation.

APPA

appeler, rappeler, japper (jaboter, cabotin).

<table>
<tr><td>

ABBA

hablar, hableur.
schnabbl'a, als. bavarder.
Schnabel.

</td><td>

ATTA

schnatter'a, als. bavarder.

AVVA

bâver, bavarder, etc., etc.

</td></tr>
</table>

Je m'arrête au mot :

> *papagayo*, papegäy, perroquet.

mot composé de *gayo*, gäy, geai (ce qui le ramène à *akka*) et de *pap*, *papl'a* ou *babl'a*, als. bavarder. En examinant le mot *pap*, il est aisé de voir que sa prononciation nous force à resserrer les lèvres comme si elles devaient rester collées, *pap*, als., colle, bouillie pour les enfants. Les lèvres fermées sont humectées par la salive ; et en les ouvrant avec violence, nous produisons un son pareil à celui d'un bouchon qui saute.

En fermant la bouche avec force, nous produisons le même son, un peu plus grave. Cela explique les deux tons de la voix du canard, et, nous donne la clef de l'accentuation des mots, premiers éléments de la musique.

Mais il est produit ainsi un langage automatique, toujours le même, un langage fatigant de bavard :

> *pap* (bab), *pap* (colle), papa, baver, bavard, bave (salive).
> *babl'a*, als. bavarder.
> *babble*, bavarder.
> *hablar*, parler, hableur.
> babiller, papoter, papelard.
> *clapper'a, schlapper'a*, als. faire du bruit avec la bouche.
> déglabauder.
> plappern, bavarder.
> schnappen, bailler.
> *schnapper'a*, als. bavarder.
> Schnabel, etc., etc.

λαλειν, parler.
παραλαλειν, mot que d'aucuns prétendent être la racine
du mot français parler, mais à tort.

Enfin, je citerai, pour finir :

babouin, espèce de gros singe, *babine de singe,
simiæ labrum.*

E

L'homme, après avoir trop parlé, en imitant les animaux aquatiques, finit par adopter un langage plus judicieux. Il admira les animaux et les oiseaux, vivant loin de l'eau, aux sens plus subtils que ceux de l'oie et du canard : il fut étonné de leur adresse, de leur précipitation dans l'action. Il négligea le bavardage continu et il eut recours à des appels intermittents. Tenant compte du flair qui empêche les surprises, de la tactique qui mène au succès, il voulut appliquer à ses actes, la façon d'être des animaux des hauteurs et des coteaux.

L'homme raisonna. La ruse devait faire sa suprématie ; et, il fallut classer ses discours, les mettre en période, pour amener la persuasion.

De là, les expressions :

ρεβεν, rhétorique, *enredar, rêts.*
λεγω, choisir, dire, λεκτεον.
sermo.
prêche, ſpredjen, speak, trois mots frères (si l'anglais ne
prononçait pas spik), précepte.
verbum, questus, crepitus, etc., etc.

Tous ces mots, venus à la suite d'efforts intellectuels pour arriver à une situation meilleure, dans les primitifs suivants :

bestia, peste, bête.
venor, venio, Vénus.
celer, velox, ferox, errer, ῥέω (ἐρρύθη).
Schelle, sonnette — Κέλαδος, γελάω.
Κέλλω, courrir précipitamment, τρέχω.
στέλλω, s'arrêter, replier les voiles.
Κέλης, cheval, coursier.
aile, Eile, vitesse, selle.
Κέλω, commander.
renne, rennen, courir précipitamment (par bonds).
πνέω, souffler.

La caille (comp. κέλλω) dont le cri :

« bec, gué, bec »

rappelle l'intermittence, le bégaiement (bègue), l'inconstance (la caille est un oiseau de passage, bien connu par ses migrations lointaines).

Le mot ſchmettern se dit d'un son violent et saccadé, du son de la trompette.

Le papillon est appelé Schmetterling, du fait de son vol intermittent.

Enfin, épeler, c'est-à-dire appeler lettre par lettre, est usité pour indiquer un acte raisonné et judicieux, mais pareil au bégaiement.

L'homme ſourbe ne se contenta pas de ce progrès : il alla plus loin. Vivant en société, et la langue étant comprise par tout le monde, il ne voulut pas s'astreindre à un rôle de muet, lorsqu'il s'agissait d'ourdir une cabale ou de tramer quelque complot contre la propriété ou la sûreté des autres. Il inventa le gergo « la langue verte » (*vertere*), et en parlant gergone, il s'exprima en argot comme l'apache moderne, non en termes connus, mais en paroles mystérieuses, fruit de recherches (*cerchare*, chercher, travaux de tête), (ἔργον) ἐργάζομαι, exercer un art. *Io scrivera in gergo, cioé con trasportazioni di lettere ed abbreviazioni alle quali io era avvezzatissimo* (Silvio Pellico) τέχνη, benfen, fennen, antenne, enchaînement, Kerfer, prison où languirent tant de savants depuis Socrate jusqu'à Galilée.

I

D'aucuns imitaient les notes aiguës du chant des oiseaux ou adoptaient des cris harmonieux, telle la gamme des sons, que donne le roseau percé de trous à intervalles égaux ; telle la progression des sons provoqués par la chute de gouttes d'eau, tombant, une à une, dans un récipient. J'ai nommé le fifre aux sons aigus et non la flûte !

La langue s'accommoda de ces sifflements, comme le dit harmonieusement le vers du poëte :

Stridula vibratis fuderunt sibila linguis,

dont l'avant-coureur a été le pst!!! et dont la résultante fut la naissance des notes aiguës, du soprano, de la musique.

Dans ce rôle de mime qu'exerça l'homme, il dut se servir de signes de toutes espèces.

Suivez les mots de cette formation : φημι, *lingua*, mince, cri, le son du crin, *gridar*, grignon, grignotter, τρίζω, Fink, fingen, λάζω, σίζω, sibilare, σιρλοζειν συριττειν, σιγή, silence, *chicchirallare*, babiller, *zitto*, silence, *simia*, singe, signe, *dit'a*, als. faire signe (dit), dire, *digitus*, dix, *index*, indice, etc... Le travail d'application, pour l'entente des signes, s'étendit aux doigts, et cela est tellement vrai que le mot « expliquer » signifie littéralement déplisser, déplier les articulations de la main, propre du langage aphone du sourd-muet.

Au reste, le mot *manifesto* me dispense de tout autre commentaire.

C'était ici le langage lingual et manuel.

O

Enfin, et ce fut le triomphe de la vocalisation, l'homme g..., chanta ses discours, (excusez la pauvreté de la langue française) en articulant les mots du fond du gosier, pour les rendre sonores. Ce ne furent pas des sons gutturaux, parce que ce mot trouvera une place plus appropriée dans la lettre U.

Il chanta comme le coq, au lever du soleil, il donna, lui aussi, le SOL, comp. hochtönend, sonore. La bouche ouverte en O, toute grande, et la gorge dilatée jusque dans ses ventricules, la langue dissimulée contre la mâchoire inférieure, chaque poussée d'air produisait des vibrations sonores, dont les ondes contournaient le larynx, en cercles, la bouche s'évasant comme l'orifice d'un cor.

Nous avons reconnu les Gaulois, nous avons nommé les Grecs (Doriens et Ioniens)!

La pomme d'Adam est la caractéristique de ces efforts. Nous la trouvons même chez le corbeau qui *croasse*, et chez la grenouille qui *coasse*.

Quelques mots au hasard rendront mes citations plus nettes :

lok'a, als. attirer les oiseaux au moyen d'un appeau.

meise-loker, le commerçant d'Argentoratum, de Strasbourg, l'enjôleur des mésanges.

Κώδων, sonnette, trompette.

κοτίλλω, enjôler par la conversation.

κολοιός, geai.

koller, als. coq.

στόμα, bouche.

vocare.

λόγος, *loqui, locutus.*

κλώζω, glousser.

word, Wort.

jaboter, *gozzo,* jabot.

coq.

jaula, la cage où se trouve le rossignol, l'enjôleur des bois.

cotorra, perruche.

cottorera, femme bavarde.

Les mots *oc, oil,* Doch, *jo,* als. oui, jedoch, sont des dérivés de ces sons, ainsi que le latin *hoc.*

Je me garderai d'oublier les trois mots frères déjà cités en E :

prêcher, sprechen, speak,

dont les temps participent à l'acclamation en O, sauf le mot français prêche, qui a pour antithèse prône, soit :

prôné, gesprochen, spoken.

U

Reste la voix utérale (le pet) et son opposé la voix gutturale. Son appelation vulgaire est « parler du ventre ».

La voix gutturale est donnée par le fond du larynx et son expression est l'*ut* (*ut* de poitrine).

La grande flute, le luth, le lutrin modulent ces sons.

Quelques mots à l'appui de ce qui précède :

puper'a, als. péter.
cucubo, crier comme un hibou.
bubulo, crier comme un hibou.
ululo, hurler.
bub, buffle, *bubile,* étable à bœufs, *...mugitusque boum...*
γρῦ, grognement du porc.
ῥύγχος, groin.
grunnitus, cri des pourceaux.
μύζω, geindre.
πυγή, le derrière, Πύλαι, les Thermopyles (passage étroit).
pulire, nettoyer, etc., etc.

Au reste, les boyaux, qui transmettent les sons, deviennent les cordes de nos contre-bassès si celles-ci restent grosses et peu tordues : ils sont les cordes de nos violons, quand celles-ci restent fines, savamment raidies pour rendre les sons aigus en *i... i...*

L'imitation des animaux féroces et domestiques fournit, à l'homme, un nombre considérable de mots, mais celle des éléments eux-mêmes, aquatiques, éthérés, solides et ignés, forma bientôt le grand vocabulaire du langage. La mimique des choses, ayant rapport au goût, créa tout le reste. Ces dénominations, jamais impropres, aidées de signes, suffisaient largement à l'expression des besoins sommaires de l'homme primitif.

Mais comment désigner les formes, les états si différents sous lesquels nous apparaît la matière? Comment exprimer les courbes, les angles, les droites inséparables du mouvement?

La solution de ces questions donna au langage une étendue incalculable. L'homme avait remarqué que tout être créé était parfait dans son genre : il porte, en lui, le germe, l'embryon graphique de toutes les formes qui, pour lui, se manifestent au dehors et qui agissent sur ses sens.

En effet, nos organes, se trouvant en relations constantes, permanentes avec le monde extérieur, par l'intermédiaire de nos sens, ont pris, dans un but de rapprochement plus intime, la forme même ou la forme décomposée des agents extérieurs qui viennent les influencer et les frapper : ils reflètent ainsi vers notre cerveau les images les plus diverses, dont le monde extérieur leur a livré le secret (fig. 100 et 195, 42 à 53).

Voyez tous nos organes des sens :

La bouche, cette pince (Zange, λαβίς) du « toucher », comp. Zank, discussion animée par l'organe de la bouche, Zahn, la dent qui mâche, Zahm, apprivoisé, la gueule fermée de l'animal, qui ne craint plus ;

Le nez, cet appareil de précision, à la forme pointue pour fouiller, à la forme hémisphérique pareille au ciel qu'il explore (fig. 61) ;

L'œil, ce soleil de notre activité où viennent se mirer, comme dans une eau limpide, tous les objets extérieurs, par une cornée humifiée (fig. 81) ;

L'oreille, ce centre nerveux où par un orifice en entonnoir s'engouffrent les sons, en ondes qui aboutissent aux canaux demi-circulaires et au limaçon (fig. 104) ;

L'organe du goût, enfin, qui se déroule en culs-de-sac, où, par instinct, nous nous complaisons tant (fig. 9).

Cette heureuse disposition de nos organes a pu faire dire, aux philosophes anciens, que la nature avait créée l'homme pareil à elle-même, et le plus ancien des livres, dans la *Genèse*, affirme cette vérité « Dieu créa l'homme à sa propre image et à sa ressemblance ».

Nous trouvons donc, en nous-mêmes, les lignes les plus variées que notre imagination pourra rêver ; et, il suffira de les chercher dans celui de nos sens, qui en aura été impressionné.

L'homme fut amené, alors, à affecter une voyelle à chacun de ses sens; et, il désigna les objets du monde extérieur par le sens rappelant leur forme.

C'est ainsi que :

- l'organe du *toucher* fut formé de l'intersection de deux lignes, dont l'angle donne l'éloignement, la distance du contact,
- l'organe du *flair*, dans sa forme grecque « επτιλον », prit l'aspect de deux courbes tangentes pareilles au vol de l'oiseau, maître de l'air, et rappela les formations sphériques,
- l'organe de la *vue* fut représenté par une ligne et un point : la ligne et le point de mire,
- l'organe de l'*ouïe* rappela les ondes sonores et toutes les figures rondes et cylindriques,
- l'organe du *goût* désigna les segments et les demi-circonférences.

Chacun de nos sens a son caractère propre, son mode spécial d'évoluer. Cette manière de recevoir les impressions du dehors ou de les renvoyer à l'extérieur fut notée, à son tour, et donna lieu à des significations nouvelles, relevées par les voyelles.

Outillé avec cette perfection, l'homme posséda un instrument merveilleux pour formuler ses pensées. Les tableaux A et B, lithographiés à la fin de ce livre, en feront saisir le mécanisme harmonieux (fig. 225 pour les formes en *atta*).

Il serait très intéressant de faire des rapprochements dans ces tableaux, car il serait aisé d'en déduire, *a priori*, que la langue grecque, si elle a été la plus cultivée, n'a pas été la plus ancienne des langues européennes connues.

Pour éviter des longueurs, je me contenterai de vous faire saisir la commune origine des mots en UT-TU, mot primitif pour classer tous les états, tous les mouvements en T de ce qui a rapport à U, sens du goût (0 fig. 41, page 97).

Les appellations des parties basses de la bête humaine seront vite comprises :

uter, uterus.
Euter.
Mutter.
rut.
put.
futurus.
Plutus.
Butterblume, pissenlit.
kuttel, als. boyau.
chute.
culbuter.
putz, als. organe sexuel de la femme.

putage.
botytto, déesse de l'impudicité.
putride.
lutter, als. salope.
sluttery.
exutoire.
buzzo, gros ventre.
charcuterie.
krutt, als. choux, Kraut (les enfants naissent dans un chou), etc., etc.

Les noms des parties supérieures sont plus claires encore :

udder.
guttur, glutton.
guttle.
dutt.
gutta, goutte.
γυτρος, υδρια.
cutis.
hutt als. peau, Haut.
butte, hutte.
futtuare.
Hut, chapeau.

βουτυρον.
Butter.
Futter.
Nutzen.
utor, utilité.
nutrire.
gut.
Muth.
chut ! (ferme !) *shut up!*
zut ! (pour *tut,* voir plus loin, πλουτος, etc., etc. (fig. 227).

J'ajouterai cependant à cette forme, son renversement TU-UT ou TUT, protéger ;

> *tut*, als. cornet pour confiserie, corne d'abondance.
>
> *tutty*, le bouquet, la *tutie*.
>
> tuteur, angl. *tutor*, *tutelage*, *tutelary*, *tutorage*.
>
> formation qui, opposée à *ut-tu*, a donné aux anciens la formule vraie du droit naturel : la mère (Mutter), gardienne (Hüterin), tutrice de ses enfants (comparez plus loin *tut* avec *tit*).

L'homme, en imitant le chant des oiseaux, le cri des animaux, le bruit des vagues agitées, était arrivé à parler et à s'exprimer sous cinq formes différentes, selon la voyelle à laquelle il voulait avoir recours, selon la situation qui le décidait à évoquer cette voyelle.

Cela ne devait pas lui suffire.

A l'aube d'un âge nouveau, naquit un homme de génie, dieu ou demi-dieu, Orphée ou Arcas, qui, appliquant la philosophie aux mouvements, la parole aux gestes, engloba les sons de toute nature dans des formes plus simples : il inventa les lettres et la grammaire.

Il réunit dans la même classification :

> les mouvements et les états ;
>
> les êtres et les choses ;
>
> les connaissances et les rêves ;

pour former, de l'univers entier, un tout harmonieux, qui donna naissance à la philosophie ancienne, éducatrice de nos pères.

C'était la science universelle, la langue universelle — universelle, parce qu'elle était uniforme, unique — et elle est restée telle, malgré les variations, toutes superficielles, que les siècles y ont apportées.

Le génie, qui l'a fait germer, l'a rendu immortelle.

Il n'est donc pas étonnant que les anciens, les Grecs plus tard, aient donné au langage une origine divine.

Le langage, en effet, est une des inventions les plus extraordinaires du génie humain ; et il a marqué nettement, par sa création, la séparation entre la vie animale, celle de la nature, et la vie intellectuelle, celle de l'Idée.

Désormais, l'idéal aura le dessus sur toutes les forces physiques, sur toutes les pressions sociales, qu'elles viennent des ambitions des tyrans, ou des appétits de la masse populaire.

Mais combien de siècles devront s'écouler encore entre le rêve et la réalité, alors que nous voyons tant de dépressions autour de nous !

Peu importe, l'idée conquérante ne s'arrêtera pas en chemin.

Voici, en résumé, les conceptions nouvelles :

CHAPITRE PREMIER

L'usage de la voix est une faculté naturelle de l'homme.

La parole, ou l'articulation de la voix, est une création humaine.

Le langage, la langue, est l'ensemble des paroles mises en usage dans un groupement humain pour exprimer les pensées.

La parfaite harmonie des mots avec les objets à désigner constitue le langage propre ; celle des phrases avec les faits à relater constitue le beau langage ; ces deux termes se confondent dans l'expression du vrai.

La nature, la première, a incité l'homme à parler ; ses éléments, en effet, agissent, tous, avec des manifestations de bruits et de sons divers.

L'homme les imita d'abord, en singe parfait ; puis, les besoins de la société exigeant mieux que des gestes rudimentaires et des cris stridents, il créa, petit à petit, à tâtons, les divers éléments du langage.

J'ai dit que la nature avait sa voix propre. En effet, les voyelles représentent, toutes, les manifestations de ses éléments, tels :

A l'eau, par ses déplacements, le flux, le reflux, par le bruit des lames lancées contre le rivage, par la pluie tombant à torrents (fig. 1).

E l'air, par le souffle des vents entraînant les nuages (fig. 2).

I la **lumière** (licht), par le cri joyeux des oiseaux, saluant la naissance du jour, par le crépitement, le bruit sinistre des corps mis en pièces par la foudre (fig. 3).

O la **terre**, lancée dans le tourbillon de l'espace, par le roulement du tonnerre et des forces physiques (fig. 4).

U le **feu**, dont le centre de la terre est un foyer ardent, par le bruit lugubre de la flamme, par les hurlements des animaux féroces, la nuit, dans les vallées occupées par les colonies humaines (fig. 5).

En effet, l'universalité des choses a pu être dépeinte dans sa signification primordiale par la fig. 6.

Tous les bruits, dont nous parlons, ont une valeur constante, et forment, si j'ose m'exprimer ainsi, autant de diapasons dans la variété de sons, produits par le choc des éléments, dans l'harmonie universelle de la nature.

Il n'est donc pas extraordinaire que l'homme ait pris texte de cet état de choses, et, allant de cause à effet, ait désigné les éléments eux-mêmes par des lettres ainsi constituées.

Nous avons fixé le sens simple des voyelles.

Mais, les manifestations de la nature ont toujours eu leur répercussion sur l'humanité; c'est ainsi que se sont produits les premiers cris humains, embryons du langage.

Ce sont :

A le **vagissement** de l'enfant, au berceau, qui demande à boire,

E le **bégaiement** de surprise de l'homme, troublé par des événements imprévus,

I les **cris** arrachés à la passion, l'*ire*, le *rire*,

O   les **explosions** d'admiration ou d'angoisse, en présence des manifestations célestes et des révolutions terrestres,

U   les **hurlements** de pitié ou de douleur entendus au foyer domestique et dans la vie civilisée.

Ces appels, ces exclamations furent classés plus tard au nombre des interjections!

Pour fixer ces notions d'une façon indélébile, les anciens ont imaginé d'appliquer les voyelles à la tête humaine, les faisant correspondre avec l'organe même de transmission de chacun des éléments :

La **bouche**, rappelant la salive, qu'elle secrète, et avec laquelle elle reste en contact permanent, a été désignée par la lettre

A   le *toucher* (fig. 7).

Le **nez**, organe de la respiration, a été désigné par la lettre

E   l'*odorat*.

L'**œil**, miroir éclatant de nos passions, a été désigné par la lettre

I   la *vue* (fig. 8).

L'**oreille**, organe des sons, a été désigné par la lettre

O   l'*ouïe*.

Enfin, la **gorge**, qui donne accès à la chaleur interne, a été désigné par la lettre

U   le *goût* (fig. 9).

De cette façon, chacun de nos sens fut évoqué et notre oreille, dans la conversation, fut mise en relations avec le monde extérieur (fig. 10). C'était le sens simple des mots.

Quant au sens figuré, il était représenté par la figure même des voyelles, *leur tracé géométrique*.

Considérant, ensuite, que tous les vertébrés se composaient de deux organismes bien distincts, l'avant-train avec la tête, centre nerveux de la pensée, l'arrière-train avec le ventre, centre nerveux de la conservation et de la reproduction de l'espèce (fig. 12) ;

Sachant, en outre, qu'entre ces deux organismes il existait dans les êtres bien constitués, une harmonie complète, les anciens firent, pour le ventre, le même classement que pour la tête et ils représentèrent par :

A le **nombril**, rappelant la bouche et surtout la langue chargée de salivation, pour marquer notre vie intra-utérine ; (par extension, la voyelle A s'adresse aux jambes, le toucher d'en bas),

E l'organe de **reproduction**, dont l'odeur exerce une action décisive sur l'appareil olfactif,

I l'organe de sensibilité dans les rapports sexuels, dont l'irritabilité rappelle la vivacité de l'œil,

O la **matrice** (*womb*), les **testicules**, les témoins de l'acte de la reproduction, comme si leur rôle était de garantir l'authenticité et la continuité de l'espèce,

U l'**anus**, donnant passage aux résidus de la digestion, qui est l'antipode de la gorge, l'entrée du ventre.

Ces significations se sont étendues, par la suite, à d'autres fonctions en raison des dérogations admises (fig. 157), que nous devons négliger ici.

De tout ce qui précède, il résulte que l'homme, dans son fonctionnement normal, peut être représenté par les figures 10 et 11, et l'examen de ces graphiques donne, à première vue, une idée très nette de la valeur des voyelles dans le sens renversé.

CHAPITRE II

Une fois entrés dans cette voie, les anciens ne devaient plus s'arrêter, la clef de voûte de l'édifice était trouvée. On classa toutes les parties du corps, on classa le règne animal, le règne végétal, le règne minéral, et par là on rattacha la Zoologie, la Botanique et la Minéralogie à l'étude des lettres de l'alphabet (*litteræ*).

La simplicité la plus rudimentaire a présidé à ce travail. Je me contenterai de quelques exemples presque français :

HISTOIRE NATURELLE

A (fig. 13-14).

Ex. : *Appa-amma, assa, asque, anna, agne.*

Ces animaux et ces plantes végètent dans l'eau ou vivent près de l'eau, non loin de nos habitations; les animaux sont doux et paisibles, les plantes nous servent à beaucoup d'usages domestiques.

E (fig. 15-16).

Ex. : *erre, elle, esse (esca), enne, egne.*

Ces animaux, à course rapide, ces plantes, à forte poussée, aiment l'air pur des champs et des forêts. La viande de ces animaux est boucanée; la chair des fruits est de saveur forte, plutôt désagréable à la première impression.

I (fig. 17-18).

Ex. : *immi, irri, issi* (ἰσχύς) *ἰχθύ* (ἰχθύς), *inni, igne.*

Ces animaux, ces plantes se plaisent en pleine lumière. Celles-ci, visqueuses quelquefois, se développent avec une rapidité prodigieuse et portent sur elles, des aiguilles, des épines; en elles, un élément de feu, la résine ou un poison. Les animaux de cette catégorie agissent avec l'instantanéité de l'œil et sont souvent armés de dards, de piquants ou de pilons.

O (fig. 19-20).

Ex. : *ommo, osso, orro, rogne.*

Ces animaux ventripotents font parfois les délices de nos basses-cours ou de nos écuries, mais nous écorchent les oreilles par leurs grognements ou leurs cris assourdissants. De même, ces fruits ont une saveur exquise, mais ingérés en trop grande quantité, ils provoquent des douleurs d'entrailles, accompagnées de sonorités malséantes.

U (fig. 21-22).

Ex. : *uppu, ullu, unnu, ugne, (una).*

Ces animaux malfaisants, armés d'ongles et de griffes, sont ennemis de nos troupeaux et de nos récoltes; ces plantes, dévorant toute culture, portent au loin leur effet dévastateur, ce sont les mauvaises herbes, les ronces qui étouffent toute végétation.

Ici encore, l'homme passa de l'universalité, du tout, aux parties :

Il classa le bourgeon jusqu'à la feuille, ce commencement de la fleur, en cinq subdivisions; le fruit eut son « rognon », comme l'homme ses reins — le trognon — qui, dans la prune durcit en noyau (endocarpe) pareil à une pierre, saturé de débris plastiques (comp. les urates), alors que le trognon, dans la pomme, élimine les plastides, tout en restant souple, presque élastique.

Le fruit, assimilé à l'arrière-train de l'homme, portant les organes de l'activité sexuelle, eut même sa bouche, pareille à celle du fœtus dans la matrice où il puise, par aspiration, les aliments de l'arbre ; il eut son organe de déjection comme la pomme, comme la poire, à l'extrémité opposée de la tige (*pfutz'a*, als. trognon, *butz'a*, als. nettoyer, *pulire*, comparez büßen, Büßtag).

Et qui sait si l'aspect de cette pomme n'aura pas donné au législateur ancien, à Moïse, l'image exacte pour l'expression voilée, mitigée des vices de l'homme, causes de sa déchéance première, causes, plus tard, de la destruction de Sodome et de Gomorrhe ! (fig. 12.)

La masse liquide elle-même fut classée, comme ses parties :

A la **marche** normale, l'équilibre : *accaparer, arracher, arare* (fig. 23).

E la **vitesse** plus grande occasionnée par l'air, l'instabilité : *accélerer, élever, aventurer, errer.*

I la **division** provoquée par des obstacles inopinés ou invisibles : *accident, incident, irriter* (fig. 24).

O le **roulement** occasionné par les tourbillons, les causes physiques : *accourir, corroder, corrotundo.*

U le **repos** dans un vase, qui aura son opposition, le récipient plein, quand l'eau débordera, se précipitant dans le vide, pour retourner à l'équilibre A : *accumuler, acculer, urine* (fig. 25).

BOTANIQUE

A Le **bourgeon**, le nombril de la plante, où se fait la succion de la sève, correspondant au sens du *toucher* (fig. 26).

E La **fleur**, ce prolongement des feuilles, qui, en dégageant une odeur forte, incite au rapprochement les organes sexuels. Elle correspond au sens de l'*odorat* (fig. 27).

I L'**étamine**, qui s'irrite à l'approche du pistil, laissant flotter le pollen. Ces organes, en raison de leur vivacité, correspondent au sens de la *vue* (fig. 28).

O Le **fruit** de la plante, sa forme correspondant aux testicules qui, dans son trognon, dans ses pépins, porte le germe des rapprochements et des reproductions futures. Il correspond au sens de l'*ouïe* (fig. 29).

U La **feuille** de la plante, correspondant à l'anus, où se fait la défécation de l'oxygène par l'absorption de l'acide carbonique; mais le plus souvent, *les racines* qui absorbent les acides humiques, qui charrient la sève, source des frondaisons d'avril et d'août. Elles correspondent au sens du *goût* (fig. 30).

Les sons, les couleurs, les formes, toutes trois expressions souveraines de la vie, eurent leurs « pentatropes » et furent classés, avec harmonie, dans l'universelle unité des choses.

C'est ainsi que naquirent trois arts : la musique, la peinture et la sculpture.

Dieu, lui-même, n'échappa pas à cette classification rigoureuse : Moïse lui donna nom de JEHOUAH, l'ensemble des voyelles, c'est-à-dire la généralité des choses (fig. 31).

La lettre H marquant l'effort respiratoire, a été intercalée, sans aucun doute, par Moïse, la dernière pour indiquer le repos du 7e jour, la première pour suppléer au manque de lettres, afin d'arriver au chiffre fatidique 7, principe diviseur, alors, du Temps et de l'Espace.

Dans le développement de ce système, la plante ne fut que le renversement de la structure humaine : la matrice, avec ses ovaires, développée à l'extérieur forme la ramification de la plante avec sa fleur et ses fruits ; la langue, au contraire, enfoncée dans le sol, reste en contact avec les racines, *les bras*, pour sucer l'humus qui vivifie (fig. 32).

C'est ainsi qu'ils allèrent du sommet à la base de la vie végétale, en mettant bien en relief le caractère principal de chaque plante.

Alors le chou a été appelé col, *cavollo*, choufleur, *colli flower*, par analogie avec la forme ronde des ovaires et de la matrice, cet autre témoin de la reproduction. Il a été nommé Krutt (Kraut) par analogie avec utérus, le ventre de la femme enceinte.

Cela est si vrai que l'usage permit de faire croire aux enfants qu'ils sont nés dans un chou.

Nous prenons ici, sur le vif, la méthode qu'adopta le grammairien pour apprendre la langue aux hommes, encore ignorants. Le chou fleur, *colli flower*, est l'image frappante de la matrice renversée, le chou cabu, Krutt (Kraut) dont les feuilles forment le capuchon est l'image réelle de la place qu'occupe la matrice.

A leur insu, les parents donnent donc, aux enfants, l'image de la chose, au lieu d'en indiquer le nom.

Cela est bien conforme aux traditions.

Aussi les Celtes, en voie de recherche d'un emblème pour représenter la filiation humaine, ont-ils choisi le *gui*, plante qui se rapproche le plus de la forme humaine, et ont-ils choisi, pour le développement de son mode parasitaire, le chêne, l'arbre le plus vigoureux, le plus souple de nos pays, et dont la fleur, malgré ses loges et ses placenta multiples, ne produit qu'un seul fruit.

En réalité, l'homme est un être, un animal, dont les mécanismes de vie se sont compliqués en raison directe de l'idéal qu'il a poursuivi. Mais, sommes-nous sûrs, d'avoir conservé dans nos organes, en présence de toutes nos complications, la même perfection que chez les animaux. Qui douterait de la supériorité de sensibilité, *dans l'organe même*, de l'animal, qui, privé de tête et de cervelle, n'a que sa matrice pour reproduire, prévoir et penser, pour accomplir les actes que nous voulons bien appeler instinctifs.

En effet, supprimez, dans l'homme, toutes les parties inutiles pour la vie propre, supprimez bras et jambes, viscères inutiles, et vous le placerez dans la catégorie des reptiles et des serpents ; faites-le rentrer dans l'eau dont il sort, vous le rendrez poisson. Reculez-le encore dans une échelle plus basse des vivants : privé de l'avant-train, réduit à l'arrière-train, le seul fécond et apte à la reproduction (quoique dénommé partie honteuse), lorsque, dans sa propre atrophie, il sera ramené au genre mollusque, vous le rendrez tel qu'il fut, les premiers siècles de son existence ; il porte sur son corps la trace indélébile des Schnecke, germe, Kern (fig. 34 et 33), depuis la coquille qui a porté Vénus, lorsque, blonde et nacrée, l'écume l'engendra au sein des flots, jusqu'aux testicules, qui viennent attester que Jupiter fit sortir de l'onde des hommes tout armés !

Par cette heureuse disposition des formes de nos voyelles, tous nos sens ont été pleinement satisfaits :

A le **toucher**, qui affectionne l'équilibre,

E l'**odorat**, l'ami du contraste et de la variété,

I la **vue**, qui aime les points et les solutions de continuité,

O l'**ouïe**, ami de l'opposition et du mouvement,

U le **goût**, qui adore le moelleux et les formes dodues.

Aussi, les anciens, dans la vie pratique, en plein épanouissement des arts, dans la construction de leurs temples et leurs palais, ont donné aux lettres :

A la forme d'un **compas**, symbole du géomètre et de l'architecte,

E la forme d'un **équerre**, symbole du charpentier et du constructeur,

I la forme du **fil à plomb**, symbole du terrassier et du maçon,

O la forme d'une **circonférence**, symbole des charrons et des forgerons,

U enfin, la forme **assise**, symbole des viveurs, des gourmands, des jouisseurs et des fainéants.

CHAPITRE III

Nous sommes donc fixés sur la valeur des voyelles, les premiers sons qui aient servi à exprimer la pensée humaine.

Ces sons, exempts d'articulations, convenaient aux peuplades primitives, habitants lacustres des premières colonies humaines.

Ces hommes, en effet, vivaient dans une atmosphère d'humidité constante, près des hauts glaciers d'abord, où germa la vie, plus tard dans les marais qu'ils cultivaient, au milieu des eaux : *goitreux* à coup sûr, ils étaient incapables d'imprimer, à leur langue, une flexibilité suffisante pour prononcer les consonnes, toutes les consonnes, connues aujourd'hui.

Ils s'aidaient de signes, dans leur conversation chargée d'hiatus (θ, prononcez θετα), à l'aide de leurs mains, χείρ, qui se meut en cercle (KER, Kehren), qui tourne sur elle-même (KIR, girer, fig. 35), de leurs doigts (*digitus*, qui se raidit en dix divisions et chaque doigt en trois phalanges) : ils tiquaient, ils titaient ou ditaient (alsacien *dit'a*, faire des signes), français, *dit*, participe de *dire*.

Ces malheureux s'exprimaient, ainsi, en *dit..isch*, *ditsch*, non pas en une langue d'abord, mais en une série de signes.

Ce fait a son importance. Il est probant qu'il existait, sur le même sol, à partir d'une époque

qu'il est impossible de préciser, deux catégories
d'hommes : les uns avaient le privilège de la
parole, habitant les hauteurs, ayant la gorge saine ;
ils étaient les maitres du pays et ils appelaient les
seconds θής-θῆτες ou θῆττα (mercenaires), vilains
(*villanus*), *litt*, λιτος (*lie*, θελος), δουλος, esclave, *dol'a*,
als. imbécile ; les seconds, ces derniers précisé-
ment ne pouvaient se faire comprendre que par
des signes, étrangers quelquefois, puisqu'ils
étaient mercenaires ou esclaves.

Peu importe, néanmoins, cette opinion ; nous
pouvons admettre encore que, la sélection aidant,
ou le droit de conquête, deux castès se sont
établies dans la société. La plus importante s'ins-
talla sur les hauteurs, pour dominer, et s'intitula
Hoch, coq (*gallus*), *hocco*, κόλοιος dont nous connaîtrons plus tard la parfaite homonymie, en raison
de la similitude du geste pour les exprimer.

Toutefois, il est bon de remarquer que le langage par signes avait sa grandeur : savamment
combiné, il représentait les choses elles-mêmes.
Les signes, germes de l'écriture, furent des dessins, d'abord faits à la main : ils devinrent des
hiéroglyphes par la sculpture, des lettres par
l'écriture.

C'est à ces signes, premiers éléments de la
conversation, que les hommes doivent la sociabilité facile.

Plus tard, beaucoup plus tard, naquit le langage
parlé, auquel nous devons la civilisation actuelle.

Je dois ajouter que les signes, éléments de la
langue *ditsch* étaient d'une netteté extraordinaire,
à telle enseigne que la langue française elle-

même, sa sœur cadette, prit, dans son développement, une forme claire, lumineuse.

Et, en effet, le mot *dir* exprime l'idée des deux yeux, grand ouverts, comme dans θήρ, la bête féroce, Στίερ, le taureau, qui braquent sur vous des yeux de feu et qui vous mettent en pleine lumière. Il est temps de se sauver ! ou il faut se défendre.

Son renversement est *rid*, origine de ride, rider rideau. Qu'il advienne un coup de vent et la face de l'eau, jusque-là brillante, se couvre de rides, de vagues, qui empêchent de se mirer dans le cristal : Narcisse ne voit plus la nymphe aimée ! L'eau est troublée, noire et sans reflet, comme si elle était couverte d'un rideau.

Dir, c'est aussi la jeunesse, pleine de feu, prompte à l'action, c'est l'objet aimé ou qui est cher (*dear*, pron. *dir*).

rid, c'est la vieillesse, lente, qui réfléchit, rusée souvent, ne se faisant plus aimer (*get rid of*) et dont on se débarrasserait à bon compte (fig. 213 et 212), comp. *rit*, *rite*.

Dire signifie donc parler avec clarté, en apportant le maximum de lumière.

CHAPITRE IV

Le langage, dans sa composition, n'est pas seulement une combinaison de mots, c'est une *véritable science* aussi claire, aussi nette que l'arithmétique, dont elle est la compagne, à tel point sont exactes toutes les parties qui la composent.

Il doit son origine à un travail méthodique d'observations méticuleuses et de classification savante, auquel vous serez initiés en peu de mots.

Nous avons vu que les anciens avaient classé, dans les voyelles, les impressions du dehors perçues par les sens, tous groupés autour du cerveau pour les réactions promptes.

Nous avons vu que cette classification avait été étendue à la partie postérieure du corps, où sont logés les organes d'irritabilité nerveuse, indiquant nos besoins, nos appétits et nos passions.

Cette méthode si simple enregistrait, du même coup, toutes les impressions, quelles qu'elles fussent, du dedans et du dehors ; et, dès ce moment, l'homme pouvait, avec l'aide d'un geste sommaire, exprimer tout ce qu'il ressentait en lui, tout ce qui le frappait autour de lui.

Les seules voyelles ne devaient pas suffire aux besoins de l'humanité, en quête d'éléments de langage ; on finit par associer les voyelles entre elles, et on obtint, de la sorte, une série de diphtongues (syllabes monophones, exemptes d'articulations, *stiff-tongue*), qui résumaient diverses situations différentes, et, avec l'adjonction d'un geste, divers mouvements simultanés.

Le geste fonctionnait toujours : l'adoption des consonnes le supprima ; et, dès lors la langue était créée.

La consonne remplaça le geste ; et de simple, unique, qu'elle fut au début, elle devint variée en raison de la diversité des mouvements à désigner.

En effet, chacune dé nos consonnes représente un mouvement propre ; et, la combinaison des diverses consonnes avec les cinq voyelles donne une idée, aussi nette de la vie, que le ferait un dessin : les consonnes furent inventées pour donner de la vitalité aux états, déjà représentés par les voyelles, pour les développer et les colorier à la façon du geste dans la parole, à la façon des couleurs dans la peinture.

Tel, un artiste pour rendre son effet sur la toile : il se sert des trois couleurs, et de leur mélange, de leur emploi judicieux, jaillit un tableau plein de merveilles. Ainsi, les consonnes au nombre de vingt environ, sont venues mettre en activité les cinq voyelles, les livrer à la rotation et au mouvement, formant toujours des images d'une vérité frappante ; mieux que le peintre n'a pu faire pour son tableau, la langue rend, avec le dessin de son objet, le bruit et le roulement, le calme ou l'aphonie des choses de la nature.

Mais il faut se hâter de le dire, les consonnes n'ont pas de son propre. Exprimant des mouvements, elles s'associent avec les voyelles qui, seules, ont une voix et concourent à donner dans

la formation des mots, par un son d'ensemble,
l'entité, la réalité du sens, auquel les voyelles ont
droit, comp. φθόγγος, son, voyelle.

Les grammairiens latins disaient donc, avec
juste raison, que l'on ne pouvait jamais prononcer
une consonne sans le secours d'une voyelle, et les
deux appellations italiennes, *vocale* pour voyelle
et *consonante* pour consonne, sont plus explicites,
à premier examen, que notre français.

Aussi, dans cette immensité de mots qui ont
cours sur terre, il n'y a qu'*un mot* qui soit le *vrai :*
celui qui sera exactement renfermé dans le cadre
des voyelles et des consonnes, qui lui sont propres.

Nous discuterons la valeur d'une peinture, ou
d'une œuvre d'art, jouet quelquefois de la mode
ou de la vogue ; mais nous ne saurions critiquer
le mot propre d'une langue, parce que tous nos
sens ont concouru à le former, parce que la nature
à laquelle il est rapporté, reste invariable.

La première langue a donc été une science ;
mais perdue ou sacrifiée dans les migrations de
peuples, elle n'a pas conservé sa forme première
dans l'expression du vrai.

Et depuis, le beau langage est resté l'art de
bien dire seulement !

Pour l'adoption de ces consonnes, les anciens,
dans la contemplation de la nature, se sont aper-
çus qu'à chaque déplacement de la jambe, dans
un mouvement, correspondait un déplacement des
bras, et, que ce double va-et-vient correspondait
à un mouvement de la langue, premier organe du
toucher. Le déplacement spontané de l'avant-train
et de l'arrière-train, dans un mouvement ryth-

mique, est le propre de la vie animale. Il est resté, en nous, un vestige du passé.

Le mouvement de la langue est plus difficile à saisir, mais il est bien réel : est-il le dernier indice de notre vie primitive, alors que, marchant à quatre pattes, notre langue, pour toucher, précédait nos jambes pour marcher! Qui n'a vu un enfant travailler avec un outil quelconque et, suivre avec la langue, instinctivement, minutieusement et en tous les sens, les mouvements imprimés par son instrument.

Je croirai être taxé de prolixité en insistant davantage sur ce fait; aussi, je ne m'appesantirai plus que sur un exemple. Qui ne connaît l'expression usitée « je tiens le mot sur la langue », en présence d'un effort de la mémoire récalcitrante; la langue, en effet, est prête à prononcer, elle prend la formation du mot, dont le roulement, le son échappent à notre mémoire.

Et précisément, l'essence de la composition du langage réside dans les mouvements variés de la langue dans notre palais : les mots ne sont pas un assemblage de syllabes quelconques, dont le hasard ou une heureuse onomatopée a gratifié les choses, mais bien des désignations propres, en rapport avec la position de ces objets, leur façon d'être, leur forme, leur tonalité, leur vitalité, en rapport surtout, avec les *efforts de la langue* appelée à les prononcer.

Étudier ces efforts, étudier leur mode et leur combinaison, *c'est étudier le langage humain.*

CHAPITRE V

Pour examiner les consonnes, il serait oiseux, dans le cadre modeste que je me suis assigné, de les passer en revue, toutes.

Je répéterai seulement que les consonnes indiquent des mouvements :

A, lettre grecque, a conservé son graphique véritable dans le sens de la marche (le train ıı). Aussi, associée à la lettre ⊱ la bouche, elle indique les mouvements de celle-ci,

AL, l'arrêt, l'immobilité en l'air,

LA, la marche vers le bas,

sens qu'il vous sera facile de contrôler, en suivant les mouvements de la langue.

La réunion des deux mots **ALLA** exprime l'idée d'aller (celle de manger, s'il s'agit de la bouche).

LA-AL, leur renversement, ou **LAL**, l'idée de parler.

Ce sens n'est pas absolu, car AL signifie littéralement *quitter le contact*, LA *prendre contact* (fig. 36) : il suffit pour ma démonstration.

Dans la composition, ces mots se comportent comme suit :

Prenons comme exemple :

1° ALLA, mouvement pour avancer, dans son expression française ALLER.

2° BALLA. Le βητα donne l'idée d'existence, de formation (*to be or not to be*, dans l'expression anglaise connue). Dans ce cas, *balla* dit « exister ou former dans un but de mouvement en avant ». Son expression française *balle* (pelote) ou *balle* (colis).

3° PALLA, le πι donne l'idée « d'une production, d'un jet en avant » dans son expression française PAL qui devrait s'écrire PALLE comme je l'expliquerai plus loin.

Recherchons quels sont les efforts nécessaires pour l'accomplissement de ces trois actes.

Pour aller, pour être jeté comme dans *balle* et *palet* (pallet), l'effort se fait en AL, alors que la jambe ou le bras sont encore immobiles et reçoivent l'impulsion du mouvement ascensionnel. Aussitôt lâché, le projectile et la jambe suivent leur trajectoire en arc de cercle, pour arriver vers le bas, en LA. C'est le deuxième mouvement, c'est la chute. Après, bras et jambe reprennent leur position normale.

Cela bien compris, examinons les mouvements de la langue pour exprimer ces trois mots :

1. Dans les trois premiers, AL, BAL, PAL, la langue se lève contre le palais où elle exerce une pression ascendante, en restant immobile.

C'est le premier mouvement dans lequel vous pouvez comprendre tous les mots français, comme *pal, palais, palissade, baleine, baliveau, balustre, aléne,* etc.

2. Dans LA, la langue s'abaisse précipitamment pour se fixer, sans presser contre la mâchoire inférieure, pareille au bras et à la

jambe qui, en retombant, reviennent au point initial.

Les mouvements en *alla* comprennent donc les mouvements ascendants et le retour par terre, tels les mots :

bal, *balance*, *palan*, *palanquin*, *palier*, *baliste*, *palet*, *galet*, malgré leurs fautes d'orthographe évidentes, *aller*, *allier*, *allonger*, *allumer*, mots bien orthographiés.

Ma proposition ne demande pas d'autres preuves et je me dispense de tous les mots que pourraient me fournir les dictionnaires étrangers.

Pour me résumer, je dirai que la langue nous donne l'illusion de la gymnastique : elle fait les mêmes mouvements que les objets appelés à être désignés par elle. La bouche est un instrument à anches et le gosier est un instrument à cordes, ou plutôt vibratoire ; le son nous accompagne, par la parole, dans tous nos mouvements.

A part cela, ce double organe agit sur lui-même par la contraction musculaire du gosier (en allongeant ou en diminuant l'étendue vibratoire des cordes vocales) et par la pression qu'exerce la langue, en facilitant ou en gênant le passage du son. Le son initial en est changé, et les intonations, par la suite, deviennent nombreuses et variées : la langue, en fin de compte, interceptant les sons à sa guise, les module, les fond, leur donne l'élégance, l'étendue et la signification qu'il convient, les arrête même complètement en présence de grosses émotions ou de fortes passions.

La gorge est restée l'instrument qui chante, les

cordes vocales les organes qui résonnent inconsciemment ; la langue, seule, exerce le *doigté de l'artiste* qui rend l'instrument harmonieux.

Le langage est donc le chant naturel qui accompagne les efforts humains : le son est la décomposition de ce chant.

Cette conséquence, dont il ne faut pas se dissimuler la grandeur, donne une idée nette du génie déployé par l'homme, dans le choix des paroles destinées à fixer les idées : elle donne au langage un charme divin.

Le jour où cet effort prodigieux a été tenté, l'homme était dans une ère de pleine civilisation et de profonde paix sociale, car les choses de l'esprit ne vont pas de pair avec les armes, avec les guerres, les destructions et les carnages rêvés par la brute humaine.

Il est indubitable que cette merveilleuse conquête n'eût jamais été faite, si l'homme avait continué à vivre dans les conditions où la nature l'a placé sur terre.

Mais, pris d'un idéal supérieur, épris des arts et des sciences, il dut recourir à des procédés aptes à fixer la mémoire ; et, il est tout naturel de penser que les premiers mots aient représenté exactement les mouvements des objets et des êtres à désigner.

Vous le verrez plus loin, le verbe indiquait le mouvement, mais aussi, par l'emploi des voyelles, la façon de faire ce mouvement.

Tout mot restait un thème, dont la forme des lettres devenait la clef.

Il suffira d'appeler votre attention sur les mots

aller, vallée, presser, serrer, tisser, plisser, μελισσα, *broder, border, chuter, culbuter,* rendant tous les détails d'évolution pour être produits.

L'humanité poursuit toujours cette marche vers l'étoile; et, ilest à désirer qu'aucune révolution ne remette les choses à l'état de nature, en dépit des théories, si maladroites, préconisées par certains groupes sociaux.

Il restera à chercher quel est le peuple de l'antiquité qui eut cette grandeur, les savants qui eurent ce génie, afin que l'humanité entière puisse leur rendre un juste tribut d'admiration pour cette merveilleuse adaptation du langage.

CHAPITRE VI

Je disais que cette langue ancienne était un chef-d'œuvre : s'adressant à des gens simples, à des hommes-pithèques, elle ne devait comporter aucune des complications que nous voyons surgir dans les langues modernes.

Son enseignement était pratique : la parole se joignait aux mouvements rythmiques du corps pour les novices, à des dessins, des lettres, des hiéroglyphes pour les initiés, les bardes et les prêtres.

J'ai dit que le premier signe a été le Θ, le signe du rapprochement, origine des Δ, ST, T (fig. 41), et ce fut, sans doute, la première consonne de l'alphabet.

À partir de cette lettre, et de suite après, durent se grouper :

les Φ, les Π (les *ph*, les *f*, les *p*), les W, les M (les *v*, les *m*), les Λ, les N (les *l*, les *n*), tous, représentant des mouvements indiqués par la forme même des lettres (fig. 37, 38).

L'illusion n'est pas permise en examinant les dessins ou les gestes représentés par φι, πι, βητα (lisez βιτα) dans les mots *piler*, φιλειν, *pisser*, *fir*, als. feu, marquant des efforts pour les mouvements de division (fig. 39).

Ces lettres, au reste, sont d'une prononciation facile, et ne demandent, à la langue, que le mouvement de va-et-vient, aisé, quelle que soit la disposition du gosier, même pour les goitreux.

Par contre, les G, les D, les B, toutes lettres douces, sont de création postérieure; elles demandent un organe mieux entraîné pour la gymnastique linguale.

La langue grecque, la plus ancienne que j'aie étudiée, n'a pas compris toutes les formes de consonnes, connues en Europe ; elle a dû faire la sélection de celles qui se trouvaient les plus appropriées à sa race, les plus conformes au bon goût, à la culture intellectuelle du pays.

D'autres hommes, d'autres groupes employaient d'autres consonnes ; je citerai au hasard les formes en *tch*, *tsch*, *sch*, *sh*, *chst*, etc., au commencement ou à la fin des mots, sous forme simple ou forme agglutinante.

Quoique ces lettres soient doubles, triples ou quadruples, elles ont un sens unique comme une lettre alphabétique quelconque; et elles sont entrées, à ce titre, dans la composition des mots.

La langue teutonne et la langue slave semblent abonder en consonnes de ce genre.

En examinant les racines des langues anciennes, chefs-d'œuvre de haute civilisation, transmis jusqu'à ce jour, en poussant l'analyse, dans le même sens, sur une série de langues modernes, vous arriverez à établir les lois suivantes :

Toute racine, tout radical n'est juste qu'à la condition :

1° D'être monosyllabique ;

2° D'être représenté par un signe, par un mou-

vement correspondant du corps ou un mouvement
identique de la langue, presque toujours par ces
deux mouvements réunis;

3° Enfin, et ceci est le point capital du système,
d'être susceptible de renversement pour créer
un mot nouveau, dont la signification est renversée elle-même, tandis qu'un troisième et un quatrième mot, résultant du groupement des deux
premiers, l'un dans l'ordre direct, l'autre dans
l'ordre renversé, exprimeront vis-à-vis du mot
primitif et de son renversement le rapport de
cause à effet, deux sens opposés.

La première condition est précise, la seconde
est claire, la troisième demande un exemple et
pour cela je reprends le mot antérieur :

remuer (pour les pieds)	ALLA	manger (pour la bouche).
{ lever (pour les pieds) (ouvrir (pour la bouche)	AL (fig. 40) LA	baisser (pour les pieds).) fermer (pour la bouche).)
(fig. 36)	LAL	λαλειν, parler.

Ce mot *alla* est composé des radicaux *al*,
l'immobilité en perdant contact, *la*, la chute en
reprenant contact, deux situations diamétralement
opposées pour la jambe, causes efficientes du
mouvement *aller*, dont la résultante (troisième mot)
est *alla*, proprement « lever et coucher en liberté »,
remuer (Stall, stallen).

La simple suppression de la quatrième lettre dans
alla, et son remplacement par une autre voyelle,
modifiant son état, change la signification du
mot, comme vous le jugerez par :

allaiter, alarmer, aller, allier, allonger, allumer,

cinq flexions différentes dont nous parlerons plus tard.

Au sens figuré, et ne s'adressant qu'à la langue et à la bouche, dont les mouvements sont simultanés en A, nous aurons le sens suivant :

> AL, la langue frappe le palais où elle reste immobile, la bouche s'ouvre.
>
> LA, la langue s'abaisse précipitamment, la bouche se ferme, — *deux mouvements absolument opposés.* —
>
> ALLA est la résultante de AL, mouvement initial de la marche.
>
> LAL est la conséquence de LA, mouvement initial descendant, car la parole est impossible la « bouche bée » : les sons ainsi émis seraient des « hiatus ».

Toutefois, je dois faire remarquer ici que le mot *alla*, ses composés et ses dérivés ont un sens bien plus large que celui qui vient d'être examiné. Les mots, en effet, ont plusieurs sens, le *sens simple* et le *sens figuré* sont du nombre, car il existe, vous le savez, un sens hiératique, qui nous a été légué par les anciens.

Je passe outre, le moment n'étant pas venu d'examiner le sens exact des radicaux.

CHAPITRE VII

Nous arrivons aux mots composés pour lesquels toutes les règles antérieures sont vraies, à la condition d'être composés très exactement des mêmes lettres dans leur forme première et leur renversement.

Je prendrai un exemple, au hasard et fort à propos, de radicaux d'une intelligence facile pour nous :

ARB — BRA (fig. 42).

Actes concernant le sens du toucher, exécutés dans le marais, dans les terrains humides, dans l'eau.

Décomposition.

La langue frappe lentement le palais et laisse échapper la voix, en s'élevant d'abord, en s'arrondissant ensuite. La bouche se ferme.

La langue s'aplatit d'un mouvement lent, en partant du haut, laissant échapper la voix, bouche bée.

Syllabe longue.

Syllabe brève.

Interprétation.

Développement lent d'une chose qui s'en va en hauteur et en rond, avec accompagnement de bruit.

Développement rapide d'une chose qui va en s'abaissant et en rond avec accompagnement de bruit.

ARB	BRA	
arbre.	branche,	brandir.
Arbeit.	βράχιον,	branler.
arbiter.	brasser,	brangle.
arbalète.	Bram,	brawl,
	braver,	brawny.
	βραχύς, petit,	bramar.

ERB — BRE (fig. 43).

Actes préparés par le sens de l'odorat, par le flair, exécutés dans l'air, pour l'avenir ou par l'organe de reproduction.

Décomposition.

La langue se raidit et se porte, en montant, vers la mâchoire supérieure où elle intercepte presque le passage de l'air. La bouche se ferme, en laissant échapper un son discret.

Syllabe longue.

La langue s'aplatit d'un mouvement brusque, en laissant échapper la voix discrètement par la bouche mi-close.

Syllabe brève.

Interprétation.

Développement lent et silencieux, quelquefois mystérieux d'un objet qui s'en va en hauteur et en cercle ou vise l'avenir.

werfen.
sterben.
perche.
Erbse.
herbe.
gerbe.
Erbe.
verbe.
werben, rechercher.
Gewerbe.

Le mot « gerbe » exprime le même mouvement en rond, mais il appartient réellement aux formations : XERΦ — ΦREX (fig. 199), comme Herbst, vendange, comp. serpette dans le même esprit que Erbschaft, qui devrait s'écrire avec un G aspiré, comp. héritier.

Développement d'une chose de courte durée, qui s'allonge, en baissant avec accompagnement de léger bruit.

breath, breast.
breit.
bread.
brechen, brèche.
bréviaire, brevis.
βρέφος.
brebis.
braire, βρέμω, brômer.

IRB — BRI (fig. 44).

Actes pour le sens de la vue exécutés par l'œil ou l'organe de sensibilité dans les rapports génitaux, en fractionnant.

Décomposition.

La langue, toute raide, s'allonge entre les dents sous une forme pointue et la bouche se ferme précipitamment et en laissant échapper un léger sifflement.

Syllabe longue.

La langue, sous la forme pointue et allongée, s'avance vivement en dehors de la bouche, toute vibrante, en proférant un cri aigu.

Syllabe brève.

Interprétation.

Développement prolongé d'un objet qui se présente sous une forme pointue, avec accompagnement d'un léger sifflement.

Développement de courte durée d'une chose pointue qui fait des efforts ou se fractionne avec accompagnement de sons stridents.

wirbeln, tournoyer.
schirb'a, als. éclat, morceau.
breeze, brise.
briser, *break, breach*, brigade.

breed.
βριάω, βρίμη.
bridge, bridle.

ORB — BRO (fig. 45-46).

Actes, concernant le sens de l'ouïe, exécutés dans l'espace, phonétiquement par des évolutions extérieures, graphiquement par des mouvements en rond (o).

Décomposition.

La bouche s'ouvre en rond, laissant entrer l'air comme pour souffler un ballon; la langue décrit un long arc de cercle contre le palais.

Syllabe longue.

La bouche, ouverte en rond, laisse échapper un bruit sonore, et la langue se rabat sous une forme concave contre la mâchoire inférieure.

Syllabe brève.

Interprétation.

Développement prolongé sous forme sphérique d'un objet qui est rond, sans accompagnement de bruit.

Développement rapide d'un objet, qui se produit en rond ou qui tourne en rond avec accompagnement de bruit.

orbis terrarum.
orbite, orbita.
Korb, corbis, corbeille.
gorbia, virole.
corbita.
sorbe.
morbus.
orbus.
corbone.
corbelleria,

broad.
brood, brother.
Brob.
broche, broc.
brommel'a, als. grommeler.
βροντος, βρομος, βρογχος.
bronze, brosse.

URB — BRU (fig. 47).

Actes accomplis, en faveur du goût ou de nos goûts, dans nos demeures, dans nos foyers ou pour nos besoins domestiques.

Décomposition.

La langue s'incline en forme de chéneau (en U) dans la bouche presque close et décrit silencieusement, en se retirant, un arc de cercle.

La langue, inclinée en U comme ci-contre, décrit un léger mouvement courbe d'arrière en avant dans la bouche, qui s'entr'ouvre faiblement, et laisse échapper un son grave. *Journal.*

Syllabe longue.

Syllabe brève.

Interprétation.

Développement lent et silencieux d'une chose qui s'en va, en demi-cercles et en s'arrondissant, chose presque close.

Développement d'une chose de longue durée qui se produit en rond, avec accompagnement de bruits sourds.

urbs.
urbanité,
urbar

brüllen.
brummen.
Bruft.

courbure, mot qui participe au sens de *orb* et de *urb* (fig. 45 et 47).

brush.
brutum.
𝔅ruber.
brud, als., couvée.
βρομος, mauvaise odeur; mot qui participe au sens de oμ et de υμ (fig. 46 à 47).

L'examen superficiel de ces cinq tableaux permet de saisir, à première vue, le système employé par les anciens.

J'ai semé, dans ces cadres, quelques mots de plusieurs langues, pris au hasard; je n'avais, cependant, que l'embarras du choix.

Je n'ai pas abusé des citations pour éviter de fatiguer l'esprit, et arriver à la conclusion toute naturelle de ce chapitre : la grosse confusion introduite dans les langues est que les mots n'ont pas conservé leur position mathématique dans le cadre des voyelles qui leur appartient.

Ainsi *breit* et *broad* ont le même sens, et cependant ils ne sont pas dans le même cadre. A l'examen, il est facile de voir que *broad* est à sa place, en tant qu'étendue de son, et que *breit* est déclassé. Le contraire est vrai si vous cherchez, dans le mot, l'étendue d'air. Il en est de même de *brosse* et de *brush* : le premier mot rend mieux le bruit sonore de l'acte du nettoyage, que le mot *brush* logiquement à sa place, si l'on envisage le bruit sourd (le son guttural) de l'acte de brosser des habits grands et lourds. Deux autres mots sont dans un cas identique : *breach* et *brèche*, qui ont la même signification. *Breach* semble bien placé à *britch*, mais le mot français *brèche* signifie plutôt la fente

qui se fait en l'air, telles les fentes qui se produisent sur les pâtes qui lèvent, les craquelures,
qui se produisent à la suite de fermentation, enfin,
pas extension, les solutions de continuité dans les
murs, les remparts.

Je dirai de même de *bread*, lisez *bred*, pain avec
levain et 𝔅𝔯𝔬𝔡, pain rond en O (comp. boulanger)
ou pain rôti à la rotation de la broche, *brot'a*, als.
rôti,

de *break* et *briser* avec plus d'indulgence pour
break qui, se prononçant *brik*, se trouve ramener
par la parole là où l'orthographe l'a mis en place
si peu correcte.

Je ferai la même observation pour *brother* et
𝔅𝔯𝔲𝔡𝔢𝔯 qui ont la même signification. Mais il ne
faut pas perdre de vue que le déplacement de
voyelles peut être voulu, car il y a le frère dans
l'URB, *urbs*, le frère, fils de la même mère (𝔅𝔯𝔲𝔱);
mais il y a aussi le frère de l'ORB, *orbis*, le frère
de la fraternité sociale, ou simplement la deuxième
roue d'un char, la roue-sœur qui est actionnée en
rond dans le même mouvement de rotation. Les
deux mots 𝔅𝔯𝔲𝔡𝔢𝔯 et *Brother* n'ont pas le même
sens; c'est pour cela que l'un ou l'autre est
déplacé, suivant le sens à lui donner.

La même observation s'applique, en général, à
tous les mots; et on peut établir, en cela, un axiome
facile à retenir :

Chaque groupement humain, dans l'emploi du
mot propre, a suivi les évolutions de sa civilisation et de son état social; et, dans la suite, ce
mot, fixé par l'écriture, nous a été transmis tel
quel, sans explication, sans apostille.

Ce fut l'origine de la confusion des langues : plus tard, la substitution, dans les pays du Midi, de voyelles douces, plus conformes à la mollesse des choses ambiantes, marqua une séparation nette avec les langues du Nord, restées intactes sous bien des rapports ; seuls, les patois, n'ont pas été retouchés par les grammairiens, mais un long usage les a corrompus, quand même, dans la confusion universelle.

CHAPITRE VIII

J'ai dit que les mouvements divers s'étaient exprimés, dans la parole, par des syllabes, puis par des juxtapositions de syllabes, comme les gestes eux-mêmes ont été dépeints par des signes, puis par une continuité de signes.

Plus tard, pour rendre le langage plus concis, pour éviter du bavardage inutile, on créa le langage à flexion dans lequel les lettres, les syllabes superflues se sont élidées, en laissant cependant subsister une consonne, qui rappelle cette suppression. Je citerai au hasard : un mot complet, *agradecimiento*, deux mots tronqués, *gratus*, gratification ; et je m'expliquerai de suite.

Le premier mot est composé de *agrad...decimiento* (*decir*, dire), l'expression du merci, dire merci. Le second et le troisième mot sont composés, tous deux, de *grat*, merci — le dernier fléchit en *ification*, mot auquel je rapporterai l'allemand *stiff* — en rappelant que les actes en *i* sont ceux de l'œil et de l'activité génitale. Choisissez entre l'émotion et le plaisir ; mais, c'est une récompense pour dire merci, que les Espagnols nomment *propina* et que nous appelons *pourboire* seulement. Comp. notification, vérification.

Un autre exemple : *épices*. Nous décomposerons ce mot en *ep*, dans l'air, dans le nez, dans les parties génitales ; en *pice*, piquer.

Les Anglais ont, du reste, appelé le poivre, *pepper*, c'est-à-dire, *p'epper*.

Tous ces exemples nous font saisir, sur le vif, les formations nouvelles de mots, issus de mots déjà composés.

En résumant ce qui précède, nous pouvons donc établir comme règle que les mots de toutes les langues humaines, en Europe, se sont formés du radical monosyllabique, agrémenté d'une ou de plusieurs consonnes, d'une ou de plusieurs syllabes supplémentaires, dont chaque lettre, chaque syllabe a donné au radical une valeur supplémentaire, une expression nouvelle qui aboutit naturellement à la signification finale.

Dans le langage, tout se lie, tout se tient : ici encore, il n'y a pas de saut, par conséquent il n'y a pas de choc, et l'harmonie générale n'est pas dérangée un seul moment.

Or, dans la diversité des pays d'Europe, il est arrivé qu'un mot, dans une langue, presque primitif, ait été conservé et que toutes les formations agglutinées de ce mot aient disparu ; il est arrivé que des mots agglutinés ou à forme flexionnelle aient cours dans des pays où le radical a disparu pour toujours. Il en résulte qu'il n'est pas aisé d'enjamber, dans la même langue, d'un mot à un autre ; de là viennent les difficultés inhérentes aux étymologies, dont on conseille de ne pas abuser.

Aussi, les académies ont prohibé les à peu près dans les formations de mots, nous renvoyant toujours à deux langues sœurs, le grec et le latin, polies par des siècles de haute civilisation et de progrès (1).

Il serait oiseux de conclure, de ces faits, que ces deux langues anciennes aient donné, elles seules, naissance à notre langage. Le contraire pourrait être vrai; et, s'il est juste de dire que la langue française actuelle a été ciselée dans toute sa perfection, par l'étude approfondie du grec et du latin, nos patois anciens contiennent certainement des radicaux que la γλωσσα grecque ignore, ou a voulu ignorer, en raison de sa proximité des peuples d'Afrique et d'Asie, où avaient cours des appellations plus appropriées à son génie, comp. gloussement. De toutes façons, l'étude des langues mortes sera toujours utile pour juger comment les anciens ont établi leur syntaxe, comment et avec quel charme ils ont fait évoluer les lettres et les phrases, entre elles.

Je disais qu'il était très difficile quelquefois d'aller d'un mot composé au mot simple dans la même langue; mais alors pourquoi hésiter à prendre ce mot dans une langue étrangère d'origine commune, s'il répond aux mouvements rythmiques de nos gestes et de notre langue, si la voyelle le place dans le sens strict que le mot exige! Certes, nous ne courrions aucune chance d'erreur : tout mot, qui est resté à sa place, est le mot vrai. Tout mot est vrai, s'il est resté une

---

(1) Je néglige ici, tout exprès, les origines indo-européennes. D'autres suivent la pérégrination des mots et les éiymologies souvent hypothétiques. Mon travail est d'ordre philosophique ; j'accepte la collaboration de tout mot, quel qu'il soit, pourvu qu'il réponde facilement aux mouvements rythmiques que j'ai énoncés, seules bases de notre langage.

image fidèle de l'objet visé, une reproduction exacte de la forme par laquelle l'objet se manifeste à nous; mais il ne doit jamais être un *mot conventionnel quelconque sous lequel on a l'habitude de désigner l'objet.*

Nous en reparlerons plus tard.

Il me reste à vous rendre attentifs à une sorte d'agglutinant susceptible d'amphibologie. C'est la forme italienne *S* dans *schiamazzare*, mot incomplet qui n'indique pas la première voyelle et cache, par conséquent, l'état du mot. En effet, la lettre *S* remplace *esse*, son appelation même en langue italienne, ou la première partie seulement *es*, soit *eschiamazzare* du primitif *chiamare* joint au radical *azza* (en contact), précédé de *esse* (être en l'air, hors toucher), ce qui dit, crier en l'air avec continuité, comp. *exclamare*.

Scappare, pour escaper, échapper.

Scrollare, pour *escrollare*, écrouler, sens français, secouer, sens italien, comp. *gróler*.

Scarnare et scarnire, qui ont le même sens à peu de chose près, en italien, pour *descarnare* ou *eddescarnare*, retrancher la chair du haut en bas, décharner, mot français, qui lui-même, dans la synthèse, devrait s'écrire *eddécharner*.

Scadere, premier sens, déchoir, empirer; deuxième sens, échoir, être dévolu, arriver.

Il est évident que le premier sens se rattache à la forme *eddescadere* et le second à *escadere*.

Je dirai plus, le mot français *escadre*, quoiqu'il n'ait rien de commun avec une *échéance* est fort bien placé. Ce n'est pas la chose qui *erre*, c'est la chose matérielle *re*, qui est en l'air, près de nous, *es* dont le vent gonfle les voiles, *cad*, choir, qui arrive en contact, sous la forme *cadere*. *(encadrer)*

Dans la formation, dans l'agglomération des mots, les voyelles jouent le rôle principal. Beaucoup de consonnes, inventées, sans doute, par des civilisations successives et superposées, répètent le même mouvement; et, comme la mythologie nous révèle plusieurs inventeurs du langage, il est probable que chacun y apporta une innovation, une lettre nouvelle. Les consonnes ont pu changer, leurs formes se modifier; les voyelles seules étaient intangibles. Dans tout langage scientifique, formé dans ces conditions, il suffit de retenir que tout mot exprime en :

A   les va-et-vient du contact, de l'attouchement — origine de l'addition en arithmétique,

E   des sensations de souffle, d'odeur, de pression, des efforts intellectuels pour comprendre, ou le rôle fécondant des sexes — origine de la multiplication,

I   des perceptions partielles, « par à-coups » des scissions, des séparations, des variations infinies par suite de la chaleur et de la lumière — origine de la division,

O   les formes, les oppositions et les compositions de tout ce qui se meut dans l'Univers — origine de la proportion géométrique et arithmétique,

U   les occupations agréables ou désagréables de notre existence, nos appétits, nos besoins — origine de la soustraction.

Il nous reste à examiner, avec plus de détails, quelques formations de consonnes de façon à initier complètement à l'étude des lettres.

CHAPITRE IX

Voyelle *A*

La voyelle *A* au point de vue graphique est un
composé de Λ, lambda grec, signe du mouvement,
et de M, signe de préhension et de mainmise
(fig. 54, 222). Ce sont les lèvres, *labia*.

Dans son essence la plus pure, cette lettre
représente la bouche tout entière avec les organes
destinés à la mastication et à la salivation.

Mais, dans le domaine propre du langage, elle
représente l'*eau* en raison du contact permanent
de la bouche avec la salive.

Elle représente toute la masse d'eau salée, la
mer (mar) qui forme les trois quarts de la surface
du globe, toute cette agglomération saline, mise
à découvert par évaporation, grâce au Dieu Soleil,
qui constitue la première écorce terrestre, et forme l'autre quart du globe.

Elle désigne, par extension, la vapeur d'eau
dont est chargée l'atmosphère, sans laquelle nous
ne pourrions vivre, marquée dans *anhelitus*, respiration, ἄνεμος, vent, ἄελλα, tempête, par la
voyelle ἄλφα; car, l'air est toujours représenté par
ἔπειλον, comme nous l'avons déjà vu.

Elle représente les marais, les terrains aquatiques où poussent les produits agricoles, *ara*,

altare, *arare*, αραττω, arracher, harasser, mots marquant tous les efforts et les soucis de l'homme pour relever le sol, pour l'aérer (ερα, Erde) et le rendre productif (αρα), la *Terre* arable, en un mot, que les anciens appelaient *alma mater*, la nourricière, pour laquelle la bouche est la fonction la plus noble.

Ainsi le mot *alm* est presque synonyme de αλς, sel, alt, vieux, *altus*, élevé, et les Latins appelaient *almus* tout ce qui était saint et vénérable.

De toutes façons, les Grecs ont conservé le mot αλμη, pour indiquer l'eau salée de la mer, le sel, la saumure.

Vous ne vous étonnerez donc pas de retrouver le mot *alm* dans toutes les langues, fondu, agglutiné dans d'autres formations, pour indiquer le besoin d'une satisfaction naturelle, lorsqu'il s'agit de la bouche, l'exercice d'un mouvement nécessaire, lorsqu'il s'agit des jambes, le besoin même d'une satisfaction spirituelle, mais toujours avec accompagnement de l'idée latine de grandeur et de respect.

Ainsi les mots *saumons*, *saumures*, pour salmures et salmons rappellent les salaisons de la Picardie (*Pikelard*, comp. piquer, *pickels*), et dans la patrie franconienne, nous avons l'*Almend*, la plaine commune de franc alleu, le champ étendu, où, en toute liberté, circulaient nos troupeaux; en Allemagne, nous trouverons l'Almosen, mot propre de notre aumône, la nourrice du pauvre.

La main même, ce puissant auxiliaire de la bouche, a reçu un nom en *alm*, paume, *palma* et dans l'ordre végétal les arbres, aux meilleurs fruits comestibles, ont été appelés « palmiers » aux feuilles palmées.

Le génie des anciens est allé plus loin ; le fait d'apporter à quelqu'un des branches de palmier signifiait le recevoir à bras et à mains ouvertes, l'accueillir de tous les suffrages.

Les Espagnols ont fait de l'*alma* la nourrice spirituelle de leur corps ; et, comme eux, nous avons donné ce nom à l'âme humaine, à l'encontre des Latins qui l'ont appelé *anima*, animation, la vertu propre du sel.

Dans le même ordre d'idées, le roi David a composé ses cantiques à l'Éternel, les psaumes ou psalmes, suivant les langues.

Enfin, dans un ordre d'idées différentes et se rapportant à nos jambes et au mouvement en général, le mot grec ἄλμα signifie *bond, élan :* nous avons le pas des almées.

J'ai dit que la lettre *A* représentait le compas pour l'architecte, la clef des angles, la mesure des distances. Elle représente surtout la synthèse des voix, l'unité de cet ensemble de sons qui forme la langue humaine. C'est la cheville ouvrière, depuis l'ἄλφα, le commencement, jusqu'à l'ὠμέγα, la fin, la dernière des lettres, depuis la bouche jusqu'à l'exutoire, le dernier des organes.

Sa figuration pédagogique a été (fig. 55) *AA*, parce que telle, sans aucun doute, a été la position naturelle de l'homme, à son apparition sur terre.

Son signe était la main ouverte, le pouce détaché des phalanges (fig. 55 B), comme une patte palmée.

W double v.

Cette lettre marque nettement le mouvement alternatif d'ascension et de déclinaison, comme vous le représente la figure 56.

Appliquée spécialement à la lettre *A*, l'état aqueux, la syllabe AW et son renversement WA donneront une idée complète du mouvement des eaux, dans la mer, ce qui fixe leur signification :

masse liquide en mouvement
AW-WA
eau qui monte, lame   AW (fig. 56-57) WA   eau qui tombe, flot
WA-AW ou WAW
masse liquide qui s'ébranle, bruit de ce mouvement, *wawl*,
hurler, *wave*, vague, *waffla*, als. gueuler.

Ces citations seraient incomplètes, si je ne vous disais que les formations en W sont restées très rares, dans le vocabulaire des nations : trop fastidieuses pour la prononciation, elles ont été supprimées par les nations du Midi, pour être remplacées par des combinaisons en *g*, en *gu*, en *v*, etc.

Seules, les nations maritimes du Nord, auteurs du système, les ont conservées et je crois que la langue anglaise abonde, en ces formations, plus encore que la langue allemande.

En étudiant le rôle de notre bouche dans l'expression de cette lettre, nous sommes frappés, à première vue, des efforts qu'elle fait pour prononcer le mot anglais *water*, le mot allemand Wasser et le mot français *eau*, comp. oise.

On ne tarde pas à reconnaître l'origine commune de ces mots. En mettant en opposition les syllabes AW-WA, nous formons de suite les mots :

> avaler, *avvalare*, *swallow* (*awwallow*). — Le S étant ici un agglutinant par la suppression de la syllabe primitive, sujette à renversement, AW.

Ces trois mots sont synonymes dans trois langues différentes, quoique écrits avec une orthographe bien différente.

J'ajouterai, à ces trois mots, avec quelque timidité, il est vrai, un quatrième grec αγαλλομαι, faute d'une signification identique. Mais il suffit de le regarder, dans toutes ses parties, pour voir qu'il représente bien le mouvement de l'eau, puisque sa signification est restée « sauter de haut en bas, rebondir ».

Je citerai aussi, à titre de curiosité, les mots allemands :

> Schwall, montagne d'eau, déluge de paroles (l'agglutinant SCH remplaçant AW élidé). — Le mot français *avalanche* est très proche parent (*avvallance*). —
>
> Schwalbe, l'hirondelle dont le vol est ondoyant comme les vagues de la mer.

les mots alsaciens :

> *qwall*, als. la source, où les bulles d'air donnent à l'eau la forme agitée (allemand, Quelle, mot qui a rapport exclusivement aux bulles d'air comp. *well'a*, als. bouillir).
>
> *schwalmell'a*, als., hirondelle, animal qui flotte en l'air (*elle*), qui cherche sa nourriture en volant par bonds, par mouvements ondulatoires (comp. le mot hirondelle, en décomposition — *elle*; *hir*, *gire* — en ondoyant, qui vole en rond).

Or, en prononçant les trois mots : *awwallow*
(*swallow*), *avvalare*, avaler, la bouche s'ouvre toute
grande comme si elle s'apprêtait à boire à la gar-
goulette (mot typique aussi); et, le mot français *eau*,
dérive de *au*, *aw*, *awwa* : dans sa prononciation,
nous inclinons la langue contre la mâchoire inférieure, pareille au creux d'une cuiller qui serait
appelée à chasser le liquide dans l'arrière-
gorge.

Toutes ces considérations nous fixent sur la
valeur de AW-WA, radicaux connus maintenant.
Mais, il n'existe pas de mouvements dans la lettre
A (le toucher), sans frottement; et, de là vient l'idée
de bruit WAW, expression vraie du gémissement des flots expirant sur les galets de la plage,
WA... ! bruit qui a beaucoup de ressemblance
avec celui des lèvres huméfiées qui s'entr'ouvrent
en WA, comme la détonation d'une bouteille de
champagne.

Pour plus de conviction, je donnerai d'autres
formes en AWWA :

avancer (comp. als. *vangl'a*, *gangl'a*).
   avanzare, avvangare.
   Schwanken, Schwang, (l'agglutinant SCH remplace AW
     absent).
   Schwanz, s'agiter comme la mer, comme Schwann, cygne.
   Schwanger, enceinte, ronde comme une vague de la mer
     qui avance.

et je continuerai par une forme en :

   ΑΦ-ΦΑ, sœur de la précédente (αφη), marquant le
     contact.
s'affaler.
   αφαλλομαι.

fallen, le préfixe obligatoire af est négligé, nous en verrons les raisons plus tard.

σφαγγομαι, l'agglutinant S remplace le préfixe αφ.

affaldare, mettre plis sur plis, comme les vagues de la
mer, mot qui fera mieux comprendre le sens des mots
presque homonymes, *sfaldare sfaldellare*, Falten.

Je continuerai par le renversement de AWWA,
qui est WAW.

Waffel, als. gueule; *waff'la*, gueuler.
Waffen, armes (la gueule armée de ses dents), Wappen.
wawl, *waves*.
waddle, Watel.
wag, *wain* (l'*i* remplace le *X*), Wagen, Wahlfich (wallen).
Water, Waffer (comp. Vater et le latin *vates*).

Enfin, je crois qu'il n'est pas sans intérêt de
vous présenter un tableau de quelques mots
bizarres, dont l'origine commune est indéniable :
il serait difficile, sans doute, de le reconnaître
sans la juxtaposition voulue ici.

La forme AWWA n'est pas éloignée de AVVA
qui trouve son application latine en *avis*. Les
oiseaux de passage, dans leurs migrations, ont
toujours été les précurseurs des changements de
saison; et, le départ des cigognes, des hirondelles
et des autres oiseaux de passage annonce, aujour-
d'hui encore, la proximité des pluies d'automne.

La science des augures n'a pas été étrangère à
la connaissance de ces migrations.

La parenté de tous les mots de formation
alphabétique A est très rapprochée; en effet,
lavare suggère l'emploi, la nécessité de l'eau,
clavare, la nécessité du contact.

Ensuite, nous mettrons dans le même cadre les formes en AK-KA, qui peuvent se confondre avec AVVA dans la même bouillie : l'*aqua* des Latins.

Langues latines.	Alsacien. Anglo-saxon.	Allemand.
vaciller,	*Wak'a*, als. caillou qui remue dans l'eau,	wakeln.
vague,	*waggle, wag.*	
vaguer,	*wak'la*, als. balancer	
vacher,		
vacarme,		
vaglia,		
valere,	*wal,*	waschen.
guatare,	*wash,*	warten.
guardia,	*watch,*	wachen.
gouache,		
aguardar,		
vaquer,		
se garer,		
gare,		Warten-Saal.
vagabond,		wahren.
guazzare,		Wahrheit.
balance,		wandern.
wagon,		Wage.
cailloux,	*call* (¹), appeler,	Wagen.
galet,	*wall-holz*, als. rou-	
galette,	leau à pétrir la pâte.	
vallon,		wallen.
valse,		Walse.
avassalare,		Wassalenschaft.
vassal,		
guattero,		
vase,	*water,*	Wasser.

(1) *Call,* appeler comme le bruit des galets (cailloux). L'anglais se prononce *coll* et ce mot est du ressort de la lettre O.

Langues latines.	Alsacien. Anglo-saxon.	Allemand.
vaseux,	*was'a*, als. gazon,	watten.
(goitreux),	*waddle*, balancer,	
vadum,	*Watel*, als. queue,	Watte.
ouate,	*wad'a*, als. mollet,	
gualo,	*wad*, bourre,	Wamme.
vanne, van,	*wadding*, ouate,	
vanité,	*wales*,	Walſch.
galli (gaulois),		
vazguenco,		
basque,		
gascon,	*Walsch coller* ou	
wallon,	*culler*, als. dindon, coq d'Inde. *walk*.	

Tous ces mots, je l'ai dit, d'autres encore, sont d'une parenté très rapprochée ; ils sont sortis de la même matrice et il est présumable qu'une mère commune a serré, contre sa mamelle, les ascendants des peuples, qui s'expriment en ces idiomes.

Puisque nous nous occupons dans ce chapitre des premières formations des radicaux syllabiques, il est bon, de suite, de vous indiquer la règle qui les régit :

1° Tout mot formé d'un radical et de son renversement devra conserver, dans la pratique, les deux radicaux.

2° En cas de suppression du premier, il sera toujours censé appartenir à la même série de voyelles que la seconde.

C'est ainsi que le mot *avaler* n'est pas de la

même formation que *valere*, valoir, dans le sens de *coûter*.

Ce dernier appartient à la série *evve*, comme le fait ressortir le mot correspondant *évaluer*.

Le mot *valeur* est donc sujet à amphibologie.

Bien au contraire, le mot *varier* est très correct. En remplaçant le radical partiel disparu, nous aurons le mot *avarier* qui rentre dans la même série et le même sens.

Sous cette réserve, nous pouvons affronter, sans hésitation, la lecture des mots suivants, italiens pour la plupart, qui ont conservé leur forme entière. Ce sont des formations en AW-WA et en AV-VA, que nous savons de la même famille :

AV, actes accomplis dans l'eau, ou au contact de quelque chose.

VA, pour la bouche, pour les jambes, en touchant : *avvalare, avvaloramento, avvangare, avvantagiare, avvantarsi,* etc., avarie, avarice, avachir.

VE, pour le nez, en flairant, ou dans l'air, en cherchant : *avello, paveo, caveo,* etc., *avvedersi, avvelenare, avvenire, avventurare, avvertire, avversario, averno, averiguar,* etc.

VI, pour l'œil ou l'organe génital, dans la lumière ou la vivacité, en divisant : *avispa* (guêpe), *avivar, avitualar,* etc.; avilir, aviron, etc.; *avvicinare, avviare, avvilupare, avvincere, avvistare, pavicula* (hic, demoiselle du paveur), avis.

VO, pour l'oreille, en faisant du bruit : *avoco, pavo, avvocato, avvolpinare, avvoltichiare, avvoltura,* etc., avoué, avocat.

VU, pour le ventre, en flattant notre goût : *avus, avunculus.*

La conclusion logique de ce qui précède est que le sens des composés de AVV est bien déterminé :

d'un côté, l'état aqueux, boueux, représenté, par la terre habitée, en A dans un mouvement ascendant, soit *remuer*, ou tout simplement le mouvement ascendant de la bouche, *séparer* ; de l'autre côté, cet état influencé par les consonnes V ou W, mouvements décadents, modifiés par l'adjonction d'une nouvelle voyelle qui change sa signification, en permutant sa fonction :

AVVA, *remuer.* VA, en touchant de la bouche ou des jambes.
AVVE   —   VE, en cherchant du nez ou de la pensée.
AVVI   —   VI, en se précipitant pour piquer ou diviser.
AVVO   —   VO, en criant ou en tournoyant.
AVVU   —   VU, en se reposant, en chauffant.

Et il résulte de cet ensemble de situations que la syllabe *av* seule signifie « ce qui monte », que l'adjonction de *v* dans *avv* indique que l'objet en question, après être monté, redescend, puis une troisième addition de voyelles nous dira quel organe, quel sens elle frappera.

Le mot *bave*, qui signifie, d'après ce que nous avons vu (βητα, exister) « exister après avoir monté » indique bien la salive qui a monté à la bouche, et qui s'y maintient en bave (je néglige l'*e* muet, qui termine le mot : il ne peut avoir de sens, puisque nous avons remplacé, en français, presque toutes les terminaisons par *e* et *er*).

Par opposition, voyez le mot italien *avvalare*, qui est euphonique et qui, à lui seul, constitue un modèle d'harmonie imitative :

av, mouvement de liquide ascensionnel.
va, mouvement décadent.

val, la marche du mouvement décadent, par la pression de
la langue.

puis, sous forme agglutinante :

allar, *lar*, mouvement semi-descendant de la langue, avec
accompagnement de bruit.

re, retour de la langue au repos.

Ce mot *avvalare*, est parfait en toutes ses parties
et constitue un modèle du genre.

Je citerai les derniers exemples :

𝔉alle, piège que l'on tend en montant, qui se détend en des-
cendant.

fallen, tomber, c'est-à-dire monter, puis descendre.

phallus, ainsi nommé pour des mouvements identiques et
pour des motifs plaisants au goût, *ludendo*, en jouant, mit
Luſt, avec plaisir.

Enfin, en revenant, à la syllabe simple, à la
consonne simple, je noterai :

φαλος, pointe de casque où se place l'aigrette; rocher qui
s'élève au-dessus de la mer.

σταλμος, la goutte d'eau qui se tient toute raide (en s'arrondissant).

De toutes façons, il reste acquis que cette juxtaposition de mots simples, pour exprimer une idée
complexe, a été pratiquée communément par nos
pères. Aucune langue n'offre le caractère de
l'application d'un mot spécial à chaque objet
déterminé. Souvent le même mot a diverses
acceptations et prête à l'ambiguïté. Il est donc
essentiel de remanier les mille formes diverses de
l'expression de la pensée humaine.

Voici un exemple de ces formations :

an (anna), près de l'eau.	*Walk*, *an*, *wak'a*, als. galet, vacation.
en (enne), en l'air.	*Walk*, *en*, **Wagen**, voiture, **Wage**, balance, wagen, aventurer, comme le charpentier sur sa charpente, **Balfen**, poutre.
in (inni), dedans, où il fait chaud.	*Walk*, *in*, vagin, *vagina*.
on (onno), dessus, où l'on est en mouvement.	*Walk*, *on*, wagon, balcon.
un (unnu), où tout se ressemble, où il n'y a plus rien.	*Walk*, *un*, *vacuna*, déesse des gens oisifs, le vide.

Toutes formations, qui évoluent dans les mots *Walk*, vague, **wallen**, **wachen** (fig. 13 à 22, 40 à 52).

CHAPITRE X

E

La voyelle *E* est l'epsilon des Grecs ε. Je l'ai déjà dit, elle représente l'appareil nasal dans l'avant-train, l'appareil génital dans l'arrière-train (fig. 61).

Elle représente l'eau glacée des monts dont le volume augmente comme nos muscles, durcit, comme nos biceps. Ce n'est plus l'eau fluide, liquide de nos plaines, c'est l'eau solide, pareille à l'acier.

Le sommet des Alpes est couvert de glaciers, où se figent les masses d'eau que le soleil en feu évapore, dans sa course éthérée. Ce sont les frimas éternels.

Elle représente la terre durcie, solide comme les rocs πετρα, *petra*, Felſen, puis, dans une acception plus particulière à l'homme, comme entité zoologique, la chair durcie, la chair solide, *pellis*, δερμα, Fell.

Plus généralement, elle représente tout ce qui flotte au-dessus de nous, l'air, l'éther, tout ce qui, dans la nature, a la forme du demi-cercle, du firmament, hémisphère bleu, cachant le ciel de nos rêves.

Puis, dans un autre ordre d'idées, c'est le

souffle, le hâle du mois de Mars, après la pluie, les brumes et les brouillards : il vient, avec les vents d'équinoxe, ouvrir les bourgeons gonflés des arbres et le cœur serré des amoureux.

C'est le printemps, *primavera !* la saison des amours, la feuille verte, le renouveau !

C'est la joie, c'est l'espérance : la nature déborde de sève et de baisers !

La figure pédagogique de la voyelle E a été : figure 72, parce que telle a été la position de l'homme, envahi par l'insatiabilité des désirs.

Son signe est la main mi-fermée, le pouce se détachant des doigts, comme pour saisir. Les deux mains, ainsi posées, forment nettement la lettre E (fig. 72).

X (lettre grecque χι)

Cette lettre devait être la première venue de la série des *c*, *g*, *q*, indiquée ci-après.

Il ne faut pas confondre le *Xi* avec le *Xe*, que nous verrons plus loin, ni avec le *Xo*, le *Xa* ou le *Xu* ; et, il n'est pas difficile de préjuger à quelle partie du corps l'étude de ces lettres doit nous amener.

Quoi qu'il en soit, les consonnes étant aphones, elles correspondent à des mouvements ou à des signes. Il ne faut pas perdre de vue que la consonne, qui sonne, est un mot et ce mot est celui qui se trouve circonscrit dans les limites du mouvement indiqué par la consonne même et dans le rayon d'action de la voyelle, qui lui est accouplée.

La lettre X (sans son, sans nom) représente

l'homme debout étendant bras et jambes, ayant recours à la force et faisant violence.

C'est encore la mainmise, par artifice, sur les animaux qui nous environnent et que nous convoitons. Ces pièges sont inaperçus par les bêtes : elles y donnent, tête baissée. C'est, pour elles, la suppression de l'œil — ce qui fixe le sens de *Xi*, (fig. 131), *Kiste*, boîte fermée, sombre — caisse.

Au figuré, ce sont les mailles d'un filet, semblables à l'œil, deux aiguilles à tricoter, tels les mots *flick'a*, als. raccommoder, *stricken*, *striken*, tous, ouvrages à maille ou à œil, etc (fig. 130).

C'est un nœud, un lien, une couture en croix, un point d'arrêt (fig. 73).

C'est le radical de *cil, sourcil, cri, crin*, c'est le radical de *Ki*, als. *violon, Kig'la*, als., jouer du violon, *Kig'sa*, criquer comme les chaussures neuves, *Kik'sa*, sacrifier, tuer, κίχλη, la grive, l'oiseau du gui.

L'œil, ce centre de vie, laisse écouler par les narines une sécrétion gluante et visqueuse (γλίσχρος, γλία, glu) qui se tire en fil, pareille à la résine ou à la gélatine.

L'opposé de l'œil dans l'arrière-train, l'organe génital d'irritabilité secrète le sperme, le fil de la vie.

C'était le gui gaulois, l'emblème de la filiation (fig. 73, 129).

Cette lettre nous initie à toutes les connaissances utiles : l'art de la pêche, de la chasse au moyen des filets, de la glu, des appeaux et des armes de guerre, l'art de la musique, en tant que soliste comme le fifre ou le violon, car le jeu d'orchestre et la basse ont une autre origine (fig. 73).

La lettre *X* a une très grande analogie avec le *x* moderne, le *x* de l'arithmétique, l'inconnu, l'invisible, l'œil fermé — ἰξός, la glu.

« Le gui me connaît » disait le Celte, γιγνώσκω, disait le grec, *cognosco*, disait le latin : ce sont deux civilisations distinctes qui, sans doute, tenaient primitivement dans la confédération celtique.

Dans la pratique, la lettre *X* a donné naissance à une grande variété d'autres consonnes, tels les γάμμα, les κάππα (fig. 14), les *G*, les *C*, les *K*, les *Q*, les *sh* anglais, les *sch*, les *H*, les *K* sans aspiration, les *ch* allemands, les *K* avec aspiration, les *jota*, *les K très aspirés* des peuples pasteurs, des circoncis, des Arabes, en les confondant dans un même ensemble avec les *Y* grecs (non les *U*) et les *I* romains, ces dernières lettres pour le jota.

Toute cette série de lettres a le même sens à peu de chose près : elles indiquent l'emploi de la force, un grand effort pour unir, conserver, renfermer.

Il est aisé de se rendre compte que, de l'emploi de toutes ces formes, il est né une perpétuelle confusion.

Le *quiproquo* est entretenu par les difficultés de prononciation de ces lettres, aspirées par les uns, grasseyées par les autres, au caprice des *ch* et *g* allemands, du *jota* espagnol ou arabe (*kotter'a*, als. synonyme de *gorgollare* dans le sens de gargouiller) et du *g* lettre douce et gutturale.

En faisant l'effort pour prononcer cette consonne, la langue se colle contre la mâchoire inférieure, en appuyant fortement, pour bien marquer l'effort pour réunir et pour nouer.

Le principal objectif, en formant la lettre X, a été de supprimer une partie des formes agglutinées et donner, à la langue, une forme flexionnelle. De cette manière, le X a remplacé le premier temps d'un mouvement et a évolué avec le deuxième temps pour former des mots ou des modes à flexion.

Malheureusement, ce sont les élisions de ce genre qui ont estropié la langue primitive, à nos yeux surtout, qui ne connaissons pas la formule exacte de ces mutilations.

Voici des exemples :

déluge de paroles, montagne d'eau,	Schwall,	evvaler, le contraire de avaler (dévaler).
balancer,	schwanken,	avancer comme la mer en A.
queue,	Schwanz,	avant, avancer, avantage.
remise (grange),	Schrank,	arranger.
baleine,	Wahlfisch (avec 2 l).	poisson qui roule comme l'eau.
	(avec un l).	poisson qui jette l'eau en l'air, comp. φαλος.
maladie,	Krankheit,	d..éranger.
serpent,	Schlange,	élancer.
brandir,	schwingen,	évincer.
frayeur,	Schrecken,	erectus, erigere.
ronfler,	snore,	s.onnore, sonner.
froncer, friser,	Krause,	érosion.
briller, clarifier,	clareo,	illareo (hilarité) (fig. 211).
illustre,	κλυτος,	(illutos) illustre.
clystère,	κλυστηρ,	(ullustrer) lustrer ce qui est terne, laver.

la prunelle de l'œil, γλήνη,		(illini) ce qui converge vers l'œil comme deux rivières vers le confluent.
client,	cliens,	(illi, ent) votre image dans l'eau, c'est-à-dire celui qui est toujours près de vous. (v. p. 144).
pleurer, als.	crin'a,	irriner, mot disparu, pleurer, comp. irriguer, uriner (urra).
source.	κρήνη,	

Dans la composition simple, la consonne X indique toujours l'idée de réunion et d'ensemble.

Voyez :

limm, als. colle forte.	Schlimm, als. sécrétion visqueuse des glandes, λήμη.
rümpfen.	schrümpfen.
rib'a, als. gratter.	schrib'a, als. écrire.

Le mot français écrire a conservé sa double forme ckke.

lang.	Schlange.
αχα, amas, Amme.	γαμος, gamelle, camomille (matricaire).
	Schwamm.
	Klammer, etc.

La lettre C renferme si bien la partie élidée des mots agglutinés et à flexion que les noms de nos premiers rois de France, quelque énigmatiques qu'ils paraissent, deviennent des appellations lucides, tels que LOVIS, Louis, LODOMIR (non Ludwig une forme allemande), aussitôt le C supprimé.

En effet, le C dans Clovis, Clodion, Clodomir, Clotaire, renferme, *love*, *lovis*, *lod* (*laus*, *dis*) avec le radical ℓℴℓ, *lot*, tiré au sort, élu par ses pairs ou tiré au sort pour morceler et allotir. Ce dernier mot nous fait voir que les quatre mots de Clovis à Clotaire remplacent quatre mots primitifs, non *allouer*, *allotment* mais *ellouer* et *elloter* mots disparus, comme *élever*, *élir*, *élite*, *éloge*, mots courants.

La lettre *C* a donc remplacé la syllabe *el* élidée.

La consonne X, au point de vue graphique, a beaucoup de points de ressemblance avec le *N* et le *Δ*, à cause de leur complexion angulaire.

Les trois lettres ont à peu près le même sens emblématique et mystérieux, tendant au progrès humain.

Enfin, dans certains mots, le *K* ne se prononce pas, tels :

Know, connaître, γνωσκω.

Knife, couteau.

Mais cette circonstance est accidentelle : elle tient, sans doute, à ce fait que la prononciation du mot, dans la langue où il a été emprunté, se faisait par une lettre douce en *g*, comme ignorer, γνωσκω, et qui, disparue dans la prononciation, s'est reproduite, sous la forme dure, dans l'écriture.

Know (conn..o, γνωσκω, cognosco, können et connaître sont les mêmes mots.

Knife est le même mot que *Kni*, als, genou, c'est-à-dire une pointe, un couteau se pliant comme le genou, pour faire un couteau de poche, comp. canif (*K...nif*).

CHAPITRE XI

La voyelle *E* indiquant l'air, la double syllabe *EXXE* signifie proprement *inspirer*, *sentir*.

Domaine de l'air, fig. 61.

EX aspiration de l'air par le nez jusqu'au poumon, où l'air s'infiltre par des canaux qui, en s'amincissant, deviennent capillaires, — forme pointue de notre nez.

XE refoulement de l'air, par le nez, après oxygénation du sang dans les poumons vers le tout éthéré, limité par la voûte céleste et l'horizon terrestre — forme de nos deux narines.

Domaine du flair, du jugement, fig. 135.

L'examen du ciel, dans le développement des connaissances humaines, les lunaisons, la marche des planètes, les éclipses (le mot est typique) les développements d'écliptique ont amené l'homme à décupler d'énergie pour l'étude du vrai. Dans l'étude des lignes circulaires de l'étendue, il dut s'astreindre à la discussion des angles, l'opposé du cercle (fig. 62).

L'angle est accessible à nos instruments, les grands cercles d'évolution sont inaccessibles et intangibles (fig. 92).

Mais avant d'arriver à ces connaissances générales, la gloire de l'humanité, l'homme végétait dans les bois et les marais, à la merci des injures du temps et des attaques des bêtes fauves. Le premier éducateur du flair humain prit, dans le nez lui-même, les éléments de sa doctrine :

1° Le nez, une pointe, un angle.

2° Les (ailettes) narines, la voûte en arc; enfin, la combinaison des deux, l'angle formé par deux arcs de cercle qui se coupent, les secteurs, les segments (fig. 62-188).

Ce premier éducateur traça sur le sable les signes suivants :

EXXE, sentir.

pointe, angle. EX   fig. 61   XE, courbe, forme de la lettre
C, surtout du G gothique.

νεκυς, mort.   γενος, naissance.

XEX, balancer, juger.

Ensuite, il donna à EX, le sens de l'unité, le principe des nombres impairs. Il donna à XE (il y a deux ailettes, et les deux réunies forment le rond, O, le zéro), le sens de deux, le principe des nombres pairs. L'association de ces deux principes forma la pluralité (fig. 63, 135, 189).

C'est l'exposé même des théories de l'Inde et de l'Égypte rapportées en Grèce par Pythagore, après son voyage d'études de trente ans, en Orient !

C'est l'apport des Indiens en Europe lors de leur migration !

Un horizon nouveau était découvert: par le nez,

on associa les choses de l'esprit avec les règles des unités et des multiplications.

L'homme était mathématicien, géomètre, il devint astrologue.

La lune se présentait, par moments, sous forme de EX, le croissant, sous forme de XE, la pleine lune, par intervalles ; il acquit les notions du temps, des saisons, des années. Par les variations de l'écliptique, il connut des cycles de plus de 3000 ans ! (fig. 66.)

Il serait trop long de vous faire voir toutes les évolutions de ces syllabes, il me suffira de dire que de *EX* naquirent les formes suivantes :

Eck, bec, Pegase, Weg, εχις, (fig. 68) flèche, écharde, écale, aigre, aiguille αχμη, aigle, égide, ακροπις, ακροπτις, αιξ (nous reverrons ces dernières).

De XE :

χειρ, κερκμος, geste, gérer, Kehren, cheval, cervelle, Kennen, le savoir du cervelet opposé à γενζω, le savoir de la matrice.

Enfin gêne, l'embarras qui résulte de la grossesse, circonstance qui fait appeler en Espagne une femme enceinte *mujer embarazada* (fig. 223-254).

Cenno, cène, querelle, quête, chêne, *quercus* (Eiche) (fig. 35, 65 à 70), cercle, κερκτος, κερκς, κερκωψ, fig. 71, κερκτος.

Nous arrivons ainsi aux formes doubles, comportant deux voyelles, les plus intéressantes, sur lesquelles j'insisterai davantage :

EX, cette syllabe nous transporte dans l'air, dans le domaine du flair, de l'intelligence ou nous révèle un plaisir sensuel ou une formation d'angle. Le sens s'arrête à une de ces idées.

Comment sortirons-nous de cette situation, comment fléchira le mot?

La syllabe renversée nous répondra en prêtant le concours des autres voyelles.

EX-XA, en tombant sous le sens du toucher, le rapprochement ou l'éloignement.

1° échapper, égarer, écarteler, escalier, escamoter, écharpe, écarter, échasses, égalité (*wall'a*).

2° échalas, eschare, écharde, écrevisse, rap. σκορπίος.

3° échalote.

4° εγγχαρίζω, se marier.

EX-XE, en restant dans le domaine de l'odorat, du flair et de l'intelligence.

1° échelle, εγχελαζες, échec, Flegel, légèreté, beden, fledhen.

2° rednen, équerre, *leggere*, *lex*, *legge*, *eclegme*, éclectique, ecclésiastique, cathéchisme (fig. 133) Fecher (eichen, janger). Becher, Hede, Degen, échéance, εγγχελαε, la cervelle. *secret*, ΤΕΧνη (Jaulenn)

3° mèche, Edel, egg (Ei, œuf) Eiche, αριλωψ, *leccare*, lécher, *Basler lekkerlé*, *leccherlino*, *leccormia*, *leccorneria*, douceurs, friandises, *secessus* (fig. 132, 183).

4° *Sekel*, als. membre viril, εγχεντρις, aiguillon, ftreden, heden, s'accoupler, Schnede, *schnecke als.* organe sexuel féminin, αξ, aigle, sexe, Ehe, Here, ecce, péché, *eccedere*, *eccesivo*, *eccellenza*, *eccelso*.

eccentricita, leccheto, membre viril, ἔγκατα, les intestins, opposés à ἐγκέφαλος, la cervelle, Eigenschaft, Eigenthum (fig. 136 à 141). *ΤΕΚΝΟΩ*

EX-XI, en tombant sous le sens de la vue.

1° échine.

2° *echinus*, hérisson, aiguiser, aiguille, équilibre, échiquier (aquilin est déclassé).

EX-XO, en tombant sous le sens de l'ouïe.

1° écho, *ego*, *egotism*, égoïsme.

ἐκκαυχάομαι, rendre présomptueux, égosiller, écot, *eccheggiare*, résonner, faire écho (mot déplacé pour *ecchoggiare*).

2° églogue, catégorie.

3° σκόροδον, ail, comp. σκωραμίς, chaise percée.

4° ἔχω, posséder (fig. 141), *sequor*, *egotism*, égoïsme.

EX-XU, en tombant dans le domaine de nos goûts et de nos préférences.

1° *equus*, escadron, écurie, écuyer, écume (fig. 142 à 144).

2° *pecunia*, *peculium*, écu, écusson, ἐγγύη, garantir, ἐγγύς, près de (fig. 90).

3° *pecus*.

4° ἔγκυος, qui est enceinte, ecchymose, écusson d'une bête. *fig. 228*

J'ai classé à dessein les mots sous quatre rubriques :

1° les choses qui se passent en l'air ;

2° les choses d'étude, de calcul, d'arithmétique,

l'angle et le cercle, les choses figurant la pointe et le rond ;

3° les odeurs ;

4° les choses concernant les organes sexuels.

Il est superflu de dire que cette classification est absolument inutile dans la pratique, car les choses d'amour et les choses d'esprit ont une relation si connexe qu'elle n'échappera à personne.

XEX (fig. 132).

Nous avons parcouru toutes les formes de EXXE, qui nous ont initié à toutes les phases de notre activité nerveuse. Mais les sens, souvent, ne peuvent pas nous donner, du premier coup, l'état exact des objets. Ainsi le toucher ne peut nous donner la notion des corps placés à distance : le sens de la vue y supplée et, grâce à son éducation propre, il peut remplacer le toucher.

XEX, c'est le bruit de la chute, *key'a als*, tomber.

XEX, c'est le bruit du pendule qui marque les minutes : l'oreille perçoit les unités de temps sans le concours de l'œil.

XEX, c'est le bruit de la marche qui marque le pas : l'oreille enregistre les unités de mouvement sans le secours de la vue.

XEX, chèque, c'est l'aspect des oscillations de la balance, qui indique les poids, sans le concours de la main, organe de préhension, de toucher ; c'est une balance de compte.

XEX, c'est le bruit des verres qui s'entre-choquent pour fêter le bonheur, pour couronner l'ivresse. C'est le son précurseur des sensations du goût.

KEK, dans cécité, c'est le bruit du bâton qui cherche le chemin et qui précède la marche. C'est le toucher qui remplace la vue et qui permet à l'aveugle de suivre son chemin.

EXXE, signifie l'effort intellectuel pour comprendre, ou l'effort physique pour reproduire.

XEX, signifie, la notion acquise par la réaction de nos sens, les uns sur les autres, pour s'entr'aider et au besoin se remplacer.

Au reste, XEX a toujours été d'un emploi fréquent dans les redoublements, vestiges des formes anciennes du passé défini, du parfait :

cecidi parf. de *cado.*

—   —   *cædo.*

cecini   —   *cano.*

γέγονα   —   γίνομαι.

γέγονος, γεγονέω, etc., etc., gegangen, *gegangen,* gegriffen, geflappert, geflungen, etc., etc.

CHAPITRE XII

La voyelle *I* indique par le point sur l'*i*, la solution de continuité dans la forme, provenant du sujet qui vise ou de l'objet qui est visé. Je veux dire l'œil qui s'ouvre et se ferme en mouvements alternatifs; il ne reste ouvert que par un effort!

Je veux parler de la lumière qui s'infiltre dans l'œil, du liquide qui sert à sa lubrification. C'est que la cornée a besoin d'être huméfiée souvent pour rester transparente (fig. 211, 75).

La présence des canaux lacrymaux dans l'œil (Licht) est donc essentielle pour le sens de la vue, mais elle occasionne ainsi les pleurs qui sont distillés, goutte à goutte, comme le point de l'*i*, dans l'orifice nasal (ριν).

La lumière, elle aussi, est pour ainsi dire distillée dans l'œil, en raison de la perception propre de cet organe : les tableaux extérieurs se présentent à l'œil avec la rapidité de l'éclair et c'est ainsi que l'œil, par une série innombrable de tableaux, se succédant sans cesse, perçoit le mouvement. Le sens de l'*i* est très net dans le mot ιστωρ (ιστ, ωρ) du primitif ειδω, je *sais*, je *vois*. L'histoire, en effet, est une narration cinématographique des événements, écrite avec l'intelligence nette des causes et des effets.

Hill'a, en alsacien, dit *pleurer*; et la rivière qui

traverse l'Alsace dans une partie de sa longueur est l'*Ill*, parce que, goutte à goutte, elle est entretenue par les petits ruisseaux, qui descendent des Vosges, huméfiant ou irriguant la plaine.

Or, ce mot est très commun dans notre pays celtique : toutes les villes et villages en tirent leur nom, quand ils n'ont pas la terminaison *ac, ay, y, au, wy, whir, ville, weiller* (fig. 211).

Le point sur l'*i* est de la plus haute importance, car il rend les fonctions de l'œil plus manifestes et plus expressives : deux points sont l'indice d'une division en arithmétique, ils sont en composition grammaticale, en orthographe, le signe de séparation de deux propositions différentes, le résumé de preuves antérieures ou le récit de circonstances qu'il a paru confirmer par deux points (:), comme si on voulait donner en témoignage de la véracité du récit, la fidélité de perception des deux yeux qui ont vu (..).

Le point et le rond ont été conservés dans les signes astronomiques, que nous ont transmis les anciens, car le Soleil est toujours représenté par le signe (fig. 75), dessin de l'*i* des premiers âges.

Le soleil, en effet, s'appelle ἥλιος, en grec (lisez ἴλιος) et l'œil (le dessin paraît tel) est ἴλλος. Le mot Ἤλι est une expression hébraïque pour dire « mon Dieu ». Ἠλέκτωρ est l'épithète grecque du Soleil, mais pas dans le sens de α privatif et de λέκτρον, parce qu'il « nous fait sortir du lit », mais dans le sens de *Silex* (comp. αλς, Salz) qui fait jaillir la flamme.

Moïse a dû permettre l'emploi du mot Ἤλι, un mot païen sans doute, pris dans la catégorie des *i* comme *Isis* et *Osiris*, les Dieux d'Égypte, en défendant de prononcer JEHOVAH.

En latin, *ille*, c'est le pronom, pris en bonne part, opposé à *iste*, pris en mauvaise part.

Virgile fait ressortir cette différence dans les vers harmonieux qui suivent :

> Deus nobis hæc otia fecit,
> Namque erit ille mihi semper deus ; illius aram...

les *i* se multiplient, car il parle du Soleil avec abondance.

> ...Nihil iste nec ausus,
> nec potuit ; cœlum hoc et conscia sidera testor.

les *u* abondent en parlant du jeune malheureux et les *i* représentent, tous, des lueurs sombres de la nuit (*nihil, niger*).

C'est le pronom *il* en français, c'est *he* (prononcez *hi*) en anglais.

Quoi qu'il en soit, cette forme ronde qui laisse passer des lignes et des points, je veux dire l'œil, pareil au Soleil, qui lance des gerbes de rayons, a suggéré l'idée de la consacrer aux travaux de l'aiguille, du métier à tisser et à plisser, aux travaux de la vannerie (éclisse), etc... La première ouvrière de ce genre fut la Ꙩpinne, l'araignée, chère à Minerve. Aussi, presque tous les mouvements en *i* sont de cette catégorie ou simplement des images représentatives des mouvements de l'œil, tel *glisser* pour désigner le frottement doux et presque irrésistible des paupières sur la cornée transparente.

Ce n'est pas tout : cette diffusion de rayons, et mieux que cela, la garniture de l'œil, de cils et de sourcils, pour mieux le protéger, ont donné lieu à d'autres images, tel ηλακατη, la quenouille hérissée de fils et de filasse, tel ηλος, le clou, forme du cil, ηλος, le durillon, consistance de la cornée transparente; toutefois, constatons avec plaisir que le dernier mot français est plus clair que son congénère grec, parce qu'il a pris la forme agglutinante avec l'adjectif *dur* et la flexion en *on*. En thèse générale, la voyelle *i* représente la division et sous la forme de l'ωτα, la circoncision (*iout, cut, couper, hutt,* als., peau), opération qui caractérise plus encore le sens général. L'alphabet grec comporte, en effet, deux *i* : l'*i* juif, improprement appelé l'*i* romain et l'*i* grec ητα (η) graphiquement juste en *y*, mais représentant improprement l'upsilon grec.

Tout mouvement dû à un attouchement alternatif ou successif, tout état provoquant la dislocation d'un ensemble en parties minuscules, toute impression sexuelle ou sensuelle amenant un dédoublement matériel ou physique est tributaire de cette voyelle.

C'est ainsi que nous disons, en parlant de l'eau en ébullition, *agua hirviente,* et en désignant le dédoublement de notre propre être, *filiation,* cette source de vie dans cette source d'eau, le mariage, la vie à deux où l'on s'endort, comme devant une source pure, où la réverbération de l'eau vous fait voir quatre, toute une famille.

La voyelle *i* remplace, souvent, dans certains mots, la première des lettres doubles, par euphonie sans doute.

Très souvent, elle remplace le *k* (en le prononçant jota), comme vous l'avez vu dans le chapitre précédent traitant de EXXE.

Enfin, il est bon de savoir que l'*i* et l'*u* jouent à cache-cache perpétuel dans toutes les langues et que, dans bien des cas, il serait utile de les mettre à leur vraie place.

C'est une cause de grosses erreurs.

La signification pédagogique a été : fig. 76, parce que l'homme, en remplissant le rôle imposé par la vue et l'organe sexuel, s'étire (j'emploie ce mot à propos au lieu d'allonger), se dresse sur la pointe des pieds, pour mieux arriver à ses fins. Un point, une larme, c'est tout !

Dans cette attitude, l'homme prie Dieu, le soleil de son existence. C'est ainsi que le prêtre dit son *oremus* (fig. 89).

Son signe est la main allongée, en opposition aux trois phalanges qui se brisent. C'est la raideur des articulations, avant-coureur de leur division (fig. 76).

La prononciation de cette voyelle se fait en posant la langue huméfiée contre les dents, de telle façon à ce qu'elle puisse rester vibrante et que la voix, stridente alors, entraîne à sa suite des atomes d'eau (*stilla*) et des poussées intermittentes de chaleur interne.

En arithmétique, les deux points marquent la division.

En géométrie, la ligne est une succession de points ; et, la ligne droite est la plus courte distance d'un point à un autre ; comp. *glich*, als. immédiatement (*illich*), ήλος, ίλος, ήλακρον, *ignis*, *illico*.

CHAPITRE XIII

Θ

Nous saluerons dans la consonne Θ (pron. θετα) la première venue, sans doute, dans la généalogie des consonnes alphabétiques. Nos premiers ancêtres ont ébauché leurs relations sociales par des gestes et des signes : la lettre Θ représenta le geste. *Dit'a*, en alsacien, signifie « faire des signes », et le verbe français *dire*, lui-même, a quelques formes en *dit* (fig. 41, 77 et 79). *Diser'la* est le nom alsacien du chardonneret, le joli causeur de nos jardins, *ziser'la*, als., autre espèce d'oiseau, qui zigouille, qui gazouille ; et, cette forme se retrouve aussi dans notre mot *dire* dans « beau diseur ».

Il saute à l'œil que l'homme s'est servi de cris naturels, de signes combinés avec la voix, avant de recourir au langage.

Il est tout aussi évident que, dans un but d'exploitation, les plus forts se servaient de signes particuliers, inintelligibles aux plus faibles : c'était le moyen le plus approprié à cette oppression de tous les jours.

Le langage, sans nul doute, ne naquit pas, sans laisser de grosses inégalités derrière lui, et il suffit de rappeler qu'il était considéré d'essence divine ; la foule, qui ne parlait pas, λαος, *plebs*, θης,

servus, λατρις, litt, peuple, mercenaire, esclave, vilain ou aide, faisait des signes, traînant une vie misérable, à la merci des grands de la terre.

Cet état de choses s'est modifié, dans la suite, au fur et à mesure que le peuple, éclairé, désillusionné sur la divinité des maîtres, reconquit, par la force, son indépendance et sa liberté.

Toutefois, il faut savoir gré, aux civilisations d'autrefois, des efforts faits pour régénérer l'humanité : elles ont pris l'homme pithèque, tout animal, pour en faire le citoyen tout intellectuel, prévoyant pour lui et la société.

Le citoyen libre, saura-t-il élever son idéal à l'égal de la marche ascendante que lui a imprimée le régime des castes ?

Très simple à l'origine, le langage comportait les voyelles et un nombre réduit, très réduit de consonnes, suivant le libre arbitre des chefs et des grands. Peu importait cette variété de consonnes, les modes de formation restaient les mêmes ! Aussi une simple initiation faisait comprendre toutes les langues, cela d'autant plus que l'oreille, mieux dressée que la nôtre, percevait, mieux et plus vite, toutes les modulations du langage.

De nos jours, l'écriture est devenue la grande initiatrice des langues : ce fait est profondément regrettable, car il oblige les élèves, pour chaque idiome, à connaître deux langues : la langue écrite et la langue parlée, si différentes dans bien des cas.

Il est arrivé de ces études ce qui se présente tous les jours, pour le calcul. De mental qu'il était autrefois, en très grande partie, il est devenu mécanique par l'emploi des divisions et des multiplications écrites, à telle enseigne que, les enfants, devenus adultes, ont de la peine à suivre, mentalement, les petites opérations journalières d'ordre domestique : là, le geste a remplacé la tête. Les Anglais, au reste, nous ont précédés dans cette voie, en nous présentant le *ready reckoner*.

A la suite des conquêtes, par la superposition des sociétés, il a donc existé dans chaque groupement, des hommes qui savaient parler, qui commandaient, qui instruisaient, l'aristocratie de la nation, et d'autre part, la grande majorité, les gens différents (*distare*), j'emploie ce mot à propos, les hommes qui faisaient des signes, les θῆτα (θής, θῆτες, mercenaire), les *Il'litt*, als. les gens de l'Ill, les gens lacustres, les *ditsch*, sans doute.

Ces gens représentaient les pays conquis, souches peut-être anciennes de la patrie celtique dans les pays envahis par de nouveaux conquérants asiatiques : privés de leurs terres, ils étaient appelés aux travaux domestiques de mercenaires et le mot θής, comparé au français *tisser*, est éloquent par l'examen de la figure 77.

Mais revenons aux signes, aux gestes qu'accompagnait le cri.

Ces signes, qui, dans la conversation, remplaçaient la consonne, indiquaient le mouvement propre de l'objet visé, alors que, dans le langage parlé, cet objet était représenté, suivant son état, par des labiales, des nasales, des sifflantes, des roulantes ou des gutturales.

Dans ce langage imagé, nous trouvons encore

une fois la reproduction du langage parlé, avec cette seule différence qu'il s'adressait aux yeux et non à l'oreille.

Je l'ai déjà dit, les consonnes sont toutes cousines germaines. La similitude d'acception est souvent frappante, surtout dans les langues communes. Dans les idiomes de haute civilisation, de haute culture, cette circonstance se présente moins souvent, car ces peuples, en se créant plus de besoins, ont dû imaginer plus de mots pour les représenter, en étendant le nombre de consonnes, toutes dissemblables par certains côtés.

Quoi qu'il en soit, à l'époque romaine, la substitution de certaines consonnes n'avait rien de choquant ; et, je citerai un passage de Martial, dont la voie autorisée confirme ce qui précède :

Sed simile est aliquid : pro Laïde Thaida dixi.

Nous examinerons sommairement la formation de θ avec l'iota : nous irons d'autant plus vite que le grec n'employa guère cette forme des premiers âges, lui préférant les Δελτα et les Ταυ.

Qu'il suffise de dire sommairement que le delta, signe égalitaire, est resté plus spécialement dans le domaine de l'idée, de la science, des idées de justice, des choses divines, représentées alors par le Dieu Soleil.

La lettre T, lettre dure, est consacrée presque exclusivement aux travaux pénibles. Renversée, elle représente la perpendiculaire sur une droite (fig. 78), la série des parallèles ; l'équerre et la règle sont les outils indispensables à tout ouvrier.

J'ai dit que la lettre Δ traitait de toutes les connaissances intellectuelles et nous ouvrait la voie de toutes les sciences, notamment des arts (ἐκδκλλω), mot grec auquel j'adjoindrai avec plaisir, pour cause de proche parenté, *détailler*, exécuter avec soin, en se conformant aux moindres détails — ce qui est le propre d'une création artistique —, de la musique, de l'enseignement théologique, et tendait au perfectionnement humain.

Elle représente un triangle équilatéral, l'équerre de l'architecte, et elle fut, dès les époques les plus reculées, l'emblème de la solidarité humaine.

Elle a pris nom Δελτα, en Égypte sans doute, où le Delta est une terre immense et fertile, en forme de triangle presque équilatéral, la Basse-Égypte, conquise sur la mer par le génie humain. Le Nil entraînait vers la mer un limon fertilisant, l'humus, arraché aux terres d'Éthiopie et de Lybie par les pluies tropicales : les anciens durent élever des barrages, creuser des canaux, s'opposer, en un mot, à l'écoulement rapide des eaux par des plantations de roseaux et de linacées (*Nil* — comparez *innish, gaëlique,* île — le Nil aux sept branches du Delta aux cinq îles).

En effet, la lettre Δ est un Λ, le mouvement, fixé à sa base, interrompu par une barre (fig. 78), c'est-à-dire la marche arrêtée. Cette circonstance indique bien que cette lettre vise les objets pour les rendre stables, et en assurer la durée ; elle s'adresse aux hommes pour les rendre sédentaires et industrieux.

L'Être suprême a toujours été représenté par (fig. 78) un œil dans un delta ou un triangle équilatéral.

D'autre part, le dorien Δαν était synonyme de Ζευς, soit en décomposition.

Δ = égalité, la perfection, ανα d'en haut.

Je termine en ajoutant que les lettres Δ ou Θ ont servi, dans beaucoup de langues, à la formation de l'article, qui, nous le verrons dans ΙΘ-ΘΙ, établit la séparation, la division. Or dans les signes, une autre forme du Θ était (fig. 79), le graphique exact du *D* français, formé par le pouce et l'index. Dans la pratique effectivement, on ne touche, avec ces deux doigts, que des choses isolées, des unités.

J'oubliais de dire que le *t* allemand (fig. 79) est le renversement du *D* français ou *vice versa*. Cette disposition est la preuve de leur origine commune.

Sens simple : OPTIQUE (fig. 80 et 81).

ΙΘ-ΙD-ΙΤ	ΘΙ-DΙ-ΤΙ
(faire voir en unissant).	(cacher en divisant).
Les points *identiques* lorsqu'il ne se forme qu'une image dans l'œil.	Les points *divergents* lorsqu'il se forme deux images dans l'œil.
Ce qui est visible.	Ce qui est invisible.
VID	DIV
videre.	*divinare, divus.*
	divum, l'air, le serein.

DIVVID, *dividere*, diviser.

KIT	TIK
κηδος, affliction, funérailles.	θηκη, cercueil.
guide.	digue.

— 103 —

Sens figuré (fig. 82).

ΛΙΘ

λίθος, brillant, pierre précieuse.
λάθριον, *littus*.
ἰθύς, droit, long (fig. 88).
ἰτης, téméraire, audacieux.
iter.

ΘΙΛ

θηλή, mamelle.
θηλυ, sexe.
τιλος, ordure.
δίω, avoir peur.

SID

sidere, exister.

DIS

δίς, distare?

DISSIDENT, comp. *tisser* (fig. 77).

BIT (fig. 83) TIB

βητα, bête.

tibia.

DIR RIΔ

θήρ, bête féroce, ⊖tier, taureau, dont les yeux étincellent.
dire, parler clairement.

ride, rideau, la surface ridée de l'eau cache les images.
les yeux ridés représentent une personne vieillie (comp. *brider* — la bride est caractérisée par les œillières et non par le mors), presbyte, la vue faible.
rider'a, als. trembler comme les vieillards.

En résumé, nous sommes amenés aux significations suivantes:

scintiller, IΘΘI, briller par à coups
faire voir IΘ fig. 80 ΘI, cacher.
indiquer ΘIΘ désigner.

ΙΘΘΙ, *itti, iddi.*

A. Applications à l'œil, au soleil, à l'appareil génital, les larmes de l'œil, les sécrétions des organes (fig. 84), les acides organiques, acidité, déchets organiques (gravier), rigidité.

bitter.
λίθριον.
λίθαριον.
ritter, als. tamis.
gritty, graveleux.
littus, oris.
littera.
litt, als. gens.
ἱδρω, ἱδος, sueur.
ἱδρος.
ἱδιος, propre, à soi.
idiome.
πίθος, tonneau.
pitti'a, hotte.
πιθι (πινω, boire).
sitis.
vitis.
confiture.

city (comp. ville).
pitt, als. cuve.
pitti'a, als. hotte pour liquide.
tide, marée.
witti, als. osier; Weide, bois plein de sève.
withy.
vita.
cidre.
citron, κιτριον.
Quitte, coing.
kit, dame-jeanne.
zitti, als. mûr, juteux en parlant des fruits (zeit).
nitz'a (*nitti*), als. éternuer, niesen.

schnitz'a (*schnitti*), als. se moucher.
pittig, hol. savoureux.
τηθω, nourrice.
τιτθη, mamelle.
μητηρ (comp. Mutter)
υρητρον, bas-ventre (comp. *ritter*, als. tamis).
ηθεω, filtrer.
ητριον, filtre.
titl'a, als. mamelles.
titbit, ang. friandise.
ητρον, ητρωδια, intestin.

B. les divisions, les articulations, ἰθι (ειμι), va-et vient.

ritter (Voir A).
σηθω, tamiser, ηθμος.
ritt'a, als. monter à cheval, *ride*, angl. (fig. 85).
ridder (*rijden*), comp. reiten.
write, *schrib'a*, als. écrire.
krid, als. craie, *escribir, scribere*, comp. schreiben (fig. 89).
ridder'a (voir *ritter*, ci-dessus) (fig. 85).
zidder'a, als. trembler; *didder*. hol, frissonner.

sidera, la lumière *tremblante* des étoiles.

kit, violon de poche.

iter, itineris (comp. ᵂt).

zitten, être assis.

sit (*sitting*).

Augenlib, paupières.

split, splijten, holl. fendre.

Schitt, als. morceau de bois fendu. Ψαλίδια, ciseaux
  (Voir *alla*), *Kni*, als. genou, *Knider*.

Schnitt, *snijden, schnid'a*, als. couper (comp. schneiben).

Tritt, Schritt, *schrijden*, marcher, rites (coutumes).

Schtritt, als. querelle, *strijden* comp. schreiten.

fittings, to fit up, to fit out.

Litt, als. gens, Leute (*leudes*), comp. λαος. λήθος.

litter, ventru, *litter*, faire des petits.

kitten, chatter.

little one.

rittl'a, als. s'accoupler.

klitt, klitter, articulation (comp. Klieb).

Schlitten (comp. glisser, Gleife, gleiten, Kleib), glitzschen.

schlitz'a, als. fente d'une robe.

bittel, bourse (comp. Beutel).

Bitte, prier, demander (voir *bitter* A); comp. locution
  bitterlich weinen.

C.   éclat de l'œil.

witti, savant.

witness, témoin.

Wittfrau.

fritten, critiquer.

idée.

ίδιος, propre, à soi.

Caractères du soleil *Iddio*, Dieu, Idole.

D.   1. *Sa chaleur*, pour marquer l'incandescence.

siddi, als., eau bouillante, Hitze.

σίδηρος, le fer (rouge sans doute).

sidus, sidera.

2. *Sa force*, à cause du bruit de l'eau bouillante.

> *ditty*, chansonner.
> τιτίζω, crier comme les petits dans le nid.

3. *Son éclat.*

> Idée.
> πυρίτης, pierre à feu.
> λίθος, pierre précieuse (fig. 82).
> λιθίριον, galet,
> vitre.
> *sidera* (voir Blitz).
> Gewitter.
> *Zitti*, als., mûr, *Zitt*, als. le temps, comp. Zeit, *tide*,
>   la marée.
> *sid*, *sidi*, als.'soie, soyeux (comp. Seide).
> *widdi*, als. enragé, *niddi*, als. fâché (comp. Neit, Wuth).
> *midi*, *middl'a*, als. au milieu.
> *mitis* ; Mittel.
> *smijdigen*, hol. rendre souple dans la forge.
> *gchmiddi*, als. souple, de taille fine.
> *schmiddi*, als. malléable comme le fer rouge.
> *smith*, *schmitt*, als. forgeron, Schmied.

4. *Son culte.*

> *litt'a*, als. sonner les cloches, par analogie au bruit des
>   galets sur le rivage (λιθίριον).
> *liit*, als. chanson, Lied (ne pas confondre avec *lutt*, la
>   bouche bée, à haute voix, laut.

ΘΙ-ΙΘ ou ΘΙΘ — tit, did —

Ce mot rappelle le signe, le geste. *Tit'a* ou *dit'a*
est synonyme d'indication, mot dans lequel sont
confondus *dire*, *digitus*, *dix*.

Le mouvement des doigts est indispensable
dans le geste, pour donner l'idée exacte d'un état
ou d'un mouvement passé.

Tit est l'intelligence cachée de nos gestes, c'est la désignation muette du passé pour le rappeler au présent : c'est le langage des sourds-muets. (fig. 41).

Τιτανωδης, gyseux, calcaire, marneux, signifie :

Τιτ, signe, ανωθες, d'en haut, lieu élevé du ciel, à partir des temps antérieurs, dès le principe.

Il vous sera loisible de choisir n'importe quel sens, surtout si vous ajoutez les mots :

Τιτανες, les Titans, *titanis, idis*, la lune.

Le feu du Ciel, à l'époque où les mondes, désagrégés de leur centre commun, roulaient, tous, dans l'Univers, comme des flambeaux errants (*titio*), et plus tard, à l'époque où se formèrent les premières couches terrestres :

Titii, les prêtres d'Apollon (fig. 89).

2° l'éclat de nos yeux :

τιτυρος, satyre.

3° les articulations de nos organes :

titillate, chatouiller.
titubare.
tittle-tattle, le babil des enfants.
dit'a, als. indiquer, dire, dit.
διδασκω, *didici*, part. de *disco* (fig. 77), *teach*.
tithing, la dizaine, *tithe*, la dîme ou dixme (comparez bebeuten, Deutſch.

4° enfin la représentation de nos mérites, des objets que nous convoitons ou que nous recherchons : les titres, les enseignes, les armoiries, etc., notre personne elle-même.

teath, les dents (gueules dans les armoiries).
title, titre, nom, droit de fait (*dead*, *did*).
tittle, point, titre, trait.
titularity, *titullus*, comp. écusson (fig. 228).
ditta, maison de commerce, raison sociale.

L'enseignement par signes ou par sons représentatifs commençait dès le berceau ; et sans nous en rendre compte, nous voyons encore aujourd'hui les mères sacrifier à ce système :

A pour pousser les enfants à l'activité dans leurs langes, pour les inciter à boire, par des chansons ou des appels, tels que : *mam...a, pap...a, bab...a*, en Alsace ; *la-la, ca-ca, ma-ma, pa-pa, ah ! ha !*

E pour les soutenir, les aider dans leurs efforts : *eh ! hé ! aim...é, men...é*, promener.

I pour les rappeler au rire ou à l'émission d'urine, par des vocalises en *i*, tels que : *li-li, ri-ri, pi-pi, si-si, ih ! hi !*

O pour faire appel à leurs oreilles et les habituer au bruit par des exclamations en *o* : *lo-lo, co-co, oh ! ho ! écho !*

U enfin, pour les flatter dans leurs goûts, en susurrant, à leur berceau, des mots tendres ; ou, pour faire peur aux méchants enfants qui ne veulent pas dormir, en imitant la voix du hibou ou du loup : *lull, lullaby, lullen* (*ullulus*), *uh ! hu !*

Plus tard, l'enfant commençait la gymnastique :

L'exercice de ses membres, de ses petites mains, de ses jambes,

L'exercice de son corps, le tout suivant les règles grammaticales.

Puis, une fois arrivé à l'âge adulte, il couronnait ces connaissances par l'étude des lettres.

CHAPITRE XIV

O

La voyelle *O*, au point de vue graphique, est la circonférence, la clef de toutes les formes, de tous les mouvements terrestres et célestes.

Au-dessous de nous, les corps célestes, et devant nous, l'horizon se détachent en ronds. Tous les corps sont entraînés dans les grands tourbillons de la gravitation (fig. 96).

Notre corps lui-même, les objets qui nous entourent sont, tous, des dérivés de la forme ronde, des segments. La ligne droite n'existe pas dans la nature d'une façon absolue : c'est une ligne idéale, c'est une série de points (la ligne vue dans le sens de sa longueur, point de mire, voir lettre I).

Considérant, d'autre part, que la transmission du son s'exerce par ondes sonores, en poussées successives et circulaires, les anciens ont donné la lettre *O* à l'organe de l'ouïe placé au sommet de la tête, dans le but d'intercepter plus facilement les vibrations atmosphériques.

L'examen de la bouche et de la gorge dans la prononciation de la lettre *O* fait voir que le maximum d'efforts est exercé de la part des deux organes, la bouche qui s'ouvre en cercle, la gorge qui s'étend en une cavité cylindrique, pour rendre plus sonores les sons qui s'échappent, et faciliter ainsi le passage des ondes.

L'homme a imité le coq dans son chant ; et, certes l'intensité de la voix, chez ce gallinacé, est la plus grande du règne animal par rapport à sa grosseur.

Le cocher (un deuxième coq, la série en est longue), fort en gueule, lui aussi, excitait, poussait les chevaux de sa voix : l'activité des coursiers était en raison de la sonorité des appels du cocher. Le fouet a supprimé cet usage : ainsi s'en vont les choses en Gaule ! Le cocher, cependant, gagnant au change, a pris le poste le plus élevé de la voiture.

Pour donner cette sonorité à l'organe de la voix, il est essentiel de se tenir droit. L'homme primitif, marchant à quatre pattes, et inclinant la tête, ne pouvait rendre ce son ; et, la voyelle *O* exprima, de ce fait même, le plus haut degré de civilisation chez le peuple, qui l'adopta le premier.

Le prince des lyriques latins, Horace, nomma les Grecs :

Graiis ingenium, graiis dedit ore rotundo
Musa loqui.

Nous nous rangerons volontiers à une opinion si autorisée, d'autant plus que l'énigme de la création des mots en *O* a dû résider dans les deux mots ΛΟΥΟΣ-ΚΟΣΜΟΣ, placés sur le frontispice des monuments : la parole, dans son expression, suit les mouvements géologiques (fig. 220), page 131.

Mais, d'autres peuples se sont servis couramment de cette voyelle.

J'en citerai un, tout spécialement :

Hoch distch, als., qui a son correspondant allemand 𝔥𝔬𝔠𝔥 𝔇𝔢𝔲𝔱𝔰𝔠𝔥, n'est autre chose que *Kok ditisch*, signification ou langage des coqs (Voir 94).

Lorsque le coq chante, il se dresse haut (còck) sur ses pattes, la gorge raidie dans l'effort. Le choc de la voix se produit et il lance son « cocorico » avec une suprême maëstria (fig. 93), comp. *hocco*, le coq indien.

Par analogie, les pays gaulois, les pays celtiques, sans doute, ont appelé « coq ou kok » (l'orthographe ne fait rien à la chose, le son de la voix renferme l'idée) tout ce qui, dans la nature, se dressait droit comme le coq (*cock*, membre viril chez les Anglais), ce qui se plaçait haut, le bouillonnement de l'eau à l'ébullition, 𝔨𝔬𝔠𝔥𝔢𝔫, la voiture sur ses roues, coche, l'enveloppe supérieure de l'œuf, la coque, etc., etc., tout nous donne cette intuition de raideur jusqu'à *cokney*, le badaud, celui qui se tient le nez en l'air (fig. 94).

𝔥𝔬𝔥𝔢 est l'éminence abrupte (lisez *öé* en aspirant) qu'il est difficile d'atteindre en ligne droite ; pour l'accès des hauteurs, il faut suivre des lignes hélicoïdales en kok ou coquillage. L'anglais a conservé le mot *cockle stairs* pour désigner l'escalier à vis.

Et l'allemand appelle toujours 𝔥𝔬𝔠𝔥𝔷𝔢𝔦𝔱, mot vide de sens — mais, qui a pourtant sa saveur particulière dans les langues celtiques avec cock anglais ou coq français — 𝔥𝔬𝔠𝔥𝔷𝔢𝔦𝔱, le temps des amours.

Or le mot « haut » est la traduction exacte de 𝔥𝔬𝔠𝔥, et *alta voce loqui*, parler à haute voix, se traduit en allemand par 𝔥𝔬𝔠𝔥 𝔰𝔭𝔯𝔢𝔠𝔥𝔢𝔫, parler à la façon du coq, lorsqu'il chante, c'est-à-dire parler en coq et plus simplement en gaulois (fig. 97).

Le *k*, le *ch*, le *c*, le *g*, le *j* se prononçaient d'une façon différente, suivant les pays, et une partie de ces lettres se prononce encore en Allemagne, comme le jota espagnol. Dans ces conditions, la similitude de mots est mieux établie.

Une autre preuve, et non des moindres, c'est le pas décomposé tel qu'il est enseigné en Allemagne. Le Parade Marſch est la représentation exacte de la marche de notre coq national (fig. 95).

Il se place haut partout, même sur le clocher.

J'ai cité plus loin le mot « cocher » pour le comparer au coq, qui chante fort: mais il est aussi facile de placer le mot en hoch. En effet hocher, dit « celui qui est placé haut », sur son siège, comme le cocher, qui domine la plaine où piaffent ses coursiers. L'acception diffère, mais ce n'est pas tout.

Le coq lui-même, cette expression de fierté, de courage, a trouvé son homonyme dans *cochon* et les Gaulois ont placé, sur l'étendard de la patrie, un sanglier, un solitaire, — les plaisants, les enjôleurs, qui masquaient déjà la vérité, aimables et spirituels, sous le calembour familier, sous le coq-à-l'âne ahurissant (comp. moquer, baroque, fantoche, moche, *occhio*, *cogliono*, en italien, etc., etc., marron d'Inde et coquecigrue).

Vous noterez que toutes ces plaisanteries ont été possibles par l'absence de la consonne double et par l'impossibilité d'employer le XI pour remplacer l'élision de la première syllabe des composés de *AKKO* à *UKKO*.

Il est vrai que l'allemand qui parle „Hoch=Deutsch"
s'exprime réellement en une série de grognements comme le cochon, se rapprochant ainsi du
suisse, à Zurich, peut-être du gaulois, avant la
conquête romaine.

Ce n'est pas tout; ce ton sonore de la parole de
l'homme est intimement lié avec la fécondité de la
race.

Hoch Deutschland est le cri de prospérité de l'Allemagne, auquel, en France, nous ne savons plus
répondre : une émanation de pavots nous coque...
licot.te tous.

La figure pédagogique de la voyelle *O* a
été le tour en rond (fig. 97), parce que telle
a été la marche de l'homme, habitant les hauteurs, et désigné, par cette position avanta-
geuse, à défendre le pays contre les invasions
étrangères, appelé aux honneurs, aux triom-
phes, par suite aux responsabilités du gouver-
nement.

Son signe est la main fermée en rond, le pouce
rejoignant l'index. Les deux mains, ainsi posées,
forment exactement la figure *O*, le cylindre (Rohr),
le porte-voix; les deux mains en rond servent à
renforcer la voix, en signe de commandement
(fig. 99). C'est la dernière venue des ~~consonnes.~~ *voyelles*

Et puisque cette voyelle *O* peut nous faire envisager des questions de géographie, nous allons
éclaircir ce chapitre de quelques mots supplémentaires.

Il est certain que le mot breton la *dour* est celtique, car nous le trouvons dans une foule de
dénominations, d'appellations de rivières comme

la *dore*, l'*adour*, le *tor*, le *torrent*, mille autres mots analogues qu'un dictionnaire géographique vous donnera, des noms de ville depuis Ort, le petit village, au bout de l'horizon, sur une hauteur, près d'une source (*orior, haurio*), en opposition avec *tro*, racine de trou, le pays situé en aval, en bas des coteaux, dans un trou, où se fait la trouée des eaux, où s'écoule le torrent (comp. Ottrot, près du Saint-Odile, en Alsace, comp. Ort avec *solis ortus*, en haut où se lève le soleil (fig. 211), là où se tord l'eau, depuis Dordrecht-sur-le-Rhin jusqu'à Tortosa sur l'Ebre.

Ce mot nous amènera en Angleterre où le dorset est une langue anglo-saxonne, avec sa capitale Dorchester, sur la *From;* en Alsace même, à Dornach sur l'Ill.

Le chemin, en tortillon, nous donne l'image du sentier raviné que suivent les eaux de pluie dans les sinuosités de la montagne, suivant la déclivité du pays, et la *Dorne*, la *Zorn*, l'*Orne*, autant de rivières, nous font entrevoir les boucles et les courbes qu'elles tracent, bruyantes ou riantes, au milieu des coteaux : elles semblent nous répéter les joyeux tic tac des moulins qu'active la grande roue, animée de rotation par la chute de leurs eaux.

Plus loin, à l'approche du confluent, dans l'étendue toujours plus vaste, les eaux glissent, oisives et paresseuses, et les villages assis sur leurs rives, sans courant et sans secousses, se mirent silencieux et tranquilles.

D'autres cours d'eaux résonnent, lancés sur des pentes abruptes, au milieu des rochers et des pierres errantes : leurs eaux dévalent par les gouffres et les précipices, les pierres et les rochers, dans des chuchotements sonores. Ce sont la *Dordogne*, la *Garonne*, le *Rhône*, la *Saône*, l'*Yonne*, la *Donau* (Danube), le *Don*, etc..., et cela, à telle enseigne, que la géographie n'est pas une étude muette et stérile comme une carte, mais les commentaires *glossés*, parlés du bruit des éléments, de la voix de la nature. Témoin le *Doubs*, l'eau qui saute, *hups'a*, als. sauter, les sauts du *Doubs*. comp. le Loups dans le Var.

Témoin la *Bruche*, qui dévale, en cascadant, de Schirmeck à Mutzig et dont les eaux, moins turbulentes, se lissent au sortir des Vosges, deviennent presque dormantes à Dorlisheim, pour livrer passage à la navigation de l'Ill, jusqu'à Archentore (*Argentoratum*, Strasbourg), le centre commercial du pays.

Dans leur sagesse, les anciens avaient donné aux rivières les noms appropriés à leur usage, en les divisant en séries navigables, flottables ou guéables.

L'eau est véritablement un don du ciel (δωρον) et on dit souvent que la pluie tombe, *comme si on la donnait pour rien*.

Il ne faut donc pas s'étonner des conceptions anciennes sur la royauté, le monarque légitime d'institution divine, qui assure le bonheur de ses sujets : il donne, il ordonne, il pardonne du haut de son trône (θρονος, Krone, couronne), qui avait pour caractères :

L'expérience dans les conseils, Krone, *coronna*, cette couronne de cheveux blancs qui court sur les tempes du vieillard (comp. *tonsure*):

La force dans l'exécution, *tronare* (*trueno*), tonner (fig. 221, 222), König, können, pouvoir.

C'est cette même énergie dans l'action, l'importance de l'eau charriée, qui le rend navigable et flottable, ce sont les roulements sonores dans sa perte, que le géographe avait en vue, lorsqu'il donna au *Rhône*, ce nom qui voisine avec le surnom « le Roi des fleuves ».

Quant à notre vieille Gaule, morcelée si souvent, la France n'en occupe plus qu'une partie; et, de tous les pays ravis ou déclarés indépendants, les Pays-Bas, seuls, ont conservé leur nom patronymique, en perpétuant le nom de *Gaule*, dans son homonyme, dans son synonyme de Hollande (avec le *g* aspiré), *le pays* des coteaux et des vallons (fig. 215).

Hourra !

CHAPITRE XV

R

La consonne ρ ou *r*, comme le son même l'indique, est une roulante: elle est la caractéristique des mouvements accompagnés de bruit. Il est inutile de nous entendre sur les diverses acceptions de cette lettre, puisque nous allons étudier ses combinaisons avec *O*, soit OR et RO.

OR-RO (fig. 104).

La voyelle *O* nous amenant à l'organe de l'ouïe, nous allons étudier, au sens simple, l'oreille et ses perceptions :

> *or*, cavité cylindrique pour recevoir les ondes sonores, c'est la main en rond, placée contre l'oreille pour mieux entendre.

> *ro*, mouvement en rond ou vibration sonore, c'est la main en rond, placée contre la bouche pour mieux crier (fig. 100).

Au sens figuré, nous noterons tout ce qui, dans la nature, dans le dessin ou dans le mouvement, existe, se meut ou se fait *en rond*.

La terre tourne (*tornare*, τορευω, même τρεπειν a son parfait τετροπα, ροπη, puissance motrice).

À l'approche du soleil, quand notre côté de la terre se présente à ses rayons, côté Orient, couleur d'or, le jour (cour, course, *correr*) se fait insensiblement. L'horizon s'éclaire, le cercle qui borne notre vue ὅρος s'aggrandit, s'étend de plus en plus, au fur et à mesure que le soleil monte plus haut. Le coq, le corps altier, chante son cocorico et les poules, secouant, de leurs ailes, leurs membres engourdis, font chœur avec lui (χορός) dans la basse-cour du domaine (χωρίον) ; notez la flexion en *u* dans ce dernier mot (*curare*), comp. écurie.

Le soleil semble se déplacer, monter à l'horizon, en raison de la rotation terrestre, et, à tout moment, il nous donne l'heure, *hora*, le point de sa course.

A l'approche du soleil, l'atmosphère se réchauffe des couches d'air supérieures aux couches inférieures refroidies par la nuit : l'équilibre est rompu.

Il se forme aussitôt des courants d'air pour rétablir l'ordre des densités, le tout accompagné de frisonnements et de bruit *row*, ro, racine de *rossl'a*, als. faire du bruit, *romml'a*, als. tonner.

La nature se réveille : la vapeur d'eau se condense contre les plantes en formant la rosée (*ros, roris*), ἔρσος, comme si l'on avait tordu les différentes couches d'atmosphère huméfié — la *dour* (dor), eau en breton — mont dore — côte d'or (dor), côte où se fait le partage des eaux — adour, cours d'eau (fig. 113-114).

L'aurore, avec ses *doigts de rose*, avait *ouvert* les *portes* de l'*Orient* (Fénelon).

Il ne faut pas s'étonner qu'on ait rapproché l'eau de ces mouvements atmosphériques, les vents (Borée) ayant toujours été les précurseurs des pluies, des neiges et des frimas.

D'autre part, il en est des grands phénomènes de la nature, ce qu'il est des circonstances les plus ordinaires de la vie, à tel point sont enchaînés tous les efforts, à tel point l'unité est respectée. Telles les naissances (origines), les accouchements, qui sont précédés de flux d'eaux, ainsi sort le jour, précédé d'une huméfication de la plaine, la rosée.

De tout ce qui précède, d'autres encore, sont nées les diverses acceptions de OR-RO. Combien d'entorses (*horresco referens..* !) les grammairiens de tout temps ont-ils données à ces mots et à leurs dérivés !

Je citerai, au hasard, *aurora*, *aurum*, *aureola*, *aurantia*, *auruspice*, *haurio* etc... etc... qui ont perdu leur orthographe première. Il faut en chercher la cause, comme je l'ai déjà dit, dans les mots, Au, eau, Thau, ou autre de ce genre usités dans des pays voisins ou frères pour désigner une masse ou une fraction liquide, mots, que l'on a voulu *conserver quand même.*

Le soleil fait l'effet d'une pompe aspirante dans la formation des nuages, *orior*, je me lève en parlant du soleil, *haurio*, je puise de l'eau ou je pompe : ces deux mots deviennent presque synonymes (fig. 106).

L'oreille entend par le nerf en forme de limaçon, comme l'eau monte par la vis d'Archimède. (fig. 195).

Un autre mot en ORRO, *porosité*, mériterait l'examen si nous ne pouvions l'opposer de suite à *foramen*, foret, bohren, qui en indique la signification exacte. En effet, une matière poreuse est celle qui est percée de trous, par conséquent, réfractaire à la transmission du son, les trous empêchant les nœuds vibratoires de se former. La confusion est que poreux s'emploie dans le même sens que perméable (*meatus,* lat., πορος, grec) et que *meatus* (*meare*) indique l'ouverture pour le passage de l'eau, de l'urine.

Ainsi, un vase poreux est devenu celui qui se laisse pénétrer par l'air et par l'eau, en raison de la disjonction de ses molécules : c'est l'*Alcarraza* en Espagne. Mais, sous cette forme, il n'exprime plus une idée de notre sens de l'ouïe.

Al carraza est l'équivalent de la *carrafa* où la carafe, termes placés dans la voyelle *A*, qui les caractérise « qui charrie l'eau ».

J'ai insisté, bien à propos, sur tous les détails en ORRO, pour prouver que l'examen de chaque organe nous permet une incursion facile dans le domaine des sciences et des arts. Il sera donc facile d'encadrer toutes les connaissances humaines dans la série des cinq voyelles.

A	E	I	O	U
orage.	oreille.	oriflamme.	*corroder.*	*corruscare.*
aura.	Ohr.	originaire.	*corroto.*	*corruccio.*
orange.	ορεγω.	*orior.*	*horror,*	*porrus.*
gorra.	*torre.*	torride.	*sorrow.*	*corruda.*
forra.	correct.	*corridere.*	*corróto.*	corruption.
sorra.	ορεκτος.	*porrigo.*	*borro.*	*corrumpere.*
(fig. 105).	*corrente.*	*sorridere.*	corroborer.	(fig. 22).
	torrent.	*corrigia.*	corrompre.	
	corredor.	corriger.	(fig. 107).	
	torréfaction	*auriga,*		
	thorren.	schnorrig.		
	Boreas.	Knorrig.		
	Rohr.	Storrheit.		
	fig. 165-101.	κορρη.		
		(cheveu).		
		Hygrométrie.		
		(fig. 165).		

tourbillon ORRO gouffre (fig. 105).

souffle OR (fig. 101-104) RO bruit.

ros, roris, rosée ROR (fig. 102).

<table>
<tr><td>

OR

Sens simple.

Développement des ondes dans l'air (fig. 100), dans l'eau (fig. 102).

Au figuré.

Ouverture à colimaçon ou à limaçon.

Sol Oriens, commencement des mouvements atmosphériques après l'équilibre de la nuit.
Aura, zéphyr.
os, *oris*, bouche ouverte.

or, couleur du soleil levant.
or, métal.
ore, minerais de cuivre, métaux à l'état natif.

Bohren (*borro*).
πορος.
foramen.
foret (*forro*).
φορον, marché.
πορίζω, frayer le chemin.
forêt.

</td><td>

RO

Sens simple.

Vibrations (fig. 100-154).

Au figuré.

Ouverture ou fermeture ronde, tympan.
Entraînement du gouffre (fig. 113).

rout, *row*, tumulte.
rossignol.
ροη, diarrhée.
ροη, courant d'eau qui bute contre les pierres et les obstacles.

ροος, cours, courant.
rose, fleur (érosion).
roig, roth, pourpre.
roi, roy.
rose des vents.
robur (fig. 108).
Raub.
ροφεω, absorber.
ροπη (fig. 108).
rope, filet, cordage.

</td></tr>
</table>

shore (fig. 109).
cor.
coro, vent d'ouest.
χορός.
χορωνη.
horizon.
hora.
δορυ, pique (cylindrique).
τορος, pointe en *tore.*
taureau (fig. 111).
thorax (voir torse).
Thor.
dor (*dour*, eau), breton.
dorique (ordre) (fig. 114-15).
τορευω, polir au tour.
mor, grand horizon.
morare (fig. 118).
morire.
tore, instruire.
laurier.

storia (fig. 119).

Ορφευς (fig. 126).
orbite.
orbis terrarum (fig. 121).
corbare, courber.
corvette.
Korp, als. corbeille.
corpus, corps, le porte-
  entrailles.
Korb (fig. 145-121).
corbellare, goguenarder
  (fig. 145).
Morphée (fig. 147).
morbus.
sorbe.
torpe, engourdi.
storpare, estropier.
storpio, obstacle.

roy, roi (fig. 110).
roc, roche (*petra*).
rogare.
abroger.
rogus.
Rauch.
rogues d'esturgeon.
ροθος (ροωτος, ους).
roder (fig. 112).
roda, route.
rota, rotolare, rotation.
rotule (fig. 116).
rodomontade.
rotter'a, als. faire du bruit.
ροδον, rose.
rhombe.
rombare, faire du bruit.
romore, bruit (fig. 117).
romml'a, als. tonner.
ROMA.
roll'a, als. rouler.
rôle.
Roß (fig. 123).
rostro, bec (fig. 120).
rostri, tribunes aux harangues.

broc (fig. 122).
broyer.
abroger.

border (fig. 123).

orgue.
orgueil.
orgie.
organe.
οργαω, fermenter.
orge.
porc.
forge.
force, forcené.
forceps.
porgere, présenter.
porche.
cork, boucher, fermer.
gorge (fig. 127).
gorgo.
γοργυρος, prison souterraine, aqueduc.
gorgoliare, gargouille.
torquere (fig. 119).
τοργος, vautour.
Storf, cigogne.
morceau.
Morgen.
Sorg.
sorcolo, greffe.
Wohr.
storcere, faire des contorsions.
tort.
tordre, torsade (fig. 119).
tortue.
torchon.

orlo, ourlet (fol. 123).
Ortus (orior).
ορθος.
Ordnung (fol. 108).
Ort.
ορθιασμα, appel à haute voix.

broche (fig. 146).
proche.
approcher.
βροντη.
fronde.
fromm (fig. 148).
Brod.
brotar.
frauder.
frotter.
broder (fig. 124).
broma.
βρομος.
frôlement, *stropiccio.*
prose.
στροφη, tour, strophe.
ομβρος, la pluie, ce qui tombe en forme de gouttes, forme ronde.

ombre (français) est un mot impropre, déclassé, car il faut dire *umbre, umbra*, la lumière renversée, en opposition avec l'éclat du soleil (comp. humble, *humilis*). Ombre signifie « tourner en rond comme le soleil ».

croûte, *crosta.*
χρως, peau du corps.
χροα, couleur, corps.
κροκη, trame du tisserand.
crochet (fig. 128).
croc.
croquer.
grogner.

ορθοω, exciter du tumulte.

ordonner.

ορθρος, le point du jour.

bord, bordage.

port.

hortus (fig. 149).

orto, naissance.

corde (fig. 115).

χορδη, intestin, boyau.

κορδαξ, la danse du ventre.

horde.

ordre.

lord, dominer.

morsa, étau.

mordre.

mors.

mort (fig. 110), *rogus*.

nord.

rôder.

roder.

sort.

sortir.

sortilège.

sordes, sordide.

assortir.

sordo, sourd.

stortigliato, entorse.

storda, action de tordre.

storsione, extorsion (fig. 119).

stornello, étourneau, oiseau de
  passage (Voir ορνις, ιθος).

stornare, rebrousser chemin.

cortare, couper.

cortex.

corte.

ορμος, collier.

orme.

φορμος, corbeille.

formaggio, fromage.

formule.

κροταλον, hochet, grelot.

κροτησις, crachement.

κροτος, applaudissement.

growl, hurler.

crool, grommeler.

κρουω, applaudir, crier fort.

croud.

χρωσσος, vase à long cou.

grow.

crown.

groove, évider, creuser en
  gorge.

crosta, croûte.

στροφη, tour, strophe.

στροφιον, ceinture, bandelette.

trouer (roue).

drop,

Tropfe.

τροπος.

τροπη, tour.

trophée.

τροχος, roue (fig. 150).

τροχαλος, circulaire.

trochée, pied de vers.

trot, trotter.

δρομος, course.

θρομβος, grosse goutte.

tromba, trompe (fig. 109), cornet
  acoustique.

κορμος, corme.

orma, piste, vestige.

dormir (fig. 147).

τορμος, moyeu de la roue.

borne.

Dorn (voir corne), qui porte sur sa tige des épines en spirale (fig. 133-111).

τορνος, tour.

tornire, façonner au tour.

tornare, retourner.

ητορ, le cœur.

ornière.

orne.

vi. orne (fig. 151-152).

ορνις,ιθος, comp.Hornist, clairon, Hornis,frelon,cornetà piston.

borner.

πορνη.

pornographie, *fornicare*.

fornicate.

forno.

sornette.

corne.

Horn.

Korn.

corneille.

Dorn.

orsus.

borsa.

fors.

corset.

corsaire, *corsa, corso*.

forte ingegno.

forteresse.

vorago, gouffre.

voro, dévorer.

vortex, tournoiement.

Wort,tournoiement de la langue (comp. parole).

τρομος, tremblement.

θρονον, rose.

θρονος, trône.

trone, tronquer.

tromm'a, als. faire du bruit.

trompette, trompe d'Eustache.

δροσος, rosée.

Trost, consolation (fig. 120).

στροφη, tour.

στροβος, tourbillon.

στροβεω, faire tourner.

rovaio, bise, borée.

rove, row, voguer.

rovina.

roveschio, déluge d'eau.

trovare.

trow, penser.

CHAPITRE XVI

Et maintenant que nous avons examiné les évolutions des éléments et des choses en *O*, laissez-moi généraliser ces connaissances et les rentrer, toutes, dans un cadre plus vaste encore.

ὄρος (ὄρχω), c'est votre horizon, borné à peu de distance par la montagne, les Alpes, étendu plus loin, à perte de vue, dans la plaine, dans les pays plats (*alp*, renversement *pla*).

L'ensemble des horizons c'est la sphère terrestre, la masse fluide, fille du soleil, origine de notre terre.

Pour augmenter la portée de votre œil, pour élargir cet horizon, il faut s'élever, monter encore, et la terre sphérique vous dévoilera un segment plus grand de sa forme (*more*, davantage comparez ὄρμα grec et sommet français). Au fur et à mesure de votre ascension, vous découvrirez un *morceau* plus grand, et si votre vue était assez puissante, s'il existait une cime assez haute, vous pourriez voir l'hémisphère tout entier (ὅλος).

En franchissant les pics élevés, vous trouverez la moraine, cette pierre arrachée de la terre par l'action lente de la fusion des glaces, puis effritée par la corrosion des effluves alternatifs de pluie et de soleil.

Vous la trouverez encore, à faible hauteur dans des pays où la montagne, secouée et ramollie par les feux souterrains s'est affaissée comme du plomb (*piombare*) à Plombières.

Le tout, rochers et quartiers de rocs, dévale petit à petit, sous l'effort de la poussée d'en haut et suivant les règles de la pesanteur, mettant à nu, au sommet, par cette double excoriation incessante, la pierre, *petra*, l'enveloppe de notre terre, sa peau, *pellis*, Pelz (fig. 218-19).

Cette roche entrelacée, en tous sens, comme notre peau (fig. 214), où tous les sommets s'enroulent en *O*, en rond, maintient les masses humides de la surface, résiste aux chocs, aux explosions de la masse ignée, qui se trouve au centre.

Cette roche, ce sommet a été pris comme point de départ des études géologiques : sa figure est un rond (fig. 218).

Au reste, c'est l'ancien cratère où le feu souterrain jetait ses formations nouvelles, où il tissait avec des fils de quartz et de lave silicée la contexture terrestre : le volcan, manifestation de ce travail exubérant, conçu dans des roulements sonores, dans des chocs (coche), pareils au tonnerre, lançait au sommet des monts (hoch) avec les scories, détritus de ses forges gigantesques, ses flammes et ses fumées. C'est là que s'ouvrait, autrefois, le gouffre béant qui chanta (coq) la naissance de la terre en ébullition (kochen) devenue la terre solide (coque de l'œuf).

La vapeur d'eau de l'atmosphère, le nuage, produisit les glaciers. Depuis lors, ceux-ci s'acharnent à détruire l'œuvre de la nature en déplaçant, molécule par molécule, sans répit et sans trêve, tout ce que la nature a placé si haut (ḧoḋ)) pour combler les gouffres et les inégalités d'en bas, pour ramener toute chose au niveau de l'eau, point de départ de la matière.

Chaque glacier devient ainsi l'œuf de formation (Ωσν), la source des fleuves et des rivières.

La terre se compose de plaines et de montagnes, des couches de formation ovoïde (Ωσν) soulevées par des poussées violentes de feu souterrain ; et, c'est ainsi que se sont formés les étages (Stoḋ) et les chaînes de montagnes (fig. 226), où s'établissent les glaciers : ces blocs, en ramollissant les terres, affaissent les sommets et forment les moraines, les agglomérations de rochers que nous trouvons dans *Rhonstock, galenstock*, ce mot pour *qswallenstock*, sans doute, als. origine de la source. Comp. *eier'stock*, la souche des œufs, le bloc des œufs, la matrice de la poule ; comparez *stock'a*, als. défoncer la terre, pour en retirer pierres et rochers.

La lettre *O* s'occupant de la forme du monde extérieur, il devint naturel que nos aïeux confondissent dans le même système les déclivités géodésiques et les mouvements aquatiques.

La similitude de ces mouvements est frappante. Les figures 217 et 218 la rendront plus manifeste encore.

Dans l'eau, la chute du même corps produit les rides uniformes, ομοιος (fig. 217.)

Dans la montagne, la formation de même nature donne lieu à des pentes isogènes ; et, la marche de l'homme en est réglée d'une façon absolue (fig. 218). En effet, nous cherchons, dans la plaine, à marcher en ligne droite : elle rap-

proche les distances. Dans la montagne, au contraire, nous suivons la ligne courbe pour échapper à l'action déprimante des montées et des
descentes, nous suivons la ligne hélicoïdale, à
renversement d'un col à un autre.

Et à ce point de vue, l'homme est devenu celui
qui se meut à travers les courbes et les ronds, en
opposition avec la femme qui s'occupe du ménage
et de la jeune famille, il est devenu l'homme des
hauteurs (Tommen), grand de la terre, en opposition
avec *litt*, *leute*, *leudes*, les gens qui vivent dans la
plaine, dans l'eau (*ill*) comme les cailloux λίθοι. Et
alors *litt*, *arm'i litt*, als. gens, pauvres gens, est
devenu un terme de mépris, dans la bouche des
hommes, θής, θητός dans la puissante Athènes, puis
vil, *vilain* dans notre Europe moderne, comp. ἥλεος.

L'homme habitait les châteaux-forts sur les
sommets des montagnes (Höhe) Ἀκρόπολις, capitóle.

Le *home* était devenu (consultez fig. 217 et 218)
ce qui fut le *domus* à Rome ou le οἶκος (οικο) en Grèce
le cercle dans lequel se meuvent, se coudoyent
les intérêts directs de la famille, primitivement au
sommet d'une colline, comp. οικο — *dominus*, où
la vue domine.

L'homme était le pourvoyeur de ces besoins
(fig. 218), pasteur, chasseur, défendant son pays,
le connaissant dans ses tours et ses détours,
dans ses montagnes et ses vallons.

Mais, la simplicité élémentaire des lettres fut
égarée, fatalement ou de plein gré, le jour où l'on
associa l'étude des formes à l'étude des sonorités,
la géométrie descriptive aux lignes incurvées de
l'oreille, à l'imitation de ces lignes, par des signes

de la main (fig. 226). Le sens figuré a pris ici le dessus sur le sens littéral.

Et de fait, il n'y a rien d'extraordinaire qu'il soit né des confusions. Les disciples, avides d'apprendre, se rendaient au bord de la mer où se trouvait le maître, dans les places publiques, plus tard dans l'école où il professait, et là, sur du sable fin, on dessinait les formes que la langue devait rendre, λίθος, *littus*, λιθάριον.

On analysait le sable, *arena*, Sand (comp. *sanctus*) cette poussière du granit, qui, elle-même, est un composé d'excoriations de la silice, silex, Πλέκτωρ, le soleil.

Les écoles ne furent pas toutes publiques. Les prêtres, qui, autrefois, avaient un monopole, conservaient dans leur temple, au plus profond des secrets, les vérités, dont ils faisaient voir les signes, les emblèmes seulement. De là, vinrent les sociétés secrètes, les écoles où l'on perdait même son nom, sa personnalité, pour rester, après bien des épreuves, un outil perfectionné entre les mains des chefs, grand-prêtres, des vénérables, qui réservaient toujours le dernier secret, défendant l'arche sainte des connaissances humaines.

Je l'ai dit, volontairement ou non, les règles immuables de la signification des voyelles ont reçu une entorse grave dans l'étude de la géométrie descriptive, analyse des formes. C'est ici que quelques mots ont été estropiés, que ἄλλος, l'œil, fut appelé *occhio*, *oculus* (fig. 157), Auge — (fig. 219), ὄκτω, Achtung, huit, le genou, *ginocchio* — obéissant, sans doute, à l'influence plus forte du dessin pour l'explication des formes. Le pic, l'œil de la montagne, parce que ce fut un cratère qui vomissait la flamme, fut appelé roc, alors que son sommet était chargé de glaces et de frimas.

C'était le « stock », l'assise, le bloc, l'étage, du rocher siliceux, que l'eau ne pouvait plus traverser : elle glisse sur le rocher pour dévaler dans la plaine, à travers la moraine. C'était la matrice qui recevait l'eau dans ses fissures, pour la laisser surgir à la source (*Rhonestock*), auge.

Le mouvement des eaux sur les pentes fut donc associé aux mouvements des eaux en terrain plat. Le mouvement des vents fut lié aux lois générales des chocs de la matière, et c'est ainsi que la géologie et la topographie trouvèrent leurs corollaires les plus simples dans la lettre *O*, en même temps que l'anémologie.

Il ne faut pas être grand prophète pour s'apercevoir dans les figures 219, 226, que, tout en expliquant des formes géologiques, les mots indiquaient les diverses parties de notre corps humain et la juxtaposition des mots σῶμα (σω, σμα) corps ; et, de κόσμος (κόσσος, κόρμος) (κόσσος, κόπτω) (cosse, λοβός) en dit plus long que le plus volumineux dictionnaire.

En effet, κόσμος ne dit autre chose que la conformation de la terre, issue des poussées internes, tantôt relevée, tantôt incurvée, comme les cosses des pois, allant dans tous les sens, au hasard des rencontres. Le cadastre, dans les communes, fut établi en tenant compte de ces considérations ; et, la division des terres fut faite en aboutissants (Gegenstoß) et en traversants

(Abwender), ces derniers suivant la pente, pour entraîner l'eau dans les bas-fonds (fig. 220).

Nos formes humaines, elles-mêmes, sont des dérivés géométriques, nécessaires, absolus, dépendant de notre mode de contact avec la nature et des conditions dans lesquelles nous nous développons.

Il est facile de voir que la figure topographique 219 nous donne scrupuleusement le nom des formes,

> ορος.
> roc.
> sommet, ουψη, ομμα.
> ακρον, ακροπολις.
> ολκη, ολκος.
> ολγη.
> locus, Loch;

mais qu'en même temps elle est très éloquente sur la structure des formes humaines :

> ορρος, le croupion.
> οστεον, l'os.
> os s.acrum, sacrum (comp. ακρος).
> ακρον (ακρουποδος).
> ακροβυστος, incirconcis.
> ακρις, ιδος, sauterelle (ακρογενειος).
> ολμος, le tronc.
> ταρσοι ακροι, la pointe des pieds.
> ακρογορδον, verrue.
> ακρωμις, le haut des épaules, le garrot du cheval.
> ωμος, épaule.
> Loch, arch loch, als. le trou du derrière (fig. 127), ori-
> fice, la bouche, le petit rond, l'anus — signification de
> ollo — gollo, hohl, Höhle, κολεος, fourreau, κολαπτω.

κοιλα à κοιλωμα. — Deuxième signification de *ollo*
— *ol*, tout, *lo*, partie — κολλαω (fig. 215),

allonger, comp. ογκοω.

accoller, comp. κολλαω.

col, colle, etc.,

mots, dont je ne vous donnerai pas le dessin, mais qui serviraient, si ces parties n'étaient réputées honteuses (traduisez par coniques, rondes, dites « *rondeuses* », fig. 219), à apprendre aux enfants la forme descriptive, que beaucoup d'entre eux n'arrivent jamais à voir sur les dessins : ils la prendraient sur le vif ; ils prendraient, comme on dit, la pie au nid.

Les anciens ne faisaient pas tant de façons et ils gagnaient un temps énorme.

Et pourquoi craindre les mots ! Ne devons-nous pas, aux enfants, une éducation approfondie, sur des choses qui les touchent, en tant que santé publique, alors que ces notions sont tenues à l'écart par fausse pudeur et par honte !

Qu'est-ce donc que le nom, et qu'est-ce votre propre nom ? C'est une image de l'envergure de vos ailes, c'est l'essieu de vos roues, c'est la qualité ou le défaut, mobile de vos actes (ονομα). C'est la vivacité qui vous porte au choc, ou qui vous fait lever haut comme le coq (*cognomen*). Notre mot « sobriquet » est de la même catégorie, plus incisif, plus lumineux, à l'encontre du mot allemand *nennen*, qui procède, du ενος, du νεος, de père en fils, comme la généalogie d'Abraham. Il est vrai qu'en Grèce aussi, les enfants portaient le nom de leur père, avec le suffixe de « αδης ».

Et qu'est-ce que le mot, sinon l'image nette, fidèle de la chose ? Il vient un temps, dans la vie, où les images couvertes de voiles, sont mises à nu, et alors vous livrez, malgré vous, des immondices à vos enfants en bas âge. Ne serait-il pas mieux d'enseigner, en termes décents, avec des images pures et claires, la vérité, fille de la lumière, et cela dès l'âge le plus tendre ?

Nos textes anciens ont été tellement triturés, que rien ou presque rien n'a subsisté des anciennes flexions, charmes de nos discours.

C'est la tour de Babel, cette légende ironique que les grands de la terre ont édifiée, entre les nations, pour mieux les dominer. C'était la perte irrémédiable de l'harmonie dans cette grande famille, dont l'emblème était le coq (comp. culte phallique), dont la confédération professait un culte pieux pour le gui du chêne, et dont le territoire s'étendait aux confins de l'Europe.

C'était la guerre, c'était la haine jetée à pleines poignées dans les sillons humains !

C'est que naïvement ces puissants de la Terre nous racontaient qu'ils descendaient de vieille roche, de droit divin, de la roche, sommet des cratères, la lave silicée (pareille au cristal de roche), première formation de cette terre, fille du Soleil !

Le coq, d'un coup de son aile, a balayé l'horizon. Princes et vilains se courbent sous la même loi ; et, le retour d'un privilège, quel qu'il soit, serait une honte pour l'humanité, une déchéance !

Je crois qu'il n'est pas inutile de proclamer ici la grande érudition des anciens. Et s'il nous plaît quelquefois de les rabaisser, les formules employées à cet effet n'ont pas la force des axiomes.

Ainsi, nous disons souvent en matière d'acoustique, en parlant du vide : les anciens croyaient que « la nature avait horreur du vide ». (*Natura abhorrescet a vacuo.*)

L'horreur se manifeste par *cor-roc*, deux mots primitifs renversés, dont l'un, *cor*, dit à peu près « courir », et dont l'autre signifie « arrêt ferme » comme le roc. C'est le saisissement, ce n'est pas la peur, c'est la commotion qui vous tient en place comme une chose inanimée, le sens de *horresco*.

Au point de vue du son, les mêmes mots primitifs « cor-roc » expriment « cor », l'idée du bruit, « roc », l'idée du silence. C'est un son dont la propagation est arrêtée, le sens de *abhorresco*. C'est le vide qui empêche le tourbillonnement (*orro*) des ondes sonores.

La phrase latine se traduit donc, en langage clair, « la nature se tait par l'effet du vide ». C'est une constatation et non une explication.

Nous-mêmes, nous ne faisons que constater.

Au reste, il faut, en toutes choses, être très indulgent, car tous, nous avons beaucoup à apprendre ; et, malgré nos déclamations quotidiennes, c'est encore notre propre langue que nous ignorons le plus. Nos pères auraient pu nous corriger en maints endroits : voyez le mot *manicure*, qui, malgré ses longs états de service, a démérité aux yeux des savants « modern style ».

Il a été remplacé par *manucure*, mot inepte que je traduirai par « soin de la main par l'immobilité », comparez *huck'a*, als. s'asseoir, huche, ruche, bûche, cruche, etc., du primitif *uk-ku*. J'excuse le sentiment qui a dicté cette transformation à un Français : c'était d'un Romain pur!

Mais il n'avait aucune connaissance des flexions, qui sont essentielles cependant dans la formation des mots, comme nous l'avons vu antérieurement.

Le mot « manicure » relevait du primitif *ik-ki*, de l'organe qui pique. C'est *ictus* en latin, c'est Stich en allemand. C'est l'emploi des doigts, *digiti*. Et le mot disait « soin de la main par l'habileté de nos doigts, en employant le canif ou les ciseaux ».

C'est une longue définition, direz-vous; je vous l'accorde, et il vous sera loisible de supprimer un outil pour le remplacer par un autre; comp. manier, manipulation, pédicure, mots intangibles ! comp. manufacture, en *uffu*, tel buffet, truffe, *suff'a*, als. boire — mot, qui est bien à sa place, parce qu'il s'agit d'un changement de la bouche à l'anus, parce qu'il s'agit d'un produit confié à la bouche et qui est rendu *différent* à la sortie, le propre même de la chose manufacturée.

CHAPITRE XVII

U

La voyelle *U* est l'ὑπαιλον grec : elle représente un cul-de-sac — une cavité — celle des Cimmériens, si vous me permettez cette image des temps anciens, où le char du Soleil va relayer le soir.

C'est l'absence du jour.

Le Temps est composé de nuits et de jours, qui se succèdent alternativement. Chaque coucher du Soleil correspond à une nouvelle division du temps. Il est vrai que nos pendules modernes marquent 12 heures à partir de minuit, d'autres, les plus récentes, marquent 24 heures à partir de la même heure. Ce dernier système, s'il marque un progrès dans la subdivision du temps entre deux levers de soleil, ne tient aucun compte de l'antithèse entre le jour, et son renversement la nuit, division qui frappe notre imagination beaucoup plus que les heures. Ce système aura donc sacrifié le principal au profit des accessoires.

Si les indications de temps sont du ressort de la voyelle *U*, il ne faut pas oublier, cependant, que cette lettre, est représentée dans notre bouche par le V ou l'*u* lingual, le siège du goût. Après mastication des aliments ou après préhension des liquides, la langue s'incurve dans deux sens : elle se lève de bas en haut pour donner une pente aux corps ingestés, et elle prend la forme d'un canal ou d'un chéneau pour faciliter leur accès vers l'arrière-gorge, coopérant ainsi à l'acte de déglutition.

Aussi, la voyelle *U* trouve deux sens, suivant le rôle qui lui est attribué :

dans les applications de la bouche, son sens propre;

dans le monde extérieur, son sens figuré.

Comme le Soleil disparaît derrière les montagnes les plus lointaines de l'horizon, ainsi notre nourriture s'éclipse derrière le voile du palais, pour suivre les conduits intérieurs : après extraction des principes nutritifs, ces matières reparaissent à la lumière, en purifiant les voies internes.

Je prends, à dessein, l'image ampoulée du coucher du Soleil pour expliquer l'acte de la déglutition; je crois que les anciens s'en servaient, car elle a amené des confusions de prononciation fréquentes entre l'*i* et l'*u*, l'une de ces voyelles usurpant fréquemment les droits grammaticaux de l'autre.

Avec la voyelle *U*, nous passerons en revue les misères et les joies de notre vie animale, nous entrerons dans la contemplation de notre humaine nature, la transformation incessante des êtres et des choses.

La figure pédagogique de cette lettre est la forme assise (fig. 212), la forme où l'homme, accroupi devant l'âtre, réveille les cendres du feu.

En préparant les aliments nécessaires à sa subsistance, l'homme recourra à l'*u* dans son sens propre.

En allumant du feu pour chasser les ténèbres et animer son intérieur, l'homme fera usage de l'*u* dans son sens figuré.

Aussi, nous appliquerons, par extension, la voyelle *U* à toutes choses qui, rentrées dans l'ombre et la nuit, doivent réapparaître au jour, à tout objet, maculé ou sali, qui est susceptible de reprendre son lustre, sa blancheur première, à la matière, enfin, substance impérissable, frappée de mille destructions apparentes, mais appelée à l'activité et la lumière sous d'autres formes.

CHAPITRE XVIII

L

Cette consonne, *lambda* ou *l*, sert à désigner les diverses variétés de déplacement, de mouvement et de marche. Elle représente, au reste, nos lèvres en activité, nos jambes en marche (fig. 36).

Actes accomplis pour le goût dans le domaine du toucher :

allu allumer, *alludere*.

Actes accomplis pour le goût dans le domaine de l'intelligence ou du flair :

ellu eluceo, *elucubrazione*, éluder.

Actes accomplis pour le goût dans le domaine de la vue :

illu *illuminare*, illustrer.

Actes accomplis pour le goût dans le domaine de l'ouïe :

ollu ὄλλυμι, détruire, ὀλολύζω, pousser de grands cris (ὀλός, λύμη).

Actes accomplis pour le goût dans le domaine du goût :

ullu *ullula*, gémissement plaintif, *ullus*, quelqu'un.

Les fonctions de la marche dans *all*, sont diverses suivant les sens ou les éléments qui les mettent en mouvement, par l'addition de la deuxième voyelle.

alla le mouvement simple dans l'eau, dans le domaine du
sens du toucher : *allabor, allatro, allare,* hâler.

alle le mouvement simple dans l'air ou dans le domaine de
l'esprit : *alléger, allégresse, allégorie.*

alli le mouvement simple dans le domaine de l'œil, de la
chaleur (larmes, fusion) : *alligo, allino,* alliance,
alliage, αλλεπαλληλια, continuité, alligner.

allo le mouvement simple dans le domaine de l'oreille, du
bruit, de la marche, de la forme : allonger, allocution, αλλογενης, αλλομα, bondir, s'élancer, αλλος, *allow,*
allot, allocation, allouer.

allu le mouvement simple dans le domaine du goût : *allu-*
besco, alluceo (lux) allucinor (Liège), *alludo.*

Enfin, je croirai manquer à mon devoir, en
passant sous silence les formes de conversation
dans toutes les cinq flexions :

A   par le toucher, par la cohésion, l'esprit de suite : *allo*
— allocution.

E   par le flair, par la pureté de l'expression, par la valeur
des arguments : *ello* — élocution.

I   par la vue, par le *mirage,* par l'image dans l'eau, qui
n'est pas une réalité : *illo* — illogisme, illogique.

O   par le son, par l'ampleur des ondes : *ollo* — *olloc,* mot
remplacé par cloche, en élidant *ol,* le premier mouvement de *ollo* et en le remplaçant par l'agglutinant
XI, c, comp. Klocke.

U   par le goût, l'esprit de contradiction et de chicane :
ullo (mot perdu), mais la forme existe dans cloque,
pour *ulloc,* la place d'une brûlure, συλογισμος, c'est-
à-dire σ...υλογισμος, le raisonnement qui de *ul,* les
ténèbres, va à la clarté, *lu.*

Comme vous le voyez, le grec déjà ignorait
l'orthographe.

Au point de vue graphique, les *lambda* (L) et les *mu* (m) ont beaucoup d'analogie avec l'*alpha* (A).

En effet, la figure 54 vous fera voir que ces trois lettres font partie de la lettre A. La consonne M, qui marque « prise de possession » est presque un redoublement de λαμβα. La marche, en effet, est la fonction la plus importante de notre organisation ; et, c'est à nos jambes et à nos bras que nous devons la conquête du monde. Or, les jambes repliées sur elles-mêmes, comme pour s'asseoir et prendre possession, représentent bien le M (fig. 222).

La lettre majuscule A, *lambda*, explique bien, par sa figure, le mouvement de marche ; la lettre minuscule seule, dépeint exactement les mouvements de la langue dans le palais. En effet, dans le cas qui va nous occuper de suite, le mot *ullu* (*ul-lu*), nous avons, d'une part, la syllabe *ul* qui signifie « l'ombre grandissante, le soir, au crépuscule ». Dans la prononciation de *ul*, la langue se soulève contre le palais qu'elle obstrue entièrement, provoquant, à la fin, l'obscurité à l'intérieur.

Nous obtenons, d'autre part, la syllabe *lu*, qui signifie « la lueur grandissante, la blancheur de l'aube ». Dans la prononciation de ce mot, la langue s'abaisse contre la mâchoire inférieure à la hauteur des dents ; en s'incurvant sous la forme d'un V, une gouttière comme j'ai déjà eu l'occasion de le dire. Dans la plupart des cas, *ullu*, c'est l'éternel adieu, c'est l'éternel renouveau — le but ou le moyen de cette continuelle transsubstantiation.

ULLU

Sens propre : Hülle, enveloppe (Hülse, gosse, peau), füllen, farcir, buhlen, faire l'amour, μυλλος, courbe, *culullus*, coupe, κυλλος, courbe, *culla*, berceau, Mühle, ψυλλος, *mull'a*, als. bouder (fig. 172).

Sens figuré : *bulla*, bulle d'eau en ébullition, bulle de savon, *bully* (gourmandise), *dull* (triste), tulle, *pullus* (petit de tout animal), *pullulare*, *ullus*, bulle du pape, *bully* (gourmander), brüllen, pousser des gémissements, la *brulla costa* (les abords du Vésuve), brûler, *hulla* (houille), wühlen, remuer, fouiller, *ululare*, υλη, huile, Schule, Stuhl, *lull* (bercer), *lulla* (chanter pour endormir), lüllen (chanter devant un berceau d'enfant), *ulula* (hibou), hulotte, υλαω, aboyer, υλιζω, clarifier, nettoyer, *trulla*, *culla*, *cullare*, bercer.

En mettant tous ces mots dans leur cadre respectif, nous trouvons :

> *ulla* tombant sous le sens du toucher ou se prêtant au contact : *bulla aquæ*, *hulla*, wühlen, Stuhle, *culla*, berceau, füllen, hüllen.

> *ulle* tombant sous le sens du flair ou se propageant dans l'air; bulle de savon, *dull*, tulle, Schule, *trulla* (trouiller), Stuhlgang.

> *ulli* tombant sous le sens de la vue : υλη, υλιζω.

> *ullo* tombant sous le sens du son : μυλλος, κυλλος, brüllen, *hulotte*, *ululare*, *lulla*, *lull*, lüllen.

> *ullu* tombant sous le sens du goût ou du dégoût : Mühle, *bully*, gourmandise, *culullus* coupe en forme de U, ψυλλος, *pullus*, *pullulare*, *ullus*.

Comme vous le voyez, beaucoup de ces mots ne se trouvent plus dans le cadre des voyelles qui leur appartiennent. C'est le cas de toutes les langues à conjugaisons et à déclinaisons : aucune, en effet, n'a conservé les cinq ordres et les voyelles ont permuté souvent de l'*u* à l'*i*, de l'*o* à l'*a*, et *vice versa*, causes multiples d'erreurs.

Je n'oublierai pas

φύλλον, feuille.   φῦλον, tribu, sexe.

C'est la feuille qui laisse passer ou arrête les rayons de soleil, c'est l'ombre ou la clarté. C'est l'ordre dans la tribu, c'est l'ordre dans la famille.

changer UL-LU varier.
assombrir UL (fig. 158-159) LU éclairer.
LU-UL ou LUL expier.

Au point de vue général, le sens de ces primitifs varie suivant le point de départ de nos goûts, la bouche ou l'extrémité opposée.

Régulièrement, c'est le suivant :

UL, (LUK)	LU, (KUL)
ombre.	clarté.
saleté.	propreté.
peine.	plaisir.

ul (sans feu, dans l'humidité, dans l'obscurité).	λούω, laver.
	λύω, délier, le matin, le char du Soleil, le jour.
	luo, luir.
ὕλη, matière, forêt, bois, broussailles, — vivres, aliments, — lie, sédiment.	glühen, luir. Glut, chaleur rouge, Blut, sang.
	luno, luna.

Le mot ὕλη a des sens bien variés, et je suppose que deux mots se sont confondus en un seul, *ul* et *kul* (l'accent rude donne la certitude de la deuxième forme) : le *kul* donne les significations de lie, sédiment, la goule celle de vivres, aliments.

ful, als., pourri, paresseux, comp. faul.

luf, Luft.

pul, πύλη, porte, *pulsare*.

bull, *bulsina*, pousse.

tulle.

tul, tulipe.

θύλακος, sac.

lup, *lupanar*, *lupus*, lupin.

lub, *lubie*, *lubet*, il plait, lubrifier, lubrique.

lut, λυτος, délivré (λυω).

luto, deuil.

λυτηρ (qui expie), libérateur.

lud, *ludus*, *ludere*.

dul duly (duc).

culla, berceau.

cul, culasse, culot.

culmen, inis.

gula, gourmandise.

γυλιος, havre-sac où les soldats portaient leurs provisions (musette).

Hulbigung, Schulbigung.

Mühle, μυλλος, forme de la meule (μυλη).

mul, als, bouche (fig. 160), voir (υλη).

Maul, bouche.

luc, λυγη, ténèbres.

lugere, *luctus*, λυγρος, Lüge.

λυκος, le loup.

Fluch, Pflug, flüchten.

lum (l'anus) lumen.

Laum, souffle.

λυμη, ordures, λυμα, saleté, sont des mots agglutinés, formés de *lu, ummu. Lumen,* lui-même, vient de *lu, luo, luir, M =* beaucoup, ou de *lu, ummu,* l'*humus* qui luit, feu follet.

Mais d'autres mots en *luc* tirent leur origine de *lu-ukku :*

ukku, hukk'a, als. s'arrêter, s'asseoir, jucher, huche, dans le même sens que *bucculentus,* qui a de grosses joues, comp. Bacchus, comp. *back'a,* als. joues, *archback'a,* fesses, *Bacchel,* Bacchus, comp.*Buch,* als. ventre, *bucch'a,* als. cuver, lessiver.

kuk, huch'a, réchauffer avec l'haleine, Küche, cuisine, etc.

luck, Glück, harmonie, imitative : le gloussement de la poule.

lucre, luxure, luxe, *luggage.*

Lucina, Junon l'orgueilleuse avec le « paon » pour emblème, ou déesse qui préside aux accouchements.

luccicare, lucciola, lucciolato.

Λυκαιον, lycée.

Lux, lucis.

Lucifer, sens latin, étoile du berger (porte-lumière).

λυγνια, chandelier.

λυγνος, *lucerna,* lampe, sens littéral, qui luit, qui éclaire dans le repos.

10

SUL

Sul, als. colonne.

στυλος, colonne.

Stuhle, colonne qui soutient
l'entablement comme la
chaise soutient la personne
assise.

stylet, arme cachée.

LUS

lustrum.

copiarum lustratio, revue des
troupes.

lustrare, purifier.

Luft, Κλυζω, laver, faire du
bruit (en parlant des chutes
d'eau), *Klächstier,* par cor-
ruption *Krächstier,* als.
lavement ; comp. Glück, auquel vous opposerez *glich'a,*
als. ressembler (comme votre
image dans l'eau), gleichen,
dans le sens de cliché en
photographie ou de clicher
en typographie, avec l'idée,
de *glich,* als. vite, gleich —
l'instantanéité de l'œil —.

lustig.

fluthen, s'agiter.

fluth, haute marée.

lusor, joueur (*jocosus*).

luxer, déboiter.

Je crois devoir ici rendre attentif à ce fait que
Austral, écrit avec un lambda ressemble absolument au mot *Austral.*

Et, de fait, leur signification est la même ; tout
au plus, lustral pourrait-il s'appliquer, au sens
latin, à la *purification* par le feu, alors que le mot
austral, dans le sens de *ventus, aura (orro) australis*
amène la purification par l'eau. Cependant l'*aqua
lustralis* est bien l'eau du baptème.

Le mot « Clystère » indique aussi la purification
par l'eau.

Mon avis est que AU et AU sont très proches parents, maquillés, je ne sais pourquoi, au même titre que haut, *altus*, alt, Halt, halte, et le fait de dédoubler

lustral en lu, stral

et austral   au, stral

soit Sonnenstrahl, ou Wasserstrahl (fig. 166, 167), le prouve surabondamment.

Au et Thau, rosée, mouillent à la lueur de l'aurore ; aue, est restée la prairie humide d'eau et de rosée ; *eau* c'est l'air chargé d'eau (fig. 211-102) ; Auge, œil, c'est l'organe huméfié qui brille comme la rosée ou comme un flambeau, c'est l'œil plein de liquide comme une auge.

Le sens figuré de UL-LU ne s'applique pas seulement à l'opposition de l'éclat du soleil aux ténèbres de la nuit. Le sens simple de cette racine double met en relief l'opposition de la souillure à la purification, et à ce titre, il se rapporte bien au sens du goût.

LU-UL ou LUL

Sens simple : *lulea*, châtiment, expiation.

Il eût été facile de classer les mots dans un ordre plus rigoureux ; mais il faut tenir compte de certaines agglutinations dans leur composition, dont je n'ai pas assez parlé.

J'ai préféré m'en tenir là, pour ne pas compromettre ou infirmer mon travail.

L'exemple du mot Glück vous suffira :

Ce mot vient du primitif *ullu*, *ukku* — dont on élida *ul*, pour le remplacer par l'agglutinant XI. Le sens anglais fut plus pratique encore : il élida même le XI, se contentant du mot *luck*, bonheur.

comp. γλυκος, doux, joyeux, agréable.

γλευκος, suc doux.

γλυκων, « mon cher ami ».

CHAPITRE XIX

Mes preuves seraient insuffisantes si je ne fournissais ici le panorama d'une formation complète en cinq voyelles. Je ne m'éloignerai pas des lettres, employées jusqu'ici, et je choisirai le M, renversement du W, qui, comme lui, indique un mouvement prolongé, mais dans un sens de possession ou de propriété.

A, les mouvements près de l'eau, les contacts, les marches, etc..., radicaux des fonctions du toucher ou des fonctions intra-utérines.

AMMA

αμμος, sable — Αμμων, comp. *Allah* — αμα, ensemble, ραμμος, couture, γαμος, mariage ; αμμε, dor. pour νω, nous, comp. mer, als. nous ; αμαω, moissonner, αμμα, lien, nœud, αμαλλα, gerbe; *familia, fama,* Stamme, καμμνω, serrer les lèvres, Kaumer, hameau, Hammam, zusammen, Hammer, Hammel (αμνος), chameau, lama, Jammer, lamentations, *clamare* — flamme (φλαω-αμα) qui brise l'amas de nuages — l'éclair — qui rayonne à travers le sel ou le sable, par prismes, en décomposant la lumière, ou par réverbération, en lançant des jets lumineux. *diamant* —

AMMA

saisir   AM (fig. 42-49-168), MA   s'approprier.

maman, mamelle   MA-AM ou MAM   *mam'a,* als. sucer.

E, les mouvements en l'air, les pressions, les époques, etc., etc..., radicaux des fonctions du flair et de l'intelligence, ou des fermentations utérines.

> aimer, aimant magnétique, bien placés dans le cadre E, sont classés par l'orthographe dans AMMA et IMMI pour mieux préciser l'état — *emmew*, encager, *emmove*, émouvoir, femme, *gemma*, bourgeon, sel gemme, *gemma*, pierrerie, *gemino*, εμμηνια, les menstrues (αιμα), semen, πεμμα, στεμμα, εμμελεια, εμμενω, *stemma*, arbre généalogique, dilemme, *emere*.

EMME

diminuer   EM (fig. 43-50-169),   ME   grandir.

ME-EM ou MEM

> *memor, member, membrana,* μεμνημαι, parf. de μναομαι (élision), *remember.*

I, les mouvements dans la lumière ou dans l'eau, l'éclat du soleil, le développement des passions, etc., etc..., la continuité, la postérité, radicaux des fonctions de la vue et des organes reproducteurs. C'est la ressemblance lorsqu'on se mire dans une glace ou dans l'eau ; c'est encore la division : la personne se dédouble dans l'eau en une image similaire.

Rapportés à la vue, les mouvements dénotent l'étendue, la vaste enceinte de l'horizon, rapportés aux organes reproducteurs, ils visent l'instantanéité comme les mouvements électriques (Ἤλεκτρον, *ilectron*), tels *immineo* pour les deuxièmes, tels *inmmanitas* pour les premiers (ne pas confondre ce mot avec *inhumanitas* ou autre abréviatif).

> *immito,* lancer immédiatement, ſchimmern.
> *immolo.*

immuto, ημμα, parf. de απτομαι, s'allumer — instantanéité — immortalité, Himmel, ημιτυς, moitié (à mi-corps), imum — étendue — Imme, ſtimmen, immer, φημη, réputation (comp. mont Hymette, hymen) — continuité — comp. immer, continuité de la vue — toujours — Himmel, continuité de l'exercice des organes de la reproduction — le ciel — kimm'a, als, pousser des germes.

similis (fig. 211), comp. ομος-ημοιον.

simia, ſtimmen — ressemblance —

IMMI

pointer IM (fig. 44-51-170), MI diviser.

MI-IM ou MIM

μιμω, guenon, μιμος, mimer, mimosa.

O, les mouvements en rond, les tourbillons, les compositions, etc., le bruit, radicaux des fonctions de l'ouïe, des testicules (le timbre de la voix étant en raison directe de leur grosseur), et par analogie, dans la montagne, l'intensité de l'écho est en raison directe de la profondeur de la vallée, et de la hauteur des coteaux.

ομος, kommen, comes, comète, commander.

ομη, participe au cercle et à la ligne.

sommeil, Κωμα, κωμος, κωμη, comédie, accommoder, commode.

στομα, *Pomona*, déesse des jardins et des fruits.

vomo, môme, nommer.

commoveo, communitas, etc., etc.

ομμα, vue, spectacle, œil, αποκομμα, rognure (ce mot est typique).

OMMO

entourer, OM (fig. 45-46-52-171), MO, tourner.

MO-OM ou MOM, momie, moment.

U, les mouvements en hémicycles, dans la décomposition, dans l'humidité, dans la nuit, radicaux des fonctions du goût, de la propreté dans les organes et de la chaleur.

fumus, frumentum, hymen (Voir IMMI), *nummus,*
𝔎ümmer, *gummis, kummel, flumen, Rummel* (près
Constantine), *lumen, summus,* le dernier (*summa dies*),
ftumm, 𝔐ummen, humilier, *tumulus.*

Voici, au reste, des mots de cette série dans le
cadre des cinq voyelles :

A, *humanus* — E, *humecto* — I, *humiditas* — O, *humor,*
(vapeur d'eau, pour la formation des nuages (comp.
humoristique) — U, *humus.*

UMMU

renverser, UM (fig. 172), MU, recommencer.

MU-UM ou MUM, *mum'a,* als. baver, se
dit des enfants ou des gâteux.

Les radicaux AM, EM, IM, OM, UM, sont précisément des prépositions dans le patois alsacien,
dans le sens de

AM, auprès de — toucher,   comp. an dem
EM, vers   — en l'air,   —
IM, dedans   — à l'intérieur,   —   in dem
OM, autour de — en rond,   —   um dem
UM, au-dessous — renversement,   —   unter dem

Le renversement de ces radicaux n'existe plus
qu'à l'état de monosyllabes pour imiter le cri des
animaux, dont un type composé est *miau,* racine
de miauler ; du moins, ont-ils servi, dans leur
association, avec des consonnes, dont je citerai
quelques-uns seulement, à cause de leur contraste.

A *Man..ere*, rester.
mansium, le camp.
masure, *mas.*
manus.
Mann.

m, beaucoup — *anna*, toucher, etc., etc.
comp. *amma.*

E Men..er, se promener.
mens.
mesure.
mensis.
mensa.
μενος, ardent désir, valeur, âme.

m, beaucoup — penser, savoir.
comp. *emme.*

I Min..er, travailler dans une mine... pour les organes génitaux.
minuo.
μινυθω, rien qu'une minute.
μηκων, pavot.

m — beaucoup, regarder.
comp. *immi.*

O *Mon..ere.*
monnaie.
mons, monter, aller en cercles pour faire l'ascension.
mos.
μονη, action de s'arrêter.
Mond, à cause des phases.
μονος.

m, beaucoup — écouter.
comp. *ommo*, tout en ronds.

U *Mun..ero.*
mundus, Mund.
musica.
μυξος, *mucus.*
mus, musc.
μυκης, champignon.
μυχος, la partie la plus retirée de la maison romaine, où se tenait la femme (*mulier*, *mujer*).
μυστηριον !

m, beaucoup — plaire.
comp. *ummu.*

Je ne veux pas finir ce chapitre sans appeler l'attention sur la fig. 211. L'examen de ce dessin révèle un effet de mirage, ou plutôt l'image exacte par réflection ; il explique admirablement l'expression « assimilation intime ». Il donne l'illusion et l'idée nette d'une île, dérivée comme l'idée de famille, hameau, de la proximité du Soleil, de la rivière et de l'œil, qui réagissent les uns sur les autres.

Il suffira de comparer ιλαρος, *hilarus*, rire, *lachen* avec *ill*, *hill'a*, eau, *Lache* (l..*aqua*) en rapprochant tous ces mots de l'appellation bain (b..ain ou *ba-aïn*) pour nous trouver dans les formations arabes de *aïn*, dans *Hammam Rhira* et autres.

Il convient de mettre en regard les mots κρηνη, πηγη (lisez *crini*, *piqui*) source, avec πηγος glace, pour voir que, tous, ils s'encadrent avec *ignis*, le feu du jour, le Soleil, et pour expliquer le sens donné par les anciens à *Sinn*, l'idée, *das Sinnbild*, le symbole, l'emblème (le miroir du monde extérieur), *Einbildung*, *einbilden*, *imaginare*, mot vide de sens dans la forme *hoch Deutsch*, qui reprend toute sa saveur en *ditsch* innbild'a pour *sinnbild'a* (*bild im'inn*, image dans l'eau).

Il suffira de comparer ιλαρος avec γελαω, rire, pour voir que ce mot est déclassé (pour *gillaô* ou *hill'a* dans le sens alsacien). Et il ne faut pas vous en étonner « le Soleil et l'œil nous envoient leurs rires et leurs pleurs », ce qui fait dire en Alsace :

« Er hät s'hill'a un s'lach'a im namlich'a sak'el. »

De toutes façons, γελαω est d'une formation analogue au mot *schellen*, le son des clochettes, la sonnette (*tinnire, tintinnabulum*), ce rire du son, le bruit du grelot dans le Nord, où le froid vous agite, où tout est gelé, où la glace recouvre l'eau comme d'une peau (*pellis*) ou d'une écorce, où Dieu, œil de l'univers, s'appelle Gott : c'est lui qui fait naître les tempêtes, qui tonne, qui résonne, qui suscite toutes les horreurs... pour faire peur aux hommes, ses enfants (fig. 156), comp. Donnerwetter.

Dans le but de provoquer les mouvements atmosphériques, le retour des orages et des pluies, l'homme fit du bruit, lui aussi, et sonna les cloches (*litt'a*, als., sonner); puis, devant ce besoin incessant d'humidité (*litt*, Glieder voyez 1Θ-Θ1) 216-89, il s'est humilié, et il adora Dieu, pour l'honorer (*so, onno,* Sonne) et le servir, en reconnaissance de ce qu'il donne (la dour, ὕδωρ, water, Wasser).

CHAPITRE XX

J'ai passé en revue cinq séries de syllabes.

Vous avez pu constater avec moi que, partout, les voyelles sont restées invariables à leur poste, sauf de rares exceptions. Plus volages, les consonnes évoluent en tous sens et peuvent au besoin, se substituer l'une à l'autre.

Il en résulte que tout le vocabulaire de consonnes est inutile pour exprimer sa pensée et que les langues humaines ont dû débuter avec les cinq voyelles, lettres constantes, mises en mouvement par une, deux, puis diverses consonnes; cela, jusqu'au jour où un génie groupa et forma l'alphabet et les différents modes de parler.

Ce premier alphabet a été groupé certainement avec méthode, de telle manière à ce que les mouvements similaires soient restés voisins et que les mots soient compris, entendus, dans leur longue chaîne, l'un au moyen de l'autre, le mot suivant par le mot précédent.

C'était un mode très rationnel; et, de cette façon, l'homme fut préparé, en peu de temps, à recevoir l'éducation complète, puis l'instruction voulue.

Il faut conclure.

La nature une, simple, est composée d'éléments variés de cinq ordres différents.

C'est dans le cadre de ces cinq subdivisions, c'est dans l'évolution de ces cinq formes, qu'elle se meut et se perpétue. Dans l'immensité de ses productions, elle n'a pas fait une innovation : depuis le commencement, elle est restée pareille à elle-même.

Le nuage, qui plane au-dessus de nos têtes, le rocher, que nous foulons aux pieds, deviennent choses vivantes lorsqu'ils sont entraînés dans les mouvements du tourbillon universel : de leur choc, jaillit la lumière aussi nettement que de l'astre du Jour.

En présence d'une nature si admirable, la plante, l'animal et l'homme lui-même, sont restés à l'arrière-plan : ils pullulent sur terre avec des besoins et des aspirations diverses, ils se développent dans des rôles secondaires, temporaires, entretiennent la vitalité sur cette terre, où rien ne doit se perdre.

De là, cet excessif amour de la vie, l'éternel espoir ! De là, les transformations des êtres à laquelle la nature se prête si complaisamment, suivant les milieux dans lesquels ils vivent.

Le seul but apparent de notre vie, c'est le besoin d'aimer, le besoin de se rapprocher et de reproduire.

Facilitons ce doux penchant, développons, en nous, l'amour du prochain, en appliquant la maxime si humaine :

« Aimons-nous les uns les autres ». Nous resterons ainsi pareils à nous-mêmes, nous conserverons exempt de souillures, le sang des Hommes, nos aïeux, pères de la civilisation actuelle, ceux qui, placés encore très bas dans l'échelle sociale, ont divinisé l'Idée pour mieux la conserver, qui nous ont détaché des autres animaux, par notre maintien, notre démarche, en nous tenant droits, nos sentiments, en rêvant le bien, notre intelligence, en réalisant le beau, nos actions, en honorant la force et le courage, notre conduite, en appréciant les douceurs de la vie et en aspirant à la rendre meilleure.

Nous ne vivons pas pour bâtir des forteresses inaccessibles, ni pour fonder d'immenses empires, nous ne vivons pas pour nous entretuer et lutter dans des guerres fratricides. C'était l'œuvre de l'homme, alors qu'il était encore « bête brute ». Nous vivons pour développer nos facultés intellectuelles dans la recherche de notre bonheur collectif, nous vivons pour arrondir le cercle de nos aptitudes, au fur et à mesure que nous sentons grandir nos besoins. Nous vivons pour apporter, chacun dans sa sphère, dans le milieu où s'exerce son activité, la lueur de son génie, le bienfait de son talent, pour rendre, à la collectivité, l'existence plus douce et plus heureuse, pour donner à l'Idée le développement rayonnant de sa grandeur.

Il faut bien oser nous l'avouer à nous-mêmes : tout acte, tout geste, qui diminue le domaine de l'idée, fût-il dans le cadre des choses religieuses, est une atteinte à la civilisation, un retour en arrière.

Et ce retour pourrait nous entraîner loin de notre état actuel, si nous négligions de faire l'éducation de nos sens, appropriée à nos besoins, si nous nous abstenions d'activité et de mouvement, exercices inséparables de notre existence : notre pauvre corps, chargé de dartres, d'eczémas et de végétations s'étiolerait, à la longue, sous la carapace d'une tortue et notre liberté finirait, au bord de l'eau, dans la calebasse d'une citrouille.

Aussi, c'est préparer notre bonheur sur terre que de former notre esprit à l'étude de la nature, à la connaissance exacte du monde extérieur, et à l'examen de nous-mêmes.

La pierre philosophale du bonheur restera le γνῶθι σεαυτόν des anciens; or, comment arriver à une connaissance plus complète de soi-même, si ce n'est en sondant les secrets de la nature, en étudiant les manifestations de celle-ci dans les choses, dans les êtres, qui nous entourent.

Que sommes-nous, en réalité, sur cette terre?

A Un agrégat d'eau et de sels, d'eau surtout, rendue indépendante de la masse liquide, animé d'une vitalité propre par l'acte de la conception.

E Un développement continu de la vie, une germination constante, grâce à laquelle notre corps a pris possession de lui-même, après une laborieuse éducation de nos sens.

I Un flambeau qui scintille, lueur vacillante, entretenue par les rayons de tout ce qui brille autour de nous, l'Idée, miroir de nos sensations, l'Instinct, soleil de nos besoins.

O Une activité incessante dans le mouvement et dans le bruit.

U Une transformation organique sans trêve, qui, après nous avoir donné la vie, nous amène à mourir : elle porte, en elle, avec les principes de notre vie, les causes mêmes de notre déchéance.

Et c'est ainsi que le naturaliste des premiers âges reconnut, en l'homme, cinq systèmes différents, bases fondamentales de la médecine :

A   le système sanguin, αιμα (καρδια, αρτηρια, par les Grecs), chair, *carnis*, etc.

E   Le système respiratoire, le système nerveux, comprenant les organes du souffle, πνεω, respirer, de la ventilation, εντερος, entrailles (comp. Œub), péter, de la pensée, εννοεω, *pensare*, de la génération, γενναω, veines, φλεψ, etc.

I   Le système stillationnaire, résumant l'ensemble des excrétions qui se font goutte à goutte, entretenant la vie dans notre organisme, qui se dessèche, βιος, *vita*, vie, tels : le sperme, *semen* (*seminis*), la synovie, les larmes, les excrétions, λημη, comp. *schlimm*, als., excrétion des glandes, etc.

O   Le système moteur, le cœur, *cor*, *corazon*, les emboîtements des os, ωμος, l'estomac, στομαχος, etc.

U   Les humeurs, υγροτης (φυη, *indoles*), comp. φυσσα, soufflet, en tenant compte de la liberté du ventre, la salive, les chyles, χυλος, les chymes, χυμος, κακο χυμος, le pus, πυον, tous agents de transformation.

A titre de comparaison, je mentionnerai les mots rhume, rhumatisme, ρευμα, fluxion, en les mettant en présence de λημη, chassie des yeux, *schlimm*, als., excrétion des glandes, à cause des permutations fréquentes de l'*i* et de l'*u*; dans ce cas, λημη, excrétion, chassie, ne peut se classer dans l'*u* : sa place est prise par λυμη, ordures, garde-robe, comme κυημα, *fœtura*, la ventrée, *comp.* uriner qui participe à l'*u* et à l'*i*.

Par les lois communes de transformisme, notre vie est intimement liée avec celle des éléments qui composent le monde : les animaux, les végétaux, les minéraux se sont développés parallèlement sur sa surface et participent « à la joie commune de vivre » selon le perfectionnement de leurs organismes, selon les états, où les ont amenés les diverses phases d'évolution de leur être.

Nous étions, tous, moulés dans la même nature, alors que celle-ci, avant les âges, avant les temps, évoluait dans les tourbillons de l'espace, et, à tour de rôle, périodiquement, nous y retournons tous « la cendre au front ».

Et devant cette affirmation de matérialisme, n'est-ce pas faire acte divin, que d'employer cet « éclair de vie » à soulager ses semblables, à soutenir les êtres plus faibles, à combiner, au profit de tous, de meilleures conditions d'existence en société, à remplacer, enfin, la Force, cette expression brutale de la nature, par la Pitié, cet idéal, qui divinise le genre humain.

Pour arriver à ces fins, l'Humanité n'aura pas besoin d'attendre la venue d'un homme providentiel : il lui suffira de s'entendre et de se comprendre. Quand les travailleurs des nations rivales parleront la même langue, quand les ouvriers de tous pays se conteront leurs peines, et se diront dans quel but ils supportent des charges d'État si lourdes, entretenant mille sinécures, la paix européenne et la paix sociale seront faites le jour même.

A l'œuvre, donc !

———

CHAPITRE XXI

A l'œuvre, enfants de l'Alsace : votre langue
ditsch, celle que vous parliez avant Charlemagne,
est sœur de tous les autres idiomes parlés en
Europe ; votre origine est, au reste, commune :
vous avez les mêmes ancêtres, les mêmes pères.
Les différences sont, toutes, superficielles et votre
devoir consiste à les éliminer.

Une fois dans cette voie, disparaîtront toutes les
entraves que des gens habiles, les tyrans, ont
mises partout, dans le seul but d'édifier leur
grandeur !

Du courage, mes enfants. Assez de guerres
impies, désespoir des mères et des fiancées ; assez
de loques rouges traînées après les Césars et les
palatins !

Vos pères ont colonisé, ont occupé, pendant des
siècles, l'Europe tout entière ; et, vous resteriez
aujourd'hui à la merci de quelques potentats,
asiatiques pour la plupart, qui se sont maintenus
dans le Nord !

Je vous dirai qu'en Europe ont fusionné toutes
les races ; et, il vous sera facile de reconnaître :

les gens de l'Aphie, par leurs traits et leurs
mouvements où domine le cercle de la lettre Φ
(fig. 201 et 202) ;

les gens de l'Alie, où domine le A, les jambes,
caractéristique des peuples nomades (fig. 203, 204) ;

les gens de l'Amie, où domine la forme de M,
la main-mise (fig. 205, 206);

les gens de l'Asie, caractérisés par les sinus,
les courbes contrariées, pareilles à la lettre S
(fig. 207, 208).

Étudiez les légendes, déchiffrez les dieux de
l'Olympe, le Ciel et la Terre, les monuments des
villes et les monolithes disséminés dans vos cam-
pagnes : vous ressentirez les angoisses de tous
ces peuples primitifs, chassés d'une frontière à
l'autre, tour à tour vainqueurs et vaincus, recher-
chant toujours une somme plus grande de bien-
être et de liberté.

Rendez hommage, rendez pleine justice aux
efforts continus de toute l'humanité :

à la race d'Aphie pour vous avoir donné le
jour;

à la race d'Alie, d'où sortirent mille générations
de grands chasseurs, hommes intrépides, d'un
courage indomptable, qui couchaient sous la
tente ;

à la race d'Amie, qui établit le droit de propriété, se livra à l'agriculture et institua la justice;

à la race d'Asie, enfin, qui organisa la vie civilisée, créa le bien-être, les joies de la table et les
plaisirs plus raffinés des sens.

Le reste n'est que chose incidente : quelques
siècles ne comptent pas dans la vie du monde.

Laissez là le passé qui vous attriste, et ouvrez
toute grande, la porte de l'espérance et de l'avenir.

Épurez votre patois national, l'héritage de vos
pères. Dégagez-le de la langue de tous les vainqueurs, qui ont humilié votre front. Parlez-le haut,

comme le coq, et donnez-lui dans vos assemblées et à votre foyer, la place d'honneur qu'il aurait dû conserver toujours.

Portez vos regards vers la grande patrie d'antan, vers les bords du Rhin, au nord, jusqu'en Irlande, au sud, jusqu'en Espagne et en Italie, partout, jusqu'aux bouches du Danube, vous trouverez des frères, que des liens de sang rattachent à vous.

Aimez vos frères des Gaules, votre berceau.

Cherchez un terrain d'entente dans cette famille de nations, diverses aujourd'hui, où se sont glissées tant d'erreurs, tant de méprises : en rappelant cette communauté d'origine, vous serez accueillis sans aigreur et vous ramènerez dans toute l'Europe, cette douce fraternité de l'âge d'or, la Paix Universelle !

Conservez, comme vos pères, le culte pieux du gui ; vous êtes les enfants préférés du Dieu Soleil : il a déposé, dans vos yeux, la douce clarté de son ciel bleu et une étincelle de ses flammes dans les boucles flottantes de vos cheveux blonds !

*
* *

Ici, la montagne s'ébranla dans une secousse violente, le rocher s'entr'ouvrit pour donner passage au génie, qui avait parlé.

Un roulement de tonnerre formidable me fit dresser sur mon séant.

Je ne dormais plus ; mon cœur battait à tout rompre, mes veines contenaient, avec peine, mon sang agité.

Je me sentais étouffé, pris d'angoisse, secoué par une inquiétude folle ; et, je me sauvais à toutes jambes, ne sachant comment cacher mon trouble, comment partager mon cœur entre l'amour de mon pays et la fraternité des peuples !

Maintenant le soleil, caché longtemps par d'épais nuages, faisait son apparition au zénith, éclatant, splendide ; il brillait d'un feu ardent, il écrasait la terre sous une pression de plomb.

Les heures avaient fui, pareilles au vent. Je descendis, en me précipitant, à Nabort, le village du bas, sur la route *de Hoh, ena* ou *Oena* (ce dernier mot est consacré), Obernai, la ville tout en bas, et je me hâtai de regagner l'ombre de mon toit, pour me ressaisir.

Depuis, je suis retourné plusieurs fois à l'endroit où le génie avait parlé.

Sur le sable, restaient intacts tous les signes qu'il avait tracés, pour corroborer son récit.

Ces signes m'ont aidé à fixer mes souvenirs, et vous-même, cher lecteur, vous pourrez les retrouver au Saint-Odile, à moins que le *Temps*, de sa main onctueuse, n'ait effleuré, en passant, la place où s'étendaient ces hiéroglyphes, à moins que les *Saisons*, dans leur succession hâtive, n'aient laissé tomber, derrière elles, quelques feuilles mortes... un peu d'humus... couronné déjà de mousse nouvelle.

SECONDE PARTIE

RÉALITÉS

CHAPITRE PREMIER

En compilant ce travail, mon but n'a pas été de faire des étymologies.

J'ai visé à une contemplation plus haute, à la possibilité de remettre en honneur la philosophie ancienne, à la *facilité* d'établir une langue universelle et scientifique — universelle — parce qu'elle s'adressera à tous les hommes — scientifique — parce qu'à l'égal de l'arithmétique et des sciences positives, elle sera créée d'unités nettement définies et se développera, en toutes ses parties, dans une progression arithmétique.

Pour commencer, il m'a paru utile de faire des comparaisons de langues vivantes et mortes, dans le but de saisir, sur le vif, leur commune origine, et de mieux faire voir le faisceau commun, qui les relie toutes.

Et à défaut de protecteurs dans les lettres, j'ai placé mon travail sous le patronage des Homère, des Horace, des Shakespeare, des Racine, des

Schiller, de tant d'autres, hommes éminents qui ont illustré les lettres dans la tribune, la chaire, le barreau, la comédie ou le drame : ces hauts personnages plaideront en faveur de mon œuvre ; ils ont pressenti avant moi les sentiments communs qui tressaillent dans l'âme humaine ; avant moi, ils ont connu les liens inaltérables qui lient tous les hommes et toutes les langues.

En effet, tout n'est pas fiction dans mon livre. Tout n'est pas né dans l'imagination et le rêve !

La réalité, la chose tangible est si loin de nous, perdue dans la brume, dans la lueur incertaine du passé !

Cependant, ce n'est pas la nuit, puisqu'il nous est parvenu des graphiques et des dessins pleins d'enseignement, dont la plupart sont restés dans le domaine de la physique et la géométrie.

Non, ce n'est pas l'isolement du passé, car, malgré tout, nous y restons attachés par la longue série des mères ; et, elles nous rappellent les douces modulations, susurrées au berceau de l'humanité ; nous y sommes ramenés, chaque jour, par l'âpre lutte pour la vie, le sombre choc des choses de ce monde, que l'homme tendre et naïf a cherché à rendre meilleures, et, à assurer telles, pour notre bonheur commun.

La plupart des mots qui ont cours aujourd'hui, sont comme des brebis errantes et vagabondes, sans marques, sans signes, ne connaissant ni leur berger, ni leur bergerie.

Il faut donc reconstituer le troupeau.

Nous recueillerons, dans le passé, les systèmes et les méthodes.

Nous accepterons l'heureux héritage des voyelles, telles qu'elles nous furent transmises ; elles resteront l'accompagnement, la musique de nos discours !

Puisque le graphique de ces cinq voyelles fait partie de notre humaine nature, il sera bon de les conserver telles quelles, et nous dirons de suite que ces cinq voyelles correspondront, dans l'ordre de description, à nos cinq sens :

A, le toucher ; *E*, l'odorat ; *I*, la vue ; *O*, l'ouïe et *U*, le goût.

Messagères fidèles, ces cinq voyelles nous mettront en relations avec le monde extérieur.

LÈVRES, eau

l'*A* nous parlera de toutes les modifications de contact, des déplacements à forme angulaire, comme l'indique la lettre même.

Le ton, pour la prononciation, sera grave.

Son expression en mouvements rythmiques pour la gymnastique sera celle des figures 42, 49, ARB-BRA.

NEZ, air

l'*E* évoquera les fermentations, les altérations que provoque l'air, les pressions, les odeurs, les déplacements à forme demi-circulaire ou hémisphérique, dont le ciel, au-dessus de notre tête, est l'expression la plus juste.

Le ton, pour la prononciation, sera clair.

Son indication en mouvements rythmiques pour la gymnastique sera celle des figures 43, 5o, ERB-BRE.

ŒIL, lumière

l'*I*, la voyelle, qui se dédouble par un point, représentera l'éclat et la chaleur du soleil; il éveillera l'idée de toutes les formations en lignes brisées ou pointillées, en corps pointus et en effets immédiats.

Le ton, pour la prononciation, sera strident.

Son expression en mouvements rythmiques pour la gymnastique sera celle des figures 44, 51, IRB-BRI.

OREILLE, son

l'*O*, la lettre qui nous initie à tout ce qui est rond et circulaire, à tout ce qui, dans l'univers, se meut en courbes et en tourbillons : c'est notre oreille qui perçoit les ondes sonores.

Le ton, pour la prononciation, sera sonore.

Son expression en mouvements rythmiques pour la gymnastique sera celle des figures 45, 46, 52, ORB-BRO.

ARRIÈRE-BOUCHE, depuis le V lingual, goût

. l'*U*, enfin, la voyelle qui est fidèle à notre foyer, qui nous donne la satisfaction de tous nos caprices, de tous nos besoins : c'est la goule, c'est le cul, les deux tyrans de notre existence.

Le ton, pour la prononciation, sera flou.

Son expression en mouvements rythmiques pour la gymnastique sera celle des figures 47, 53, URB-BRU.

Cela revient à dire que, dans la nature, il existe

cinq formes seulement, représentées chacune par les organes mêmes de nos sens. Tout autre forme est un dérivé de ces cinq types primitifs; et, toute nouvelle forme sera le résultat du transformisme quand nos organes des sens, tiraillés par les besoins de chaque jour, seront conformés de manière à les percevoir.

Cette affirmation est évidente. Il peut exister dans l'univers, dans les planètes, dans d'autres mondes, des formes différentes aux autres, mais nous les ignorons. Aussi, nos sens ne peuvent nous donner aucune indication à ce sujet. L'homme de génie, lui-même, erre dans les formes connues; et, s'il lui arrive de créer, il restera toujours dans le cadre de ces formes-types.

En pleine possession du monde extérieur, nos voyelles peuvent évoluer à l'égal des éléments ou des choses qu'ils représentent : il suffira, en tout temps, de leur adjoindre des consonnes qui indiqueront nettement le genre de déplacement ou de modification dont il s'agira.

Les mouvements, nous le savons, sont multiples dans leur manifestation : ils sont uniformes, ils sont variés. Chaque modification donnera naissance à une consonne spéciale nettement définie; et, de cette manière, chaque syllabe composée d'une voyelle et d'une consonne nous donnera un sens unique.

Jamais, nous n'aurons aucune amphibologie.

En effet, la voyelle placera le mot, dès le prime abord, dans le sens qu'il ne devra pas quitter, et comme la consonne indique un mouvement bien déterminé, il est impossible de faire erreur.

Tous les monosyllabes, ainsi créés, seront sujets à renversement, et leur signification sera renversée. Nous formerons le troisième mot par la juxtaposition du monosyllabe et de son renversement, enfin par le renversement du troisième mot lui-même, nous en obtiendrons un quatrième, dont la signification sera renversée.

Notre dictionnaire sera bien vite au complet, en éliminant tous les mots qui flottent, par surabondance, dans toutes les langues. Je citerai l'exemple du mot *bavarder* qui, en Alsace, répond à cinquante mots différents (voir p. 13 à 15).

CHAPITRE II

Mais quels sont les vocables que nous choisirons ?

Nous prendrons dans le vocabulaire des nations européennes, les mots qui, pour chaque objet, répondent le mieux au sens qui les perçoit.

Nous éliminerons les diphtongues comme dangereuses, ou du moins, nous les emploierons avec une extrême prudence; elles participent au sens de deux voyelles; l'erreur pourrait s'infiltrer dans nos discours par ce double canal. En effet, je citerai au hasard les mots *voir* et *gloire*. L'*o* des deux mots indique le bruit, l'*i* la vision des choses. Il se produit, dans cette juxtaposition de voyelles, une véritable association d'idées; et, dans l'emploi de deux consonnances, le concours réel des deux sens.

Pour les mots *voir* et *gloire*, le premier sens invoqué est l'oreille : cet organe entend du bruit, et l'œil, ainsi averti, se trouve prêt à l'observation. Le mot *gloire* est suggestif à cet égard : la bonne renommée s'étend au loin; et, souvent, l'œil voit longtemps après.

Il est extraordinaire d'apprendre combien la langue d'*oil* a créé d'illogismes, a fait de contradictions. Suivez les mots *croix*, *croire*, *croître*, *foi*, *savoir*, etc., qui, tous, ont leur origine dans *wa*, de *war*, 𝔚𝔞𝔥𝔯𝔥𝔢𝔦𝔱 (𝔚𝔞𝔰𝔰𝔢𝔯), l'eau claire, d'un idiome différent — aberration isophonique où ils ont noyé la voyelle *e*. Bien singulier est le mot *croyance*, si éloigné de *credenza*, *creencia*. En effet, *ank* signifie en contact de (*ancrer*, *mélanger*, ne pas confondre avec *ancho*, espagnol *anchura*, qui devrait s'écrire *oncho*, semblable au français *long*); donc, *croyance* semble dire « près de la croix ». La langue d'*oc* a conservé ses voyelles ; seuls, les pays au-dessus de la Loire ont pris une consonnance (consonnonce) différente.

Comparez encore le mot *avoisiner*.

D'autres mots ont moins de prétention philosophique, dominés par la seule expression des formes, tels :

στομα, la bouche, c'est-à-dire ⊱ qui s'étend largement en O.

Mund, la bouche, c'est-à-dire un ⊃ de l'avant-train qui se convertit en la même lettre de l'arrière-train, dont il affecte la forme.

mouth, la bouche, *th* ou Θ marque le passage d'une forme à une autre ou d'un lieu dans un autre. C'est un passage qui a la forme d'un O grand ouvert et d'un U resserré comme la porte du derrière.

Le mot *schmutz'a*, als. embrasser, est caractéristique de cette conformation de la bouche ; et, le mot allemand Schmutz, l'est plus encore de celle des déjections : Enfin, je m'arrêterai au mot *mutus*, car il est évident qu'avec la bouche en forme d'*U*, on reste muet comme un poisson. Il y a mieux : lorsqu'on recommande la discrétion à une personne, par le geste, on applique l'index contre la bouche, toujours renversée en *U* (fig. 172).

Surtout ne nous arrêtons pas à une première difficulté.

Tous les mots, quels qu'ils soient, des langues vivantes et mortes ne cadrent pas dans les cinq divisions sommaires. D'où sont venues ces défaillances?

Je l'ai déjà dit : chacun de nos sens ne s'est pas contenté d'enregistrer les seules notions qui le concernaient; il a anticipé sur les obligations du voisin, pour être à même de le remplacer au besoin : c'est à ce point que la nature a été prévoyante.

Les langues se sont pliées aux mêmes exigences, et, si nous pouvions nous imaginer un pays où il ne se produisît ni cri, ni sifflement, ni grincement strident quelconque, mais des hurlements continus et sourds, ce pays-là, soyez-en certains, changerait peu à peu son langage contre un murmure lugubre, en se conformant à l'harmonie des choses ambiantes.

Enfin, j'aborde le sujet qui nous intéresse le plus, la formation du langage nouveau, de la langue universelle.

Son origine est simple et naïve : c'est le premier produit de la civilisation.

Lorsque nous étions nus et repliés sur nos quatre pattes, nous ne pouvions pas sentir le besoin de parler; le simple examen de nos organes des sens, dans les différentes expressions de la vie, suffisait pour nous rendre compte des intentions agressives ou flatteuses de notre prochain. Mais, une fois entrés dans l'ère de la civilisation, quelque infime qu'elle fût, nous dûmes avoir recours au langage; et dans notre perspicacité, nous ne fûmes pas longs à relever qu'un regard fixe avait un autre caractère et un autre but qu'un regard fugitif. Nous comprîmes qu'une attention soutenue à un bruit du dehors dénotait un autre état d'âme qu'une attention passagère.

Alors, le philosophe a établi des règles immuables en donnant à chacune des consonnes une valeur réelle, suivant la durée du mouvement, suivant sa fréquence ou sa spontanéité.

Le langage était créé.

J'ai dit, antérieurement, que les consonnes n'avaient pas de prononciation propre, qu'elles sonnaient comme les voyelles, au milieu desquelles elles se trouvaient encadrées. Toutefois, dans l'alphabet italien, nous voyons six consonnes formant des mots complets, à cause de leur prononciation, et indiquant les deux phases du mouvement.

Je les prends donc au hasard pour les analyser :
Ce sont les consonnes

effe	correspondant à notre		*f*
elle	—	—	*l*
emme	—	—	*m*
enne	—	—	*n*
erre	—	—	*r*
esse	—	—	*s*
te, abréviatif de *ette*		—	*t*

classées dans le sens de l'odorat, dont le nez est l'organe, dont l'appareil génital constitue le principal moteur.

Or, notre mode de respirer n'est pas toujours le même : il varie suivant les difficultés de la route, suivant nos émotions ou notre disposition, etc...

Les sept consonnes, ci-dessus désignées, nous indiquent donc sept façons distinctes de respirer, conséquences de sept genres de mouvement distincts. C'est le point de départ de sept conceptions différentes :

ELLE, la respiration ample, large et vive, avec gradation ascendante de bruit, conséquence de la marche du mouvement, tels les mots : nacelle (nager), passe-relle, hirondelle (*gir*, ronde), aile, appelle (appel), eiſe (*elle, illi*), ſchnell, *knell'a*, als. fouetter, selle (garde-robe), ελλεϭορος, accélérer, ελεφας.

A, élancer — E, élever — I, élider — O, éloquence — U, éluder (les accents sont, en général, des signes d'élision), *evellere, svellere, svegliere* (lat. *evello*), tirer dehors.

ENNE, la respiration devient courte et saccadée, avec gradation descendante de bruit. La prononciation se fait par le nez : ce sont des actes du cerveau ou des organes génitaux presque exclusivement ; tels les mots : *senné, strenna*, étrenne, εννε, le chiffre 9 (ενος, vieux ; son renversement, νεος, nouveau), c'est-à-dire neuf mois de gestation, *generare*, γεννзω, peut-être neuf mois d'apprentissage, ſennen, *cenno*, chêne, général, le savoir du commandant en chef, dont la distinction sont les feuilles de chêne, εννοεω, penser, savoir, chaîne, aîné, — *wennel*, animal nouvellement sevré, ενεμα, lavement, genèse.

A, *enascor* — E, énergique — I, énigme — O, énorme — U, eunuque — U, ennui.

EFFE, la respiration devient forte, en coup de vent, capable d'efforts et d'efficacité.

A, effacer — E, effervescence — I, *effigiare* — I, effiler — O, effondrer — U, effusion.

EMME, la respiration est trainante, languissante, comme si elle dénotait les soucis, les ennuis, tels les mots : aimer, *aim*, semonce, semence, ḥeimath, στεργω, la couronne de fleurs, πεμμα, le gâteau, femme, *emere*, acheter, dilemme. Ces soupirs ont certainement leur contrepartie dans la lettre V ou W, les sentiments d'Ève, à cause des joies de la maternité.

A, emmancher — E, emménager — E, εμμετος, *emmenagogues, εμμηνος* — I, émission — O, émotion — U, émulation.

ERRE, respirer avec bruit, le propre de l'existence sur terre, ερα, la terre, errer, ère, air, serrer, aire de la grange, Erbe.

A, érafler — E, erreur — I, ériger — O, érosion — U, éructation — U, érudition.

ESSE, respirer en bas, lourdement, Wesen, gewesen (sein), esse (*sum*), *essenza, essere, essicante*, vésicatoire, vesse, fesse, allégresse (alléger, *esse*), aise, εσσευω.

A, essayer — E, essaimer — I, essimer — O, essorer — O, essouffler — U, essuyer.

TÉ ou ETTE, respirer en haut, légèrement : *etero*, éther, αιθηρ, *eterizzare*, purifier, vents étésiens, être, *estar, ætas, atis* — État, Staat (état, luxe), étaler, étaie, étau, étui, étayer (taie), faîte, girouette, pirouette, défaite. été, éther, éternel, *sete*, désir ardent, soif.

A, étaler — E, étendre — E, éternité — I, étinceler — O, étonner — U, étuve, étude.

Il faut ajouter ici, que, dans la création des mots, toutes ces formes se sont entrecroisées; deux lettres surtout se sont prêté leur mutuel appui l'*esse* (s) et le *te* (*ette*) dans la création de la lettre double *st*, qui est devenue essentiellement anglaise, germanique, latine, italienne. Le français, l'espagnol et le grec ont conservé, presque dans tous les cas, la voyelle d'origine.

Pour mieux préciser l'étendue de la méthode qui précède, nous l'appliquerons aux autres formations en M que vous connaissez déjà.

Et puisque la lettre M donne l'idée de durée et de longueur de temps, les applications seront faciles, surtout en affectant la lettre M aux choses qui se tiennent en l'air, dedans, à l'encontre de la lettre double W, son renversement, qui s'applique aux choses d'en bas, dehors.

> *amma* (waw), continuité dans le toucher, amas, χαμος, *caminare*, chameau. Le sable est le résultat d'un frottement continu, comme *kramm'a*, als. égratigner, Schramme, gramme, menu poids, τα γραμματα, les lettres, produit du frottement d'un stylet.
>
> *emme* (wew), continuité dans le flair, aimer, — *geminare*, *seminario*, pépinière. L'amour est fait de soupirs, souvenirs et peines : c'est le propre d'Ève, à cause des misères de la maternité.
>
> *immi* (wiw), continuité dans la vue ou la reproduction, toujours la clarté du Soleil : Himmel, immortalité, immer, estime, chimères, wimmeln, Imme, stimmen, schlimm; toujours du liquide versé goutte à goutte; *essimer*, schwimmen, limbe,
> ou du morcellement, lime, limiter.
>
> *ommo* (wow), continuité dans le son, tommen, homme, ομμα, spectacle — ωμος — στομα sommeil, *home*.
>
> *ummu* (wuw), continuité dans le goût, *humus*, *tumulus*, *summa dies*, *nummus*, Kummer, wimmern (déclassé).

Les formations des mots ont ainsi progressé. L'addition de nouvelles lettres étendait la signification plus loin, et c'est ainsi qu'au hasard des civilisations se produisit la confusion des langues, par la faute ou le parti pris des classes dirigeantes, en appliquant l'adage : diviser pour régner.

C'est alors que s'introduisit l'usage des diphtongues faisant participer le mot à deux sens, et lui donnant une signification double, du moins ambiguë. On employa des agglutinants. Le mot primitif *amma* donna naissance à :

Amme, nourrice, les dérivés Ampel, lampe, *lamper*, etc.

Wamme (fig. 177-178), le fanon du bœuf, la peau du ventre, les tripes, avec les dérivés descriptifs : *wampl'a*, als. remuer comme la gelée, comme un ventre (*wambst* ou *wangst*, als.) Wamms, corset, *wamble*.

Schwamm (fig. 175), champignons, cet amas d'excroissances régulières, que les Latins imitèrent dans

squamma, les mailles d'une armure ou les écailles du poisson (fol. 176-179).

Scham, enfin, les organes sexuels, la nudité qui donna naissance au mot *Cham*, le fils éhonté qui mit à nu son propre père (fol. 174).

Il serait aisé de continuer, ainsi, s'il fallait une autre démonstration à une exposition si claire. A défaut de cela, je dirai un mot sur les mots composés de diphtongues et je prends pour exemple *essaim*, *essaimer*, du cadre qui nous occupe.

Il est évident que le besoin d'aimer pousse les nouvelles générations à quitter la ruche.

Pourquoi ces mots ont-ils perdu l'orthographe logique de *emme* ? A la vérité, nous trouvons dans ces mots *amma* et *immi*, deux sens qui mènent au coït, l'addition (la réunion) et la division, ces deux particularités de l'amour, alors que le mot *emme* caractérise l'insatiabilité du désir !

CHAPITRE III

J'ai dit que, par les gestes, qu'ils soient mouvements de nos bras ou de nos jambes, qu'ils soient mouvements de notre langue, la parole était intimement liée avec le dessin; et, j'ajouterai que le dessin lui-même, règle les notions de la couleur, comme la parole règle celle du son.

Pour le moment, je passe sous silence ces dernières pour ne m'occuper que du dessin, expression souveraine de la gymnastique, des mouvements mimiques, auxquels correspondent les mots.

J'ai exprimé par les figures 196 à 200, 209 et 210 les mouvements de

ERRE

ER   RE

RER

associés, ER et RE, à d'autres consonnes, qui modifient leur sens.

Il suffit de suivre les évolutions de la lettre X qui procède par renversement du mouvement initial, tandis que la lettre Φ paraît renforcer ce mouvement; et cela, d'une façon toute mathématique comme si le système était né d'hier.

J'ai dit que la parole et le dessin procédaient du geste. Le langage et le dessin sont donc deux productions « sœurs » ; et, ils sont liés d'une façon indissoluble, comme vous le verrez plus loin : une seule position conviendra à un homme, dans l'attitude de la parole, c'est celle qui est indiquée par l'orthographe même du mot qu'il prononce. De même, un peintre exécutera toujours les objets conformes à la complexion de leur forme littérale, s'il veut les conserver intacts et purs dans le cadre de l'harmonie générale des choses.

Et dans la quantité de mots, qui peuvent s'intercaler dans mes dessins 196 à 200, 209 et 210, je ne citerai que les formations de :

ΦER, mouvement droit en l'air ou en avant,

REΦ, mouvement courbe à terre ou en arrière,

pour toucher du doigt la netteté du système.

Les mots suivants :

persécuter, persister, persuader, persévérer, notent, tous, des mouvements droits en l'air ou en avant ;

et les mots renversés :

repentir, répandre, réprimer, répugner, repaître, repasser (terme de blanchisseuse), donnent, tous, l'idée d'un mouvement décadent, recourbé, d'un mouvement en arrière, d'un effort vers le bas, comme s'ils s'écrivaient avec deux *p;* ils n'expriment pas un redoublement d'action avec un *re* itératif, indiquant une action double, comme dans *repasser* (passer à nouveau), *répliquer, reprocher. répondre,* tous actes à répétition, sujets à être recommencés (commencer itérativement).

Et j'ai cité tout exprès ce dernier mot pour ajouter que, sous la forme de re..commencer, ce mot ne peut donner l'idée d'une poussée en avant qu'en l'écrivant *rec, commencer* en un seul mot, c'est-à-dire commencer tout droit REX. Seules, les choses en ER ou en REX avancent tout droit ; nous l'avons vu, les choses en RE ou en XER se recourbent en arrière, inutiles à l'action, pour les organes en E, nez ou organe génital.

Les premières connaissances humaines, résultat de l'observation, ont été acquises par des personnes âgées, les anciens, *senes*, seniles, les aînés, et transmises de père en fils, selon la tradition. Plus tard, la transmission se fit de maître à disciple, dans les écoles, par l'étude des lettres : des voyelles, états invariables, — des consonnes, mouvements de formes diverses, dans le domaine des *arts* et des *sciences*.

D'une façon inéluctable, il a fallu déduire l'inconnu de faits déjà connus, il a fallu apprendre le nouveau (νεος) par l'étude de l'ancien (ενος), du passé.

L'expérience fixa successivement toutes les *connaissances*, εννεα, εννεω, ενθυμια (εν-θυμος), *cenno*, fennen, εννοεω et par un *enchainement* naturel (car tout se *tient* sur terre) on finit par établir le règles de toutes choses, la *genèse*, l'état des connaissances d'alors.

L'*enseignement*, la *doctrina* des Latins (*docere*), la διδαχη des Grecs (διδαχα, parf. de διδασκω), le *teatch*, anglais des Celtes, la *ensenanza* des Espagnols procéda par échelons, par points de repaire suivant le bon sens, *senno*, en se servant de signes allant du connu à l'inconnu, vers des sommets toujours plus élevés. Ainsi fut établie cette vaste association d'idées, cette *chaîne* sans fin, dont les premiers anneaux commencent à notre berceau sur le *sein*, *seno*, de notre mère, pour finir au bord même de notre tombe.

En effet, dès l'âge le plus tendre, nous *commençons* l'éducation de nos *sens :* ceux-ci nous donnent des indications lucides, mais muettes. Il faut les deviner.

De là, découle l'*entière* nécessité d'une éducation pratique.

L'enfant apprendra la langue nouvelle, dans ses gestes, sur le giron même de sa mère et en faisant ses premières évolutions.

Il la parlera correctement à un âge tendre. Il importe peu d'astreindre l'enfant à d'autres études, sinon à nourrir son esprit de morale et d'histoire. Quelques mouvements gymnastiques pour l'intelligence et l'évolution des consonnes le tiendront au point, quand, à l'âge de neuf à dix ans, l'éducation sera complétée par l'étude de la grammaire, de la déclamation et de la musique.

A l'âge adulte, à douze ou treize ans, commencera l'enseignement supérieur des arts et des sciences; et, chacun choisira sa carrière, pour bifurquer dans les études supérieures ou spéciales.

Cet enseignement visera au progrès humain.

Trève des argumentations abstraites qui rendent récalcitrant l'esprit le mieux doué! Les connaissances humaines ne sont pas tellement transcendantes qu'elles ne soient pas accessibles à tout le monde, dans toute leur simplicité.

Pas de sécheresse, pas d'emphase! Plus de

mur de Chine, enveloppant des formules vieillies, des mots étranges, tirés du grec et incompréhensibles au jeune Français.

Il nous faudra des mots à évolution connue, que chacun comprendra et que chacun analysera avec facilité.

Le travail, l'étude dans toutes ses branches sera une récréation, un divertissement dont l'intérêt augmentera en raison directe de la difficulté du sujet.

A dix-huit ans, le jeune soldat partira sous les drapeaux pour apprendre le dur métier des armes ; et à vingt ans, il sera rendu à la société, citoyen attentif au service de la patrie.

Nous devrons ces progrès au classement sévère de tous les mots, à l'explication de tous les mouvements ; l'esprit s'emparera des idées nouvelles naturellement et sans effort : une chose lumineuse ne demande pas à être prouvée, car elle frappe les yeux des plus ignorants.

Socrate disait avec juste raison : « l'art et la beauté physique forment une partie considérable de ma philosophie, qui ne consiste pas à creuser des idées ou à construire des systèmes, mais à faire l'éducation de chacun des instincts de l'homme, en les prenant tels qu'ils sont, sans penser à réformer l'œuvre de la nature. »

Ainsi nous procèderons ; et grâce à notre système de classification, quelques jours d'étude suffiront à un homme d'une intelligence moyenne pour connaître ses lettres, partant la signification de tous les mots. Peu lui importe d'avoir passé en revue tous les mots susceptibles d'être formés,

il lui suffira de connaître le mode de formation et
d'évolution des mots, pour en connaître la portée,
telle l'arithmétique qui fixe des règles, mais qui
laisse, à notre initiative, le soin de faire toutes
les opérations.

La seule difficulté consistera à savoir noter, en
passant, toutes les formations à consonnes
doubles, συζομζ, dont le sens est différent de la
consonnance simple, de l'homonyme à consonne
simple. Cette considération est des plus impor-
tantes, car elle est, dans les langues modernes et
autres plus anciennes, une source piquante
d'erreurs et de contradictions. Aussi, conservons
bien intacts ces signes de nos mouvements; à
leur défaut notre langue serait estropiée et cette
mutilation serait un crime de lèse-patrie.

Notre système de langage exigera le minimum
d'efforts de la part du débutant; il serait appelé à
faire ses lettres non à six ans comme aujourd'hui,
mais à l'âge adulte.

Le professeur, de son côté, n'aurait plus ce
travail ingrat d'ergoter sur des difficultés inextri-
cables de grammaire et d'orthographe, et il lui
serait facile de joindre à l'étude des lettres, du
geste et de la gymnastique, tous les trois, expressions inséparables de la parole, le dessin et le
chant; puis, dans un autre ordre d'idées, l'école
de bataillon, la préparation à la défense natio-
nale.

CHAPITRE IV

Il serait aisé de joindre encore à l'étude des monosyllabes, toutes les sciences humaines, comme le faisaient les anciens.

Chaque syllabe, chaque voyelle accouplée d'une consonne, servirait de point de départ à une étude distincte, suivant le sens visé par la voyelle et nous verrions, ainsi, toute l'évolution des choses divines et humaines se succéder dans le cadre restreint de nos figures alphabétiques.

Enfin, une dernière innovation, qui aurait son importance. Il serait facile de classer et de cataloguer tous les êtres, tous les objets en cinq grandes divisions et même subdivisions, selon le sens qui concourt à leur perception.

Cette classification, quoique incomplète, serait d'un secours inappréciable pour les études primaires et secondaires. En effet, je ne dis pas qu'il faille fermer Linné, Cuvier et tant d'autres, mais on laisserait ces livres aux spécialistes, aux élèves des hautes études, afin d'approfondir mieux l'ordre naturel des choses. On se contenterait de classifications superficielles pour les autres, et ce serait une économie d'argent énorme par ce temps de vapeur et d'électricité, alors que chacun demande à être animé et armé pour la lutte, dans le plus bref délai possible.

De cette façon, il serait créé du même coup, et sans grand effort :

une langue facile, lucide, scientifique, à l'usage de tous les hommes ;

une pédagogie nouvelle, mettant, dans une formule facile à remémorer, toutes les notions, toutes les sciences humaines à la portée du prolétaire.

C'est l'avenir rayonnant de demain !

Il n'y a pas d'illusions à se faire : l'électeur sera instruit et nous allons vers les plus hautes destinées, ou l'électeur sera naïf et ignorant, et nous irons aux pires cataclysmes !

Nos gouvernants n'ont plus le choix des moyens ; il faut innover, il faut instruire.

Le suffrage universel appelle l'instruction complète et universelle.

Reste à examiner quels sont les efforts que demanderait la création de cette langue et si les résultats attendus seraient en rapport avec les sacrifices à faire.

Il est inutile de se perdre en conjectures : la création de cette langue demanderait moins d'efforts que le classement des lois régionales de France, qui donna naissance au Code Napoléon.

Je l'ai déjà dit, la langue serait tellement claire qu'elle demanderait peu d'efforts pour être apprise.

Plus de vocabulaires, plus de dictionnaires, gros in-folio, où les sens propres et les sens figurés se livrent une bataille acharnée, à telle enseigne sont contraires, par moment, les acceptions diverses des mots !

Plus de discussions, plus de joutes oratoires à

propos de mots. Le terme propre sera employé par tout le monde : il se confondra avec le beau langage qui fleurira, sur toutes les bouches, pour l'expression du vrai.

Tout varie, tout change autour de nous et il n'est pas possible qu'une langue reste immuable, se fige, au milieu de nous, comme un bloc de glaces, sur le sommet des Alpes. Il faut que notre langue coure, alterne, change suivant le temps, suivant le moment, car l'humanité, à vingt siècles d'intervalle, n'a plus les mêmes besoins ; et, vingt siècles ne forment pas une heure dans l'existence de ce monde !

Nos organes aussi varient suivant en cela les lois communes de transformisme, et ceux-ci seront toujours aptes à nous donner les avantages réservés à la bête. Notre sensibilité se transformera parallèlement à nos sens et notre nourriture spirituelle sera toujours celle qui conviendra le mieux, au milieu dans lequel nous nous développerons.

Nous devons donc conserver toutes les consonnes, comme signes indispensables, dans la manifestation de nos besoins, nous devons, au besoin, en inventer d'autres, pour désigner des mouvements qui ne nous paraîtront pas suffisamment indiqués.

C'est le côté variable du système, et nous éviterons toute l'intrusion des mots étrangers aux règles énoncées.

Quant aux lettres invariables, nos voyelles, nous devons leur donner la place d'honneur de notre alphabet, et en faire le point de départ de tout langage.

Nous ne voulons pas envisager la possibilité d'une déchéance future, et nous considérons nos cinq sens comme un minimum de contact avec le monde extérieur.

Nous le ferons ainsi jusqu'au dernier jour, quand nous serons frappés, tous, humus ou vivants, pierres, plantes ou bêtes, de la commune destruction, par la disparition de notre planète, jusqu'au jour où, ayant rempli les rôles qui nous sont assignés, par une entière métamorphose de la matière, nous rentrerons, tous, souffles ou flammes, ailés ou ignés, au hallali, au repos, dans le tout éthéré et éternel de l'Être.

Cette langue, autant dire, sera éternelle. Il est entendu que sa création devra aller de pair avec une meilleure éducation de l'oreille : l'élève apprendra à rythmer les mots, selon leur valeur, et il deviendra plus apte à la musique et à la versification.

Il en résultera une civilisation plus raffinée.

En attendant ce moment, il serait à désirer que l'on fît une meilleure appropriation des langues existantes.

Et je reste convaincu que, si les nations européennes voulaient mettre leur lexique d'accord avec les règles du langage primitif, tel qu'il a été exposé dans les chapitres précédents, il deviendrait très facile de se comprendre, même en parlant des langues étrangères.

A défaut de langue unique, le remaniement de chacune des langues existantes vers l'ordre régulier des voyelles, la prononciation uniforme des lettres, la suppression partielle des conjugaisons et des déclinaisons seraient autant d'étapes vers une situation meilleure, vers la langue internationale unique.

Il est même inutile de faire le sacrifice de nos patois : ils sont l'expression des efforts de nos ancêtres dans l'œuvre de la civilisation, et, à ce titre, ils méritent d'être perpétués.

Point n'est besoin, cependant, de volapuck ni d'esperanto, surcharges inutiles de la mémoire !

L'avenir, aujourd'hui, est à l'harmonie des peuples ; et, sa meilleure expression se trouve dans les termes les plus souples, dans les formes les plus nobles, créés par le génie humain.

L'avenir est aux économies budgétaires. Aussi, ferons-nous un progrès sensible en simplifiant les études, par une cohésion plus grande, donnée aux arts et aux sciences, par une classification plus appropriée à notre humaine nature.

Nous rendrons à l'État et aux contribuables le service le plus signalé, car nous diminuerons sensiblement la durée des études, tout en élargissant leur portée. L'avenir est à la préparation rationnelle de l'enfant aux exercices physiques, de l'adolescent aux études scientifiques et littéraires, de telle façon qu'à vingt ans, l'homme puisse servir aussi utilement la cause de « l'Humanité » que celle de la « Patrie ».

Et cette patrie, je la souhaite grande, grande comme l'univers, belle et bonne comme une part de paradis !

L'âge d'or, si loin de nous, est rappelé par les vœux unanimes des humains, dont le cœur plus tendre s'épanche à travers les frontières ! Avant d'éclore, cette ère nous amènera une meilleure adaptation de la langue aux rapports si larges de la sociabilité moderne et internationale.

Cette langue est trouvée; ces lignes, premiers sillons tracés, par la charrue, dans une terre fertile, produiront des fruits!

La fraternité des peuples est un besoin impérieux. Elle naîtra d'un accord mutuel, de concessions réciproques, ou elle s'imposera, dans l'effusion du sang, *unguibus et rostris*, par l'extermination des jeunes générations.

La langue universelle, qui germera dans le réveil des peuples, est une nécessité inéluctable: elle naîtra, en quelques jours, par l'heureux accord des personnes compétentes, ou elle s'imposera à la longue, de gré ou de force, en se formant d'elle-même (*farà da sè*), quand même!

L'homme, quelque civilisé, quelque perfectible qu'il soit, est resté singe : il imitera toujours, et de mieux en mieux, les sons de la nature, charmé par l'attrait de l' « harmonie imitative », qui l'a toujours captivé; il mimera la nature jusqu'au jour où, allant vers une plus grande perfection, après des siècles de tâtonnements, il aura métamorphosé le langage actuel en sonorités qui rappelleront les éléments eux-mêmes.

Cette unification est fatale!

Prétendre le contraire, c'est affirmer que la mer ne poussera pas toujours ses vagues contre le rivage, que les galets cesseront d'être ronds et sonores, en dépit des roulements et des frottements, qu'ils cesseront d'être plats et bavards, en dépit des tassements.

CHAPITRE V

Et puisque nous avons commencé en plein rêve, pourquoi ne pas le continuer ici ?

Un malentendu horrible plane sur les destinées des deux peuples voisins, de deux pays, presque frères.

Lorsqu'arriva cette catastrophe épouvantable, dans laquelle une nation s'éteignit, en un jour, contre Rome toute puissante, sous les murs d'Alésia, la ligue des Celtes confédérés se trouva abandonnée et livrée à elle-même. Vercingétorix n'était plus ! (comp. *vergobert*, le chef).

Les Celtes de la Savoie, ceux de la rive droite et du cours supérieur du Rhin, échappés à la mort, rentrèrent farouches, indomptés.

Les Gaulois, Celtes de la rive gauche, vivant dans un pays riche, sous un climat riant, acceptèrent la domination romaine, en peuple soumis.

C'était fini de la patrie celtique !

Alésia a été la dernière veillée d'armes, elle a été la dernière épreuve subie en commun !

Puis, les Francs, détachés, eux-mêmes, de la confédération, pénétrèrent dans la Gaule, appelés par les Romains ; ceux-ci ne pouvaient plus se défendre contre les empiètements des peuples, venant de tous les points de l'Europe et du fond de l'Asie, assister, tout au long, à l'abaissement, à la défaite, à la scission, à l'effondrement, enfin à la curée de l'empire.

Depuis, la Gaule a eu des fortunes diverses, et bien des fois abattue, elle s'est relevée ; mais son sang coule toujours des amputations qui lui ont été faites.

Où sont nos provinces du Nord ?

Où est notre frontière, naturelle, séculaire, du Rhin ? Combien de peuples l'ont morcelée ?

Le « Rhin allemand », mais c'est l'abdication de notre indépendance ! C'est la frontière ouverte ! C'est le souci de nouvelles invasions ! C'est la dégradation, c'est le tribut !

L'annexion a été faite pour des raisons de similitude de langue. C'est une tromperie !

Le fleuve suisse, le fleuve de la patrie celtique, s'appelle « Rhin » et non « Rhein ». Allemands ! quand vous avez évoqué, en 1870, le souvenir du vieux « père Rhin », avez-vous pensé à une nouvelle patrie plus grande, ou êtes-vous partis en guerre pour la seule défense de votre pays natal ? Avez-vous comparé Vaterland et Vater Rhein ? Vater ring (un mot nouveau), le cercle de famille, *water*, Wasser ring, le cercle de l'eau, l'ensemble des pays reliés par l'eau, le cercle des versants si nettement marqué dans l'ancienne Gaule, la propriété privée commençant où commence le Ring, le cercle, l'anneau, l'emblème de la possession, du droit conjugal ?

Le mot « Rhin » indique nettement le partage, la division, ou, au pis aller, la possession à deux, pour en user comme de Wasser rinne, la gouttière, comme du nez, *pus*, l'écoulement des sécrétions *des deux yeux de la tête.* Voyez, si l'on s'y trompe, en France et en Alsace, le Rhin s'appelle le Rhin !

Le mot allemand rein, Rhein, signifie « propre, pur » dans les rapports du flair, des organes du flair ou des organes génitaux, et le mot *alt frankisch* « Rhin » a tout un autre sens ; il signifie la ligne, le cours d'eau qui « brille comme l'œil », comme la goutte d'eau, comme la larme, dans *crin'a*, *hil'a*, als. pleurer. C'est le fleuve qui se brise en lames courtes, brillant et scintillant au soleil, s'entrechoquant en cercles (ring), qui se contrarient, et produisant le miroitement. C'est une ligne, c'est la frontière !

Vous l'appelez Rhein, parce qu'il vous plaît d'en user seuls et cette idée explique l'annexion.

Vous avez fait une injustice, un crime.

Jamais l'Alsace n'a parlé hoch Deutsch, elle a parlé *ditsch* tout court « elle a dit » ; tout au plus, a-t-elle parlé *coq ditsch* dans certains pays ; témoins, les villages Kochenheim, Kochern, Goxwiller, elle a parlé la langue celtique, qui a laissé le meilleur de son vocabulaire à Athènes et à Rome.

J'excepte les grands centres où, pendant 5oo ans, vous vous trouviez les maîtres, j'excepte tous les châteaux forts, habités par les comtes palatins venus des quatre coins de l'Allemagne et de l'Autriche, depuis le mot Hohenbourg, que vous interprétez Hochenburg jusqu'à Hochfelden.

Cependant l'aspiration des *ch*, en Alsace, progresse, sensiblement, dans la Haute-Alsace, pour prendre, dans les environs de Bâle, presque *toute la rudesse* qu'elle a en Suisse. De là, elle augmente graduellement jusqu'à Zurich, *où elle atteint le maximum d'intensité.*

Donc, même cette aspiration exagérée n'est pas le propre de l'Allemand, mais bien du Suisse, car il faut admettre que cette façon particulière d'aspirer s'est propagée de là, ou y a été refoulée par des nouveaux venus, bloquée dans la montagne comme le basque dans les Pyrénées.

Cette aspiration, en effet, diminue progressivement en partant de la Suisse, et à l'extrême limite, en Prusse, le langage se radoucit tellement que le Prussien semble aspirer avec répulsion, du bout de sa langue seulement.

Il faut dire ici que Saint-Odile et Mennelstein ne sont pas des constructions romaines, comme le tentent à accréditer les Bædecker officiels de l'Alsace.

Le propre de ces constructions est le ciment et la brique, et, là. nous n'avons que des blocs mégalithiques de granit, réunis, sans mortier, avec de simples pattes en chêne.

En ce temps, l'Alsace était en grande partie submergée par les débordements périodiques du Rhin et de l'Ill jusqu'à Nidernai et Valf. La bande de territoire libre ne pouvait appartenir qu'aux possesseurs de la montagne, et ces occupants étaient les Gaulois.

Alors, que reste-t-il ? Voyons des noms de villes, au hasard des rencontres, sur le chemin de Saint-Odile.

D'abord, retranchons de tous les villages, le sobriquet *heim*, qui a été accolé par les Teutons.

Cette terminaison, n'est pas la nôtre, das Geheimniß, « le mystère » du foyer, die Heimath (proprement réunion de famille, mais le mot fléchissant en Matte, pré, le champ des ancêtres —dédoublement *emme*, gemme, la femme, perle de la maison, *immi*, *Kimm'a*, als., rejeton, germe, himmel), à moins que le matt de Heimath désigne l'épuisement de toute exaltation nerveuse, de tout esprit d'entreprise, pour indiquer l'endroit retiré, où l'on vit tranquille, mit Gemütlichkeit. *comp.* —

En Allemagne, on agit en silence, heimlich, en cachette, en sourdine, alors que nous nous disputons, que nous crions nos dissentiments, par dessus les toits, en coqs, hoch.

C'est la seule différence entre les deux nations! Les hommes, d'où qu'ils viennent, se valent si leur éducation morale est à la hauteur de leurs devoirs.

Tous nos villages en Alsace, bâtis près de l'eau, portent des noms en *a*, *au* ou *ach* (*aqua*), ville, *whir* (*vir*), deux mots changés en Weiler, Weyer..

Voyez les noms :

Illkirk, la boucle de l'Ill (*circulus*), Ill, le cours d'eau.

Mols'a (*aqua*), il y a de l'eau, au pied d'un gros mamelon (*moles*).

Dorliss'a, village placé sur la boucle de la rivière, où l'eau se lisse (*Bruche*, nom de la rivière, qui roule en cascadant ; la *Broque*, roche dans la montagne, homonyme, le *Broc*, comp. *Gallobroges*).

Ros'a (*aqua*), le pays vallonneux, qui paraît avoir été évidé par érosion, comp. *Roswind'a*, tourner en corrodant — rose des vents.

Bisch'a, sur le flanc d'un coteau où la vue domine au loin,
source au flanc de la colline. *Offa*, als. ouvert, à
ciel ouvert, d'où le nom actuel germanisé, *Bis-
choffsheim*, comp. ἐπίσκοπος, épiscopal, comp. *bisch,
ova*, als., tu es en haut, comparez *Bisch'a* près
Strasbourg, position élevée d'où la ville a été
bombardée (comp. *Höhnheim*, village voisin du précédent).

Ottrot, village sur la pente de la montagne où l'eau se pré-
cipite avec violence, (comp. ὠθέω), et avec bruit; ὁδός
comp. οὖς, ὠτός, comp. haut, trot, trotter, comp.
Kotter'a, gargouiller, *schotter'a*, remuer avec force,
comp. Schotte, cosse, *Scotland*, Écosse, le pays accidenté, valloneux (fig. 215), comp. *Moder*, qui coule
dans les cols de Saverne.

Goxwiller, le village des coqs, dans la plaine, dont les habitants
gogs'aient (coq et non gag ou couac), pages 13 et 19.

Barr, la barre de la vallée.

Epfig, le bourg, figé sur la hauteur, qui limite l'horizon.
C'est presque le commencement du Haut-Rhin ;

et ainsi de suite, en remontant les Vosges jusqu'à
Dornach, près de Mulhouse, sur l'Ill où se tordent
les eaux, près du versant des eaux du Doubs
(Rhône).

Vous le voyez, il suffit de retrancher les affixes
heim pour dégermaniser le pays. Et c'est ce mot
dont les Allemands nous ont gratifié !

J'ai omis plus haut de mentionner Obernai,
aujourd'hui Oberehnheim, hier Oena, comme l'appe-
lait sainte Odile dans son testament, *O*, en haut,
ena (*enna*) de haut en bas, en un mot, descendre
du mont en bas dans la plaine (*ena*, als., en bas),
du nom du torrent *Ehn* qui le traverse. Et je me

suis mis à penser pourquoi ce cours d'eau est appelé *Ehn* par la géographie, et *Rosbach* par les indigènes.

Pourquoi cette différence entre le langage officiel et l'expression des habitants, ce cri du cœur.

C'est que le torrent corrode les rives, lors des grandes eaux, et les mine au point de provoquer des éboulements.

Sans la ligne d'aunes, des deux côtés, sur les bords, la terre serait entrainée. De là, le nom générique de *ros*, fouillée comme une rose. Ici le mot s'applique à l'eau qui fait érosion (hydrographie); à Rosheim, il s'applique à l'effort géodésique lors de la formation de la croûte terrestre (topographie); Rosheim, en effet, est une petite Suisse.

Alors, j'ai cherché pourquoi, au nom des gens qui vivent à Obernai, on avait adjoint le mot *Ehn* ou *enne*, alors qu'à deux lieues de là, le village sur l'eau s'appelle *Inn'la*, *inni*, Innenheim.

Et j'ai vu clairement par cet exemple et d'autres encore, de villages tout proches, que tous les noms de pays étaient des expressions géographiques, dont les voyelles donnaient l'altitude, le niveau au-dessus de l'eau, en A, *sta*, stabilité, en haut sur le glacier, en bas, dans la mer, puis dans les inégalités de terrain où l'eau est stagnante.

En effet *enne*, c'est l'ascension en l'air, c'est la descente, c'est le pays côtoyeux, c'est le vallon, toutes les surprises du pays accidenté (ενος, νεος).

C'est l'eau qui s'écoule en serpentant (forme du nez).

Puis, *a inni (Innenheim) Inn'la*, c'est le pays coupé par la rivière d'une part, par son affluent de l'autre, c'est la terre en forme d'île, resserrée entre les deux cours d'eau, *Innish* gaëlique *île* (forme des deux yeux vidant, dans le nez, les canaux lacrymaux).

Je compris que *Inn'la* était le pays, où, face à l'eau, on se trouvait dans une presqu'île, et que, face à la terre, on ne pouvait revenir que faisant machine en arrière.

Et je conclus que *ent* (comp. **Ent**, entrer, entailles, enter), la fin de la terre était le commencement de l'eau.

I   *inni*, le torrent marié, accouplé d'un affluent, la rivière.

Sous le charme de l'idiome ladin, source de nos langues d'*oc* et d'*oil*, je me creusai la tête, et soudain, en passant la main sur les oreilles, j'ai cru entendre :

E   en amont, plus loin que les premières collines,

O   des chocs retentissants, tonnants (φονος) de l'eau qui rebondit sonore, de rocher en rocher, courant dans les vallons. le long des coteaux (à Ottrot, près de Saint-Odile), forme des courbes de l'oreille,

U   un bruissement lugubre dans le gouffre où l'eau s'enfuit, (forme de notre corps de la luette à l'anus).

E   en aval, plus loin que les premiers tertres où les rivières se sont mariées,

O   le bourdonnement des eaux toujours grandissantes, le mouvement de la foule qui accourt sur ses bords, les marchandises qui s'entassent dans des chocs sonores,

U   puis, une rumeur d'eaux qui se poussent, se culbutent, puis le silence du fleuve, uni à

A, la mer, le tombeau de l'élément liquide, le berceau des nuées futures, puis... plus rien.

Cependant, j'entendais clairement la voix de la nature, qui, dans ses modulations, chantait la succession du jour, de la nuit, l'enchaînement des saisons et du temps, le grand réparateur, le grand justicier.

Et j'ai compris que notre patrie tombée dans un jour de défaillance rebondira plus haut, grande, forte, quand elle saura le mériter.

J'ai compris qu'après les humiliations subies, l'amitié de l'Allemagne ne valait pas, quoiqu'elle puisse rapporter, un nouvel affaissement de notre dignité.

Rien n'est irréparable sur terre !

En attendant, trouvons la meilleure formule pour être heureux.

L'Allemagne aussi comprendra (car l'esprit humain y est en honneur) que lorsqu'on s'appelle « Monsieur Tout le monde, all mann », on ne cherche pas querelle à tous, on n'ambitionne pas, dans un rôle cynique de guignol ou de croquemitaine, à créer des fractions et à faire des divisions. Puisque, à elle seule, elle croit porter le nom de « l'humanité tout entière », veut-elle en prendre aussi la direction devant l'histoire, de cet idéal, presque divin, qui a guidé Moïse à travers le désert, de cette lumière qui fut le génie de Platon, de ce soleil qui fait la grandeur du Christ, ordonnant d'aimer le prochain comme soi-même.

L'Allemagne a-t-elle conservé plus que nous le génie de la race celtique ? Prendrait-elle la suite de nos idées philosophiques ?

Songe-t-elle à rendre l'Europe une, plus heureuse, plus prospère ? ou, plongée dans un égoïsme malveillant, coupable, aiguiserait-elle des armes pour agrandir ses possessions, pour les étendre toujours ?

Ne parlons plus de la Gaule, ni de la France des rois ! La France actuelle est née des événements de 1789 alors que d'unanimes acclamations consacraient la Patrie une et indivisible.

Souscrire à une amputation, c'est plus que la honte, c'est la faillite, car nous aurons laissé *protester* la Déclaration des Droits de l'homme, que nos ancêtres nous ont léguée, comme gage de notre indépendance.

La solution, la seule solution de notre différend, c'est l'appel à l'Alsace, elle-même, libre de ses destinées, c'est la voix donnée au suffrage universel.

Et ce jour-là, si la Prusse, à l'exemple de Brennus, met dans un des plateaux de la balance, sa lourde épée, c'est-à-dire toute cette masse d'immigrés, soldats, fonctionnaires et marchands allemands, accourus à la curée, nous mettrons sur le plateau opposé les votes unanimes de tous les annexés, émigrés en France, qui forment légion.

Alors, nous connaîtrons la chose jugée. D'ici là, Français, ne craignons pas les pires éventualités, si nous ne les avons pas provoquées, si nous avons tout fait pour les éviter. Rappelons-nous, pour notre suprême consolation, que, du plus grand des maux, du hasard même des armes, peut jaillir, avec la trêve des partis, la renaissance de notre patrie bien-aimée !

Pourquoi nous effrayer des changements ? La terre, aussi, est sujette à des troubles continuels : tout un monde peut disparaître, englouti par la mer; une île, grande comme un continent, peut surgir de l'Océan, jeune, fertile, exubérante de végétations et de fruits, où des millions d'hommes trouveront, demain, une vie plus facile, plus aisée.

La terre n'aura pas changé, toujours prodigue pour ses enfants, et la civilisation suivra son cours, pourvu que, dans le désastre, un seul de nous, nouveau Noé, se sauve, animé de notre idéal, qui porte sur les terres nouvelles le flambeau de notre génie !

L'homme, enfant de la Terre, n'a pu se dégager d'elle assez loin pour se soustraire à son influence, aux lois qui la gouvernent.

Après le chaos des premiers âges, à sa sortie de la mer, l'homme fut pétri de limon, comparez λήμη, *schlimm*, als. excrétion des glandes ; et, dans son besoin de vivre, il se modela à l'image du soleil comme le fit la Terre, à sa naissance, avec ses tentacules entrelacés pour former la sphère (εϱα, Erde).

Il étendit ses formes, ses bras et ses jambes, non entrelacés comme la terre rigide, mais comme l'araignée, courbé par terre et avide de mouvement.

La coque, l'enveloppe de la terre, se convertit, chez l'homme, en os (fig. 129). Il se divisa en parties (en *i*) : il forma son pic, sa tête ; son volcan, sa bouche ; son roc, ses dents ; sa source, sa salive ; le tout, placé haut comme le glacier éternel, comme le granit.

La vie, en réalité, est un phénomène commun lorsque vous mettez en présence toutes les énergies dont dispose la nature.

Le souffle, la respiration est une force mécanique, une fois que l'appareil pulmonaire a fait ventouse par ses contractions et ses dilatations, une fois que le courant d'air est entraîné dans le ron-ron du foyer.

La première étincelle de vie a jailli du feu interne de la terre ; elle nous vient des cieux, elle nous vient des étoiles !

Les Titans restent nos tyrans (astrologie, fétichisme, fig. 136 à 140) La première étincelle, c'est la vie propre de la matière, c'est le mouvement, c'est le frottement, l'aimant qu'elle renferme, c'est l'électricité qu'elle dégage ; la vie c'est la force qui rattache la Terre aux Cieux.

Quel homme saura jamais l'éternelle vérité !

Les anciens ont sculpté un *sphinx* dans un bloc de granit, qui fut le sommet d'un volcan, en face du désert qui fut une mer.

Dans son silence, il parle bien haut: l'homme issu de la matière fait corps avec elle ; à sa tête, l'organe de la pensée ; à ses pieds, la bête ; en haut, l'activité de l'œil, la noblesse du cœur ; en bas, les mauvais instincts du fauve, la Terre, son point de départ, son point terminus ; en bas, sa mort ; en haut, sa résurrection !

TABLE DES MATIÈRES

Pages

Dédicace... v

Préface... vii

PREMIÈRE PARTIE

RÊVERIES

En Alsace... 1

Appels en *A*... 11

Appels en *E*... 15

Appels en *I*... 17

Appels en *O*... 18

Appels en *U*... 19

LA LANGUE UNIVERSELLE

Chapitre Premier. — Éléments, sens, voyelles........ 26
    Sens propre, sens figuré........... 28

Chapitre II. — Application du système aux sciences,
    aux arts..................... 30, 33

— III. — Les signes, les gestes............. 37

— IV. — Langue scientifique............... 40
    Signes, gestes, consonnes.......... 41

— V. — Les lettres doubles, le mouvement
    intégral....................... 44

— VI. — Racines, radicaux................ 49
    Règles de leurs formations........ 50

— VII. — Appropriation des gestes et de la
    gymnastique aux mots.......... 53

— VIII. — Agglutinations et flexions......... 60

		Pages
Chapitre	IX. — La voyelle *A*	65
	La consonne W	68
	Formations AWWA	70. 72
	— WAAW-WAW	75
	Règles des formations par lettres doubles	73
—	X. — La voyelle *E*	78
	La lettre X, lettre grecque Xi	79
	Agglutinations et leur décomposition	81
—	XI. — Formations EXXE	85
	— XEEX-XEX	90
—	XII. — La voyelle *I*	92
—	XIII. — La consonne Θ, lettre grecque $\theta\eta\tau\alpha$	97
	Formations IΘ-ΘI	102
	— ΘIIΘ-ΘIΘ	106
—	XIV. — La voyelle *O*	109
—	XV. — La consonne R	117
	Formations ORRO	120
	— ROOR-ROR	121
—	XVI. — Applications de la lettre O	126
	Géologie	126
	Zoologie	132
—	XVII. — La voyelle *U*	137
—	XVIII. — La consonne L	140
	Formations ULLU	143
	— LUUL-LUL	147
—	XIX. — Formations de la consonne M, par lettres doubles, dans les cinq séries de voyelles	149
	Effets du mirage dans l'étude de la voyelle *I*	154
—	XX. — Conclusions	156
	L'amour du prochain : La fraternité	157
	La solidarité	161
—	XXI. — La paix universelle	162

DEUXIÈME PARTIE

RÉALITÉS

	Pages
Chapitre Premier. — La langue internationale universelle	167
Méthode	169
Chapitre II. — Facilités, précocité	173
Formation de la langue universelle	176
— III. — Langue à renversement ; s'appuyant exclusivement sur le geste	182
— IV. — Pédagogie nouvelle	188
La fraternité des peuples	192
— V. — Moralité sur l'annexion de l'Alsace-Lorraine	191

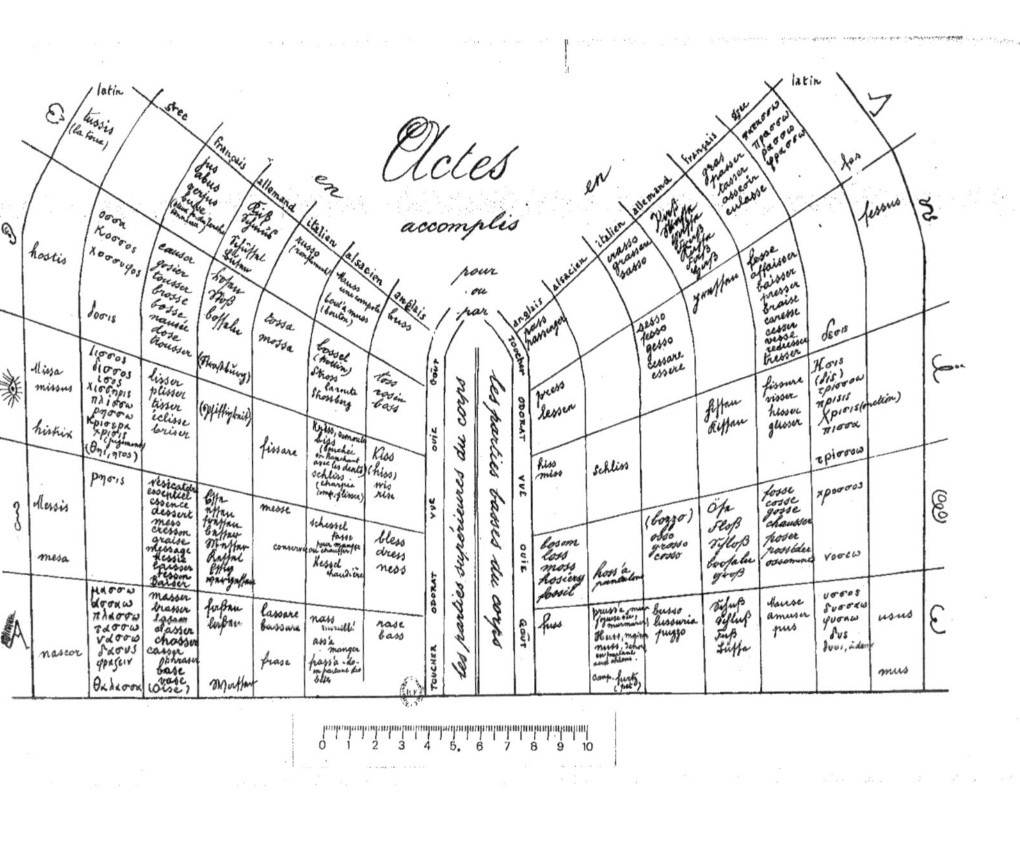

Actes
accomplis
pour
ou
par
Les parties supérieures du corps
Les parties basses du corps
latin
grec
français
allemand
italien
alsacien
anglais
goût
ouïe
odorat
vue
toucher
TOUCHER
ODORAT
VUE
OUÏE
GOÛT
anglais
alsacien
italien
allemand
français
grec
latin
en
en

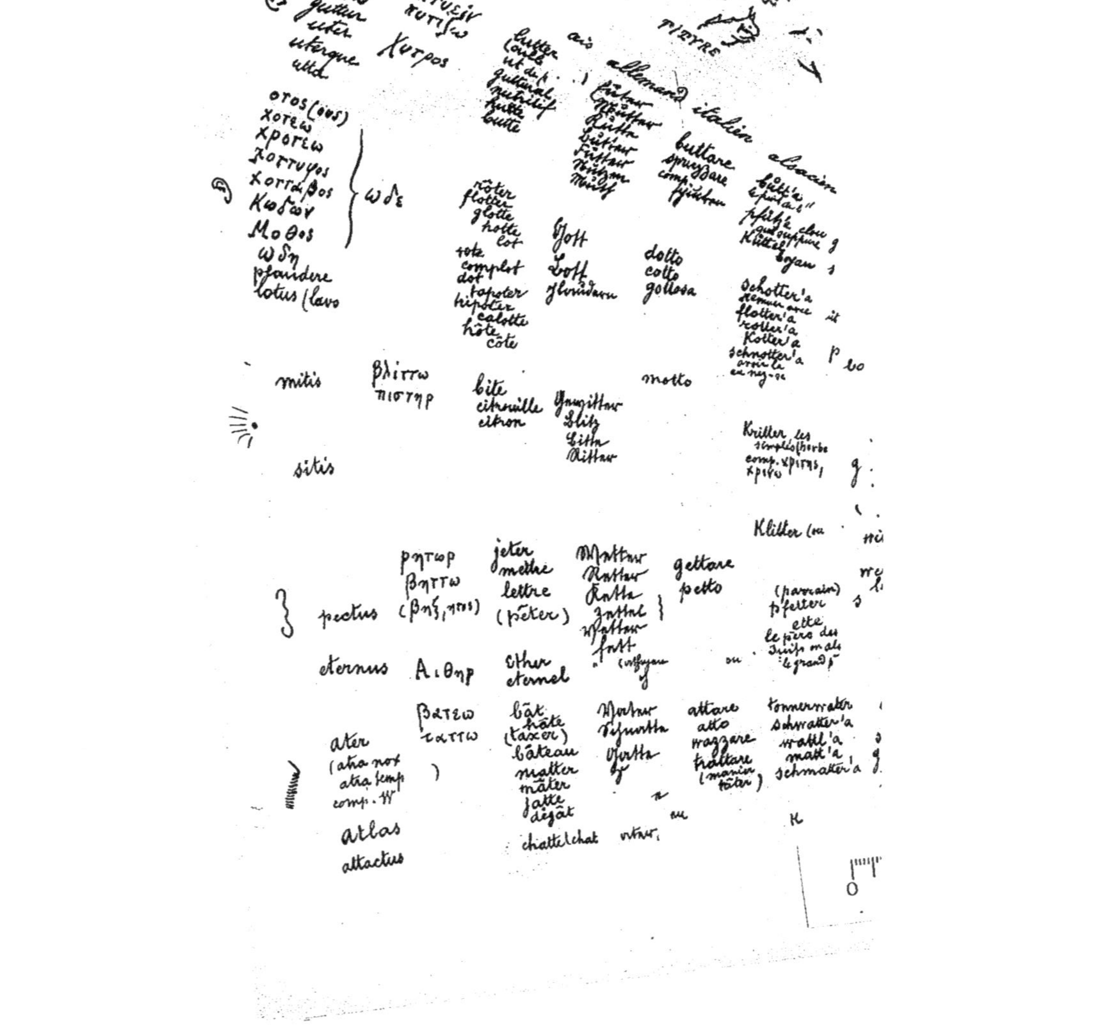

gutter
uter
uterque
utid

χυτρος

allemand   italien   alsacien

butter
...
guttural
...
butte

buttare
spruzzare
...

οτος (οος)
χοτεω
χροτεω
χοττυρος
χοτταβος
κωδων
Μοθος
ωδη
pfandere
lotus (lavo
} ωδε

roter
flotter
glotte
hotte
lot

rote
complet
dot
tapoter
hipoter
calotte
hôte
cote

gott
sott
glimidern

dotto
cotto
gottosa

schotter'a
flotter'a
rotter'a
Kotter'a
schnotter'a

p wo

mitis

βλιττω
πιστηρ

bite
citrouille
citron

gmgittw
slitz
litta
rittw

motto

Kriller les
comp. χριτης
χρινω

sitis

ρητωρ
βηττω
(βης, ηtos)

jeter
mettre
lettre
(péter)

Mattw
Rattw
Ratta
gattw
...fatt

gettare
petto

(paroisw)
p'fetter
le pères des
...

pectus

eternus

Α ι θηρ

other
eternal

ater
(atra not
atra temp
comp. W)

βατεω
ταττω
)

bât
hôte
(taxer)
bâteau
matter
mâter
fatte
dégât

Mortw
...
gatta

attare
atto
wazzare
trattare
(marin tôter)

tonnerwater
schwatter'a
watti'a
matt'a
schmatter'a

atlas
attactus

chattelchat votwr,

MÉNIPPE

grec

ΑΡΤΕΩ
ΠΑΤΚΟΣΩ
πραττω

Pater
Matter
natio
ratio

ετος   ætas

αιτια   meta

Θερ   oestas

'été

les alsacien   italien   allemand

Vita   vitis

μητρα
πληττω
σηθω
πρηθω
Θης,ιτο
λιθυς

nodus

πρωτος
(προ,ους   οτος)
ποδος
χοθορυος

οδος   rota

λυττα
νυτταω

uti
cutis

mutus

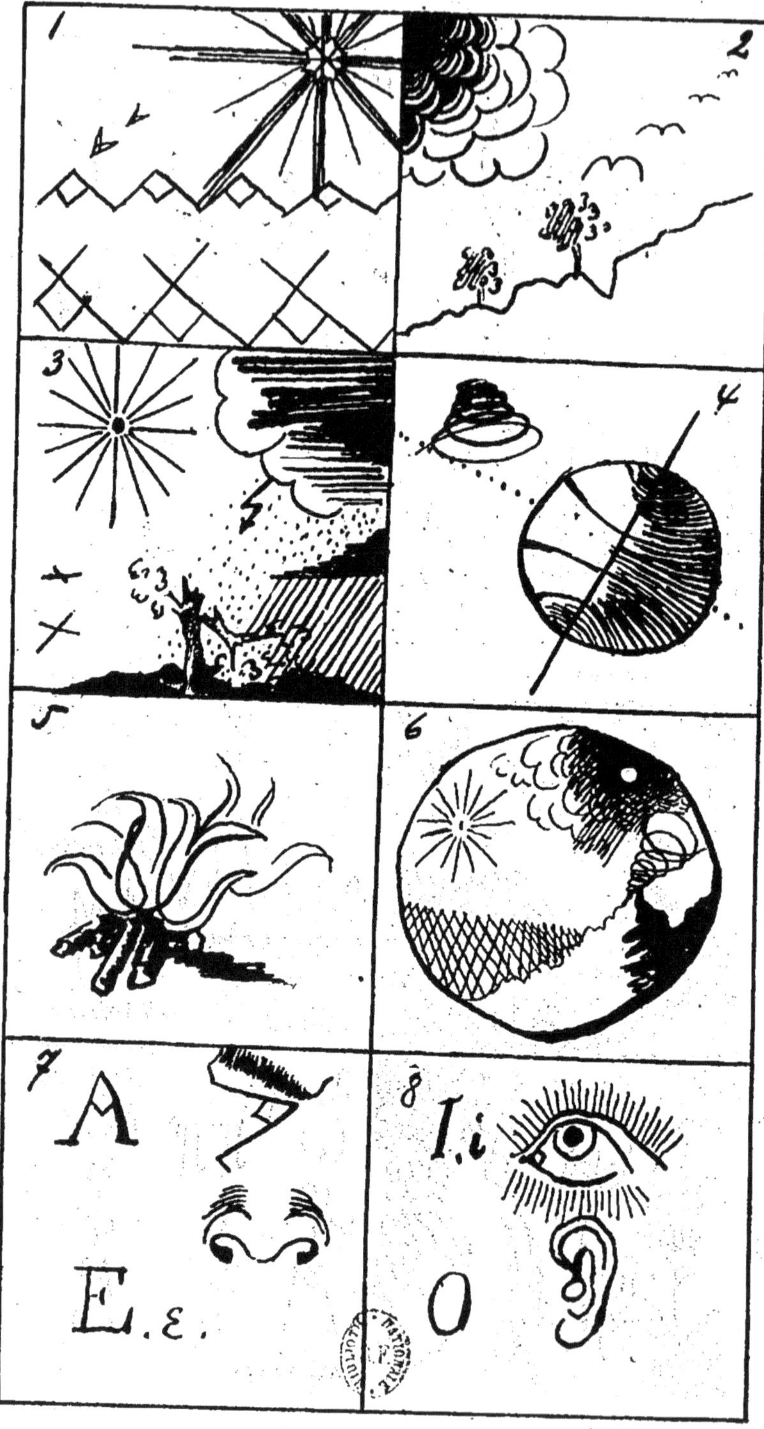

ΓΕΝΝΑΙΟΣ, noble : ... , ΓΕΝΝΑΩ.

nobilis

9	10 obru
	obscurité
V O I E A	vergobret Dagobert
	partie noble

11	science du Bien 12
A E I O U	β..ευρω
partie honteuse	MALUM PERSICUM / la pêche / Pêche!! — MALUM la ... / science du Mal

13	14
	cyprès trak als fumier ordure de bétail — CHAMEAU

15	16
	FEMME

17
18
ꟿꟿꟿꟿ
crin
cri
19
20
ωμος
HOMME
21
22
100
LUPUS
HUMUS
A
1
23
24
0

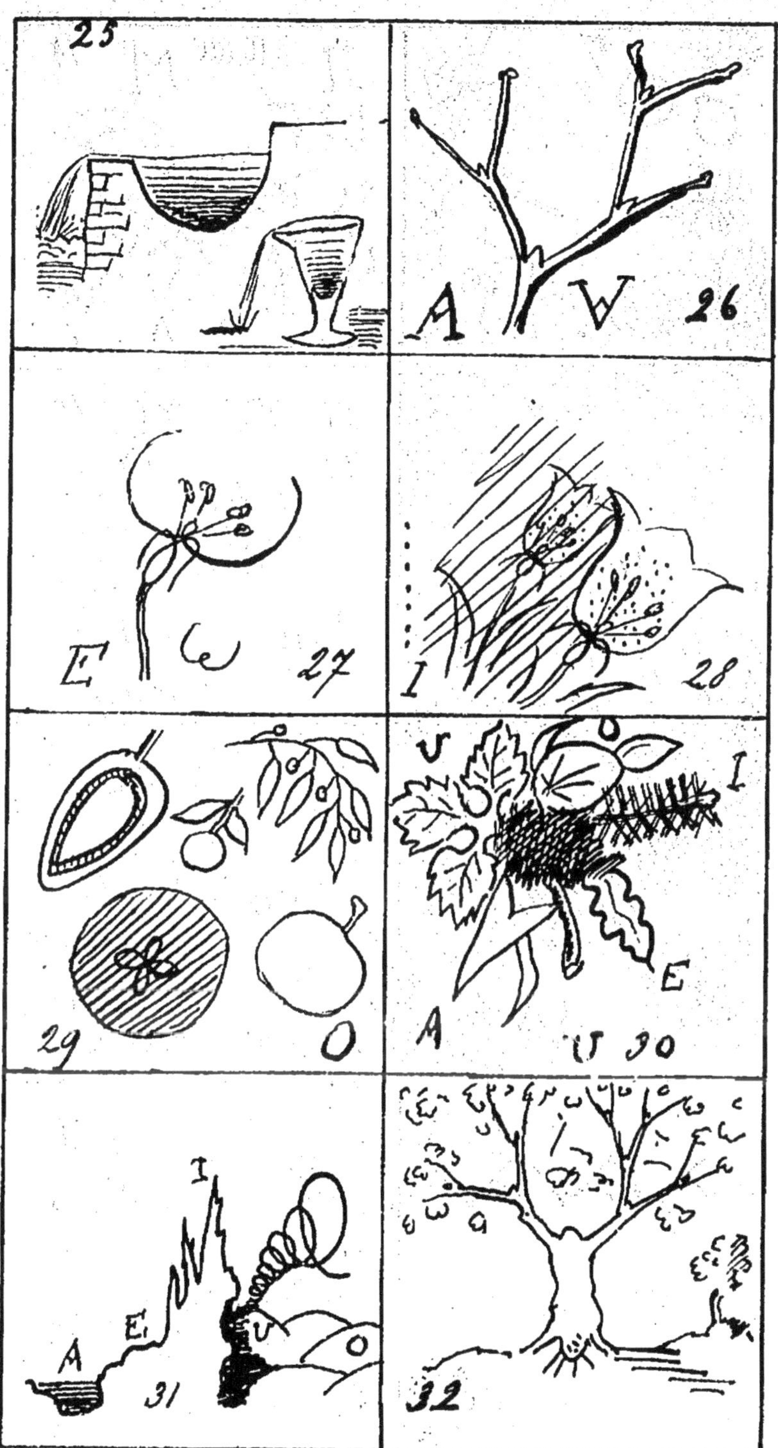
23
A V 26
E 27
I 28
29 O
U I E A U 30
I A E U O 31
32

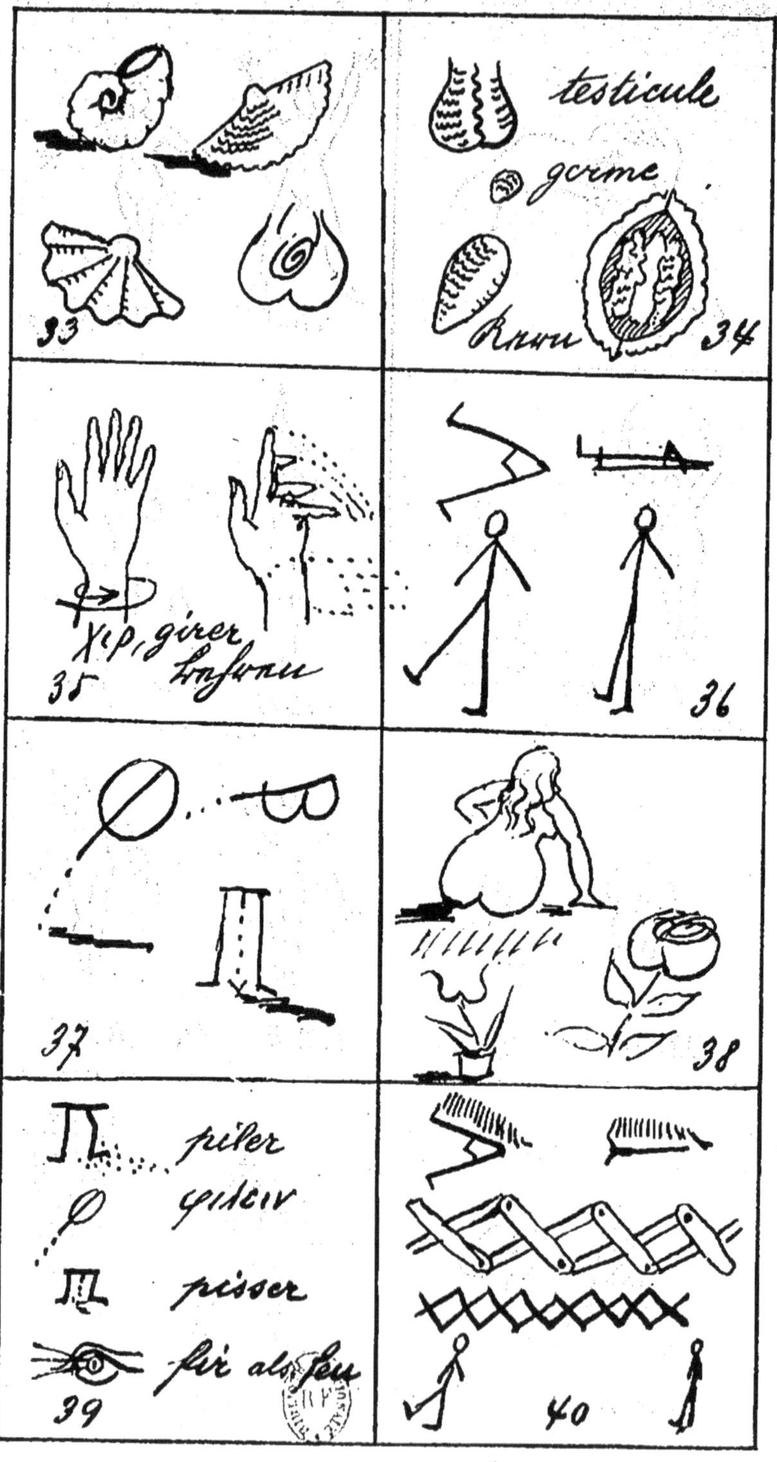
testicule
germe
noix
X.P. girer
35
piler
pisser
pir a...feu
39

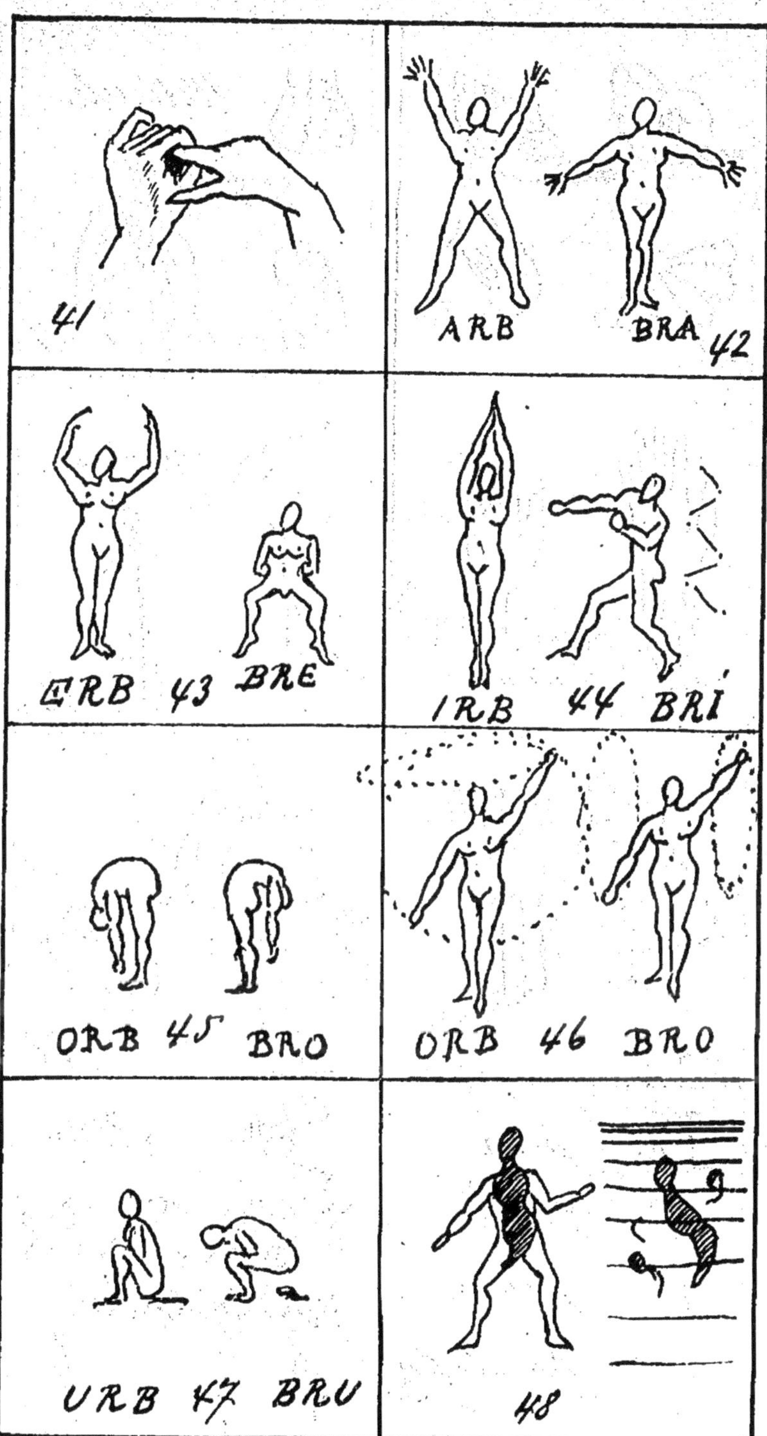

41
ARB   BRA   42
ÆRB   43   BRE
IRB   44   BRI
ORB   45   BRO
ORB   46   BRO
URB   47   BRU
48

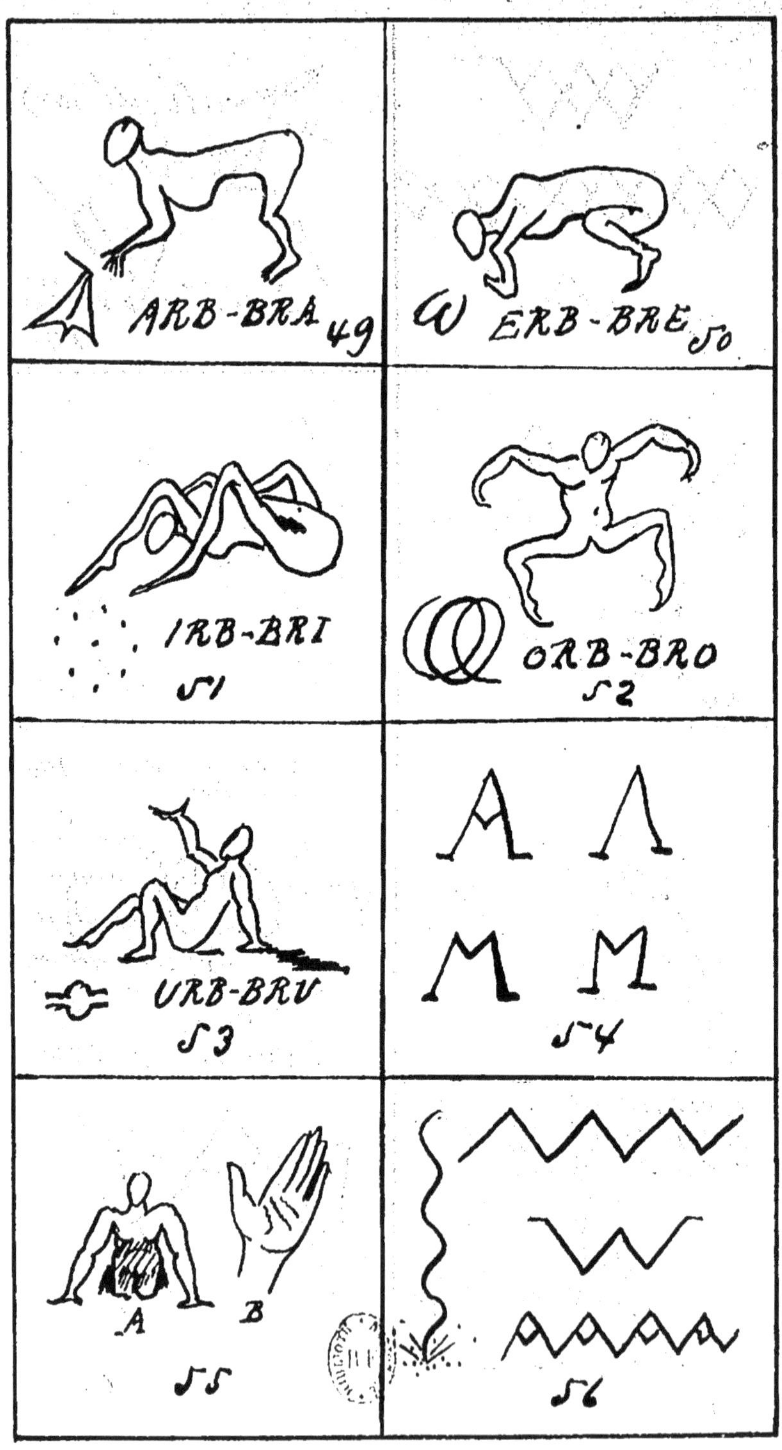

ARB-BRA 49
ERB-BRE 50
IRB-BRI 51
ORB-BRO 52
URB-BRU 53
54
A B 55
56

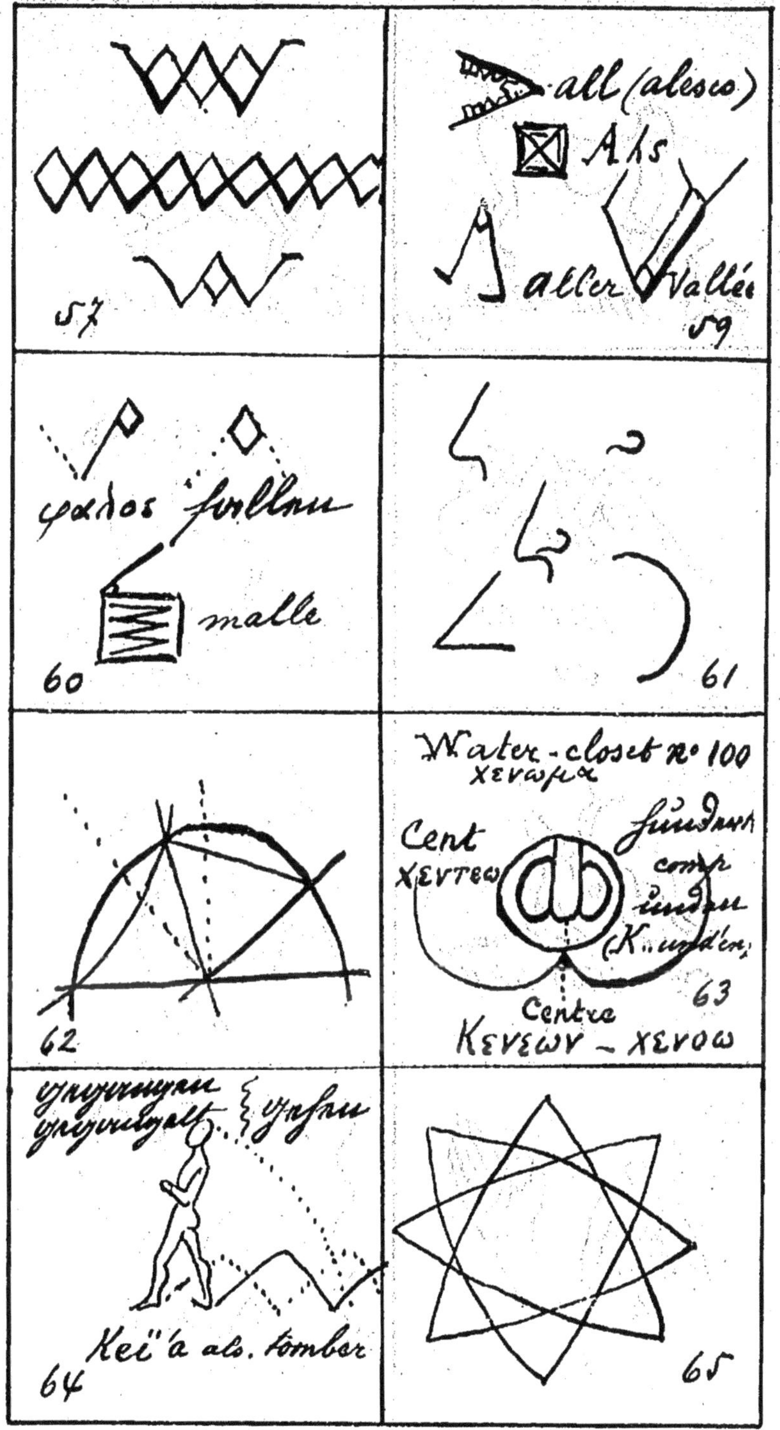
57
all (alesco)
Als
aller Vallée
59
φαλος
malle
60
61
62
Water-closet n° 100
ΧΕΝΩΜΑ
Cent
ΧΕΝΤΕΩ
Centre
63
ΚΕΝΕΩΝ ~ ΧΕΝΟΩ
Keï'a als. tomber
64
65

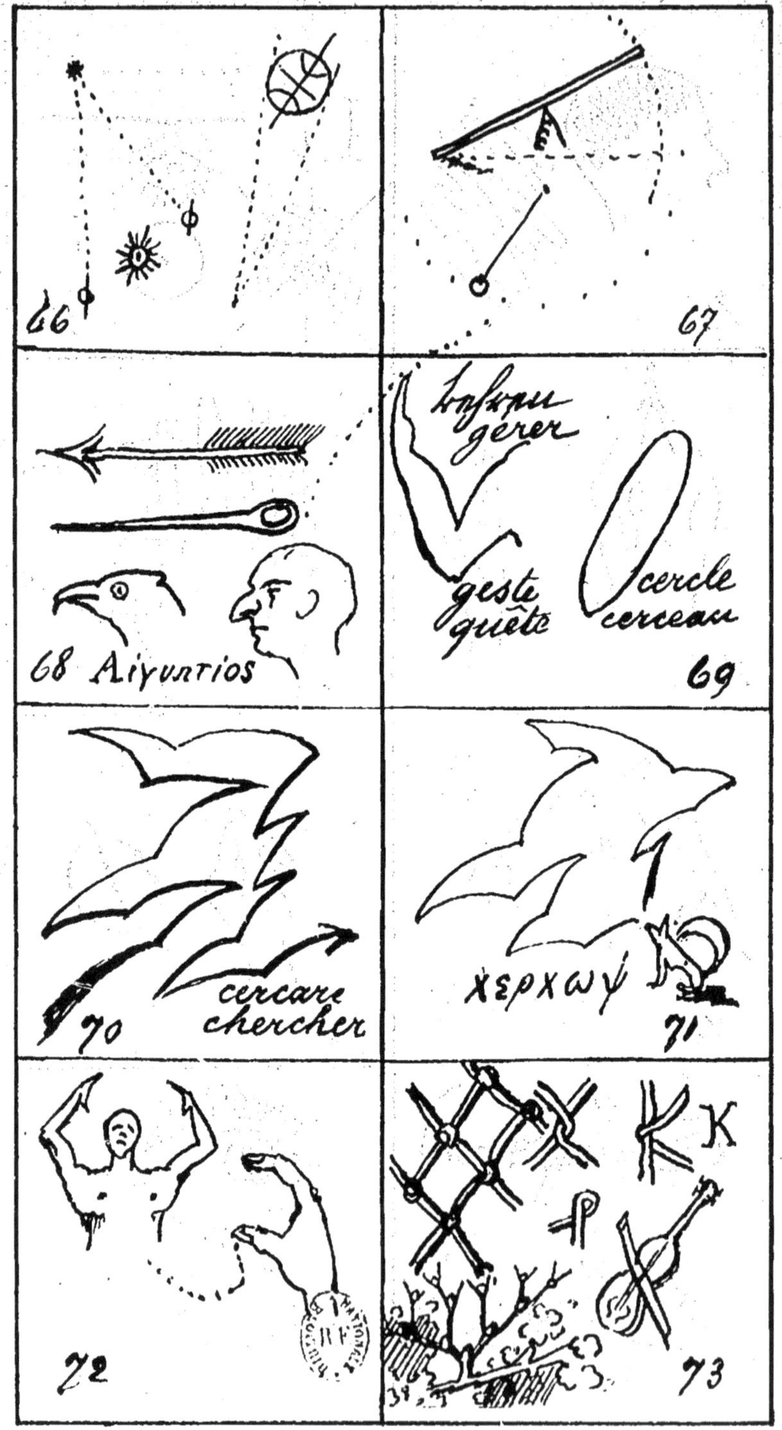
66
67
68 Αἰγύπτιος
trifrau
gerer
geste
quête
cercle
cerceau
69
70
cercare
chercher
ΧΣΡΧΩΥ
71
72
K
73

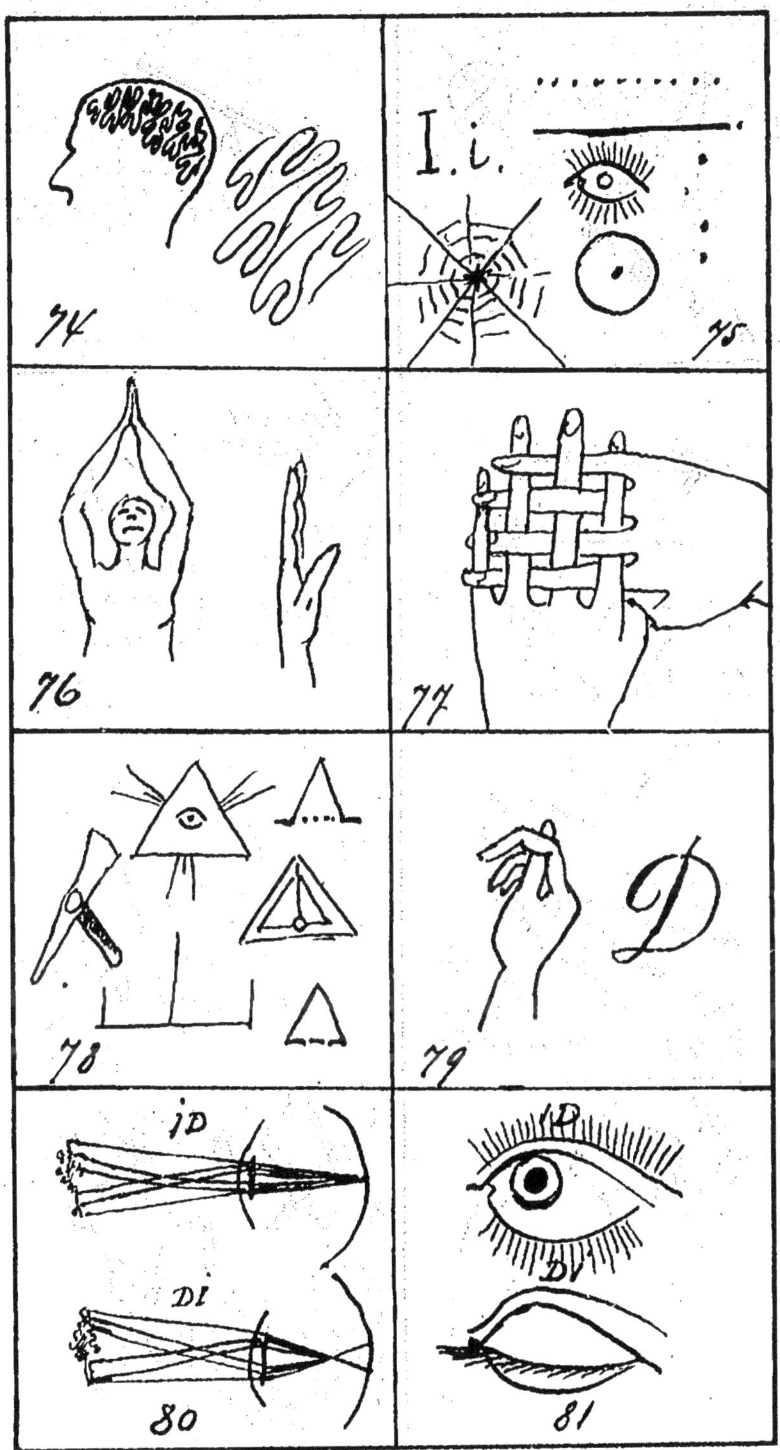
74
I. i.
75
76
77
78
79
iD
DI
80
DV
81

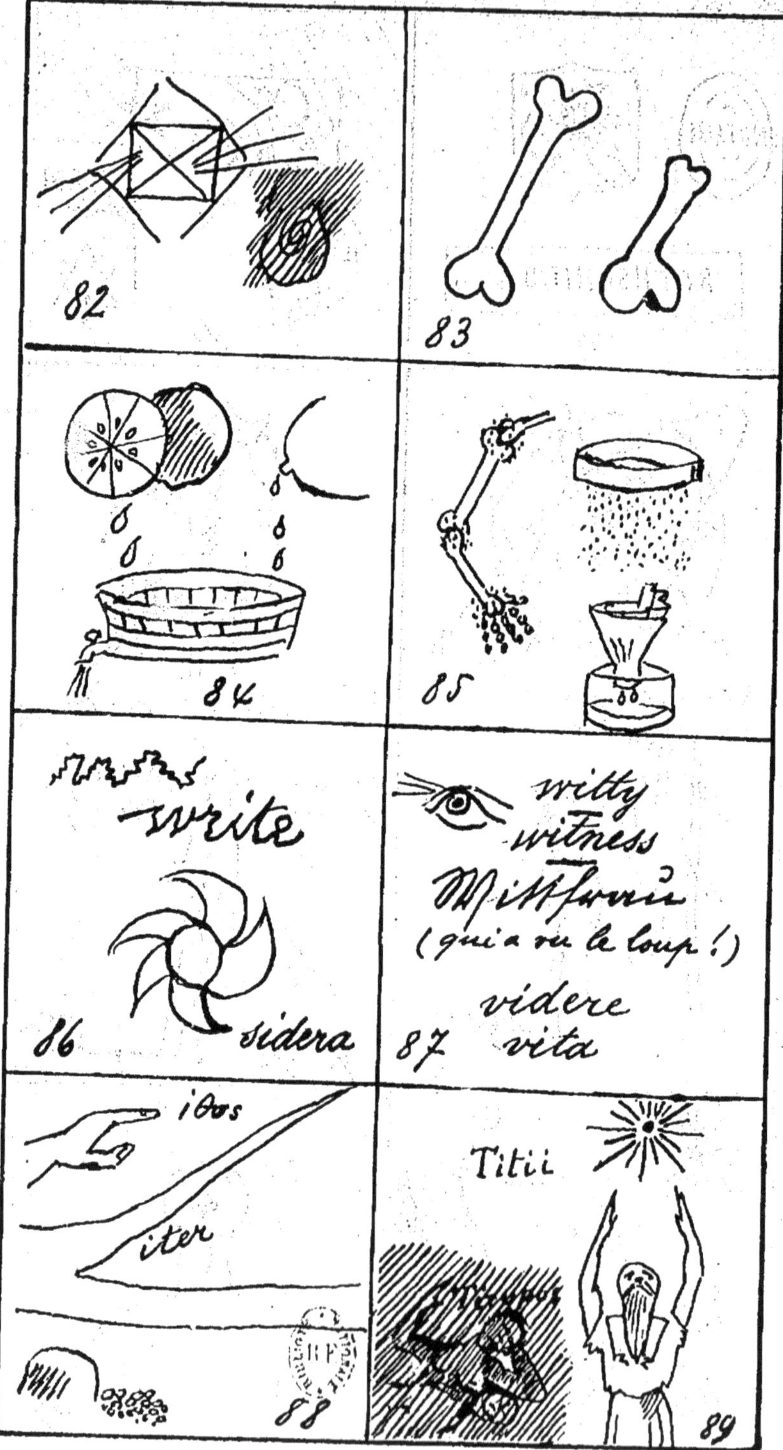
82
83
84
85
write
sidera
86
witty
witness
(qui a vu le loup!)
videre
vita
87
idos
iter
88
Titii
89

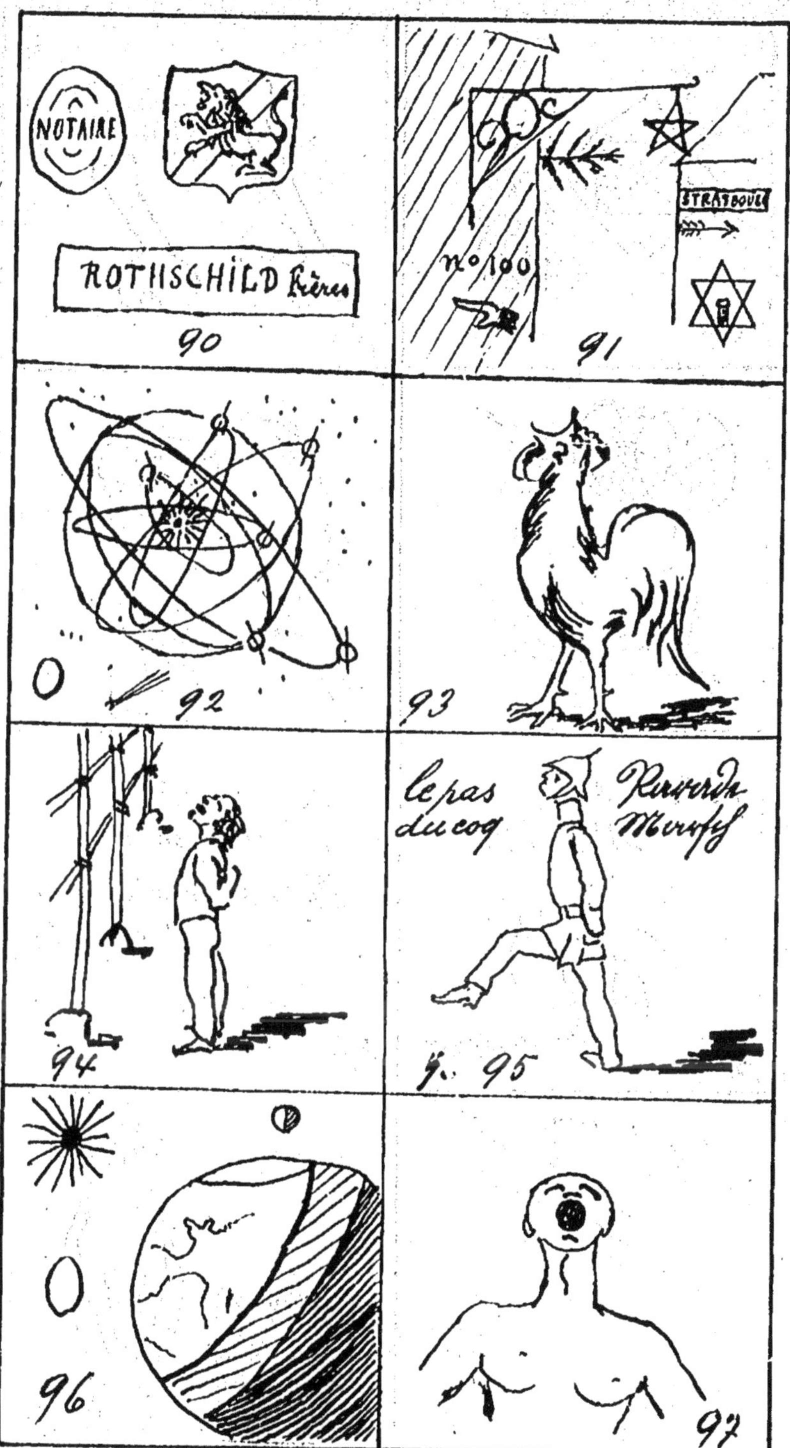

NOTAIRE
ROTHSCHILD frères
90
n° 100
STRASBOUG
91
92
93
le pas
du coq
94
95
96
97

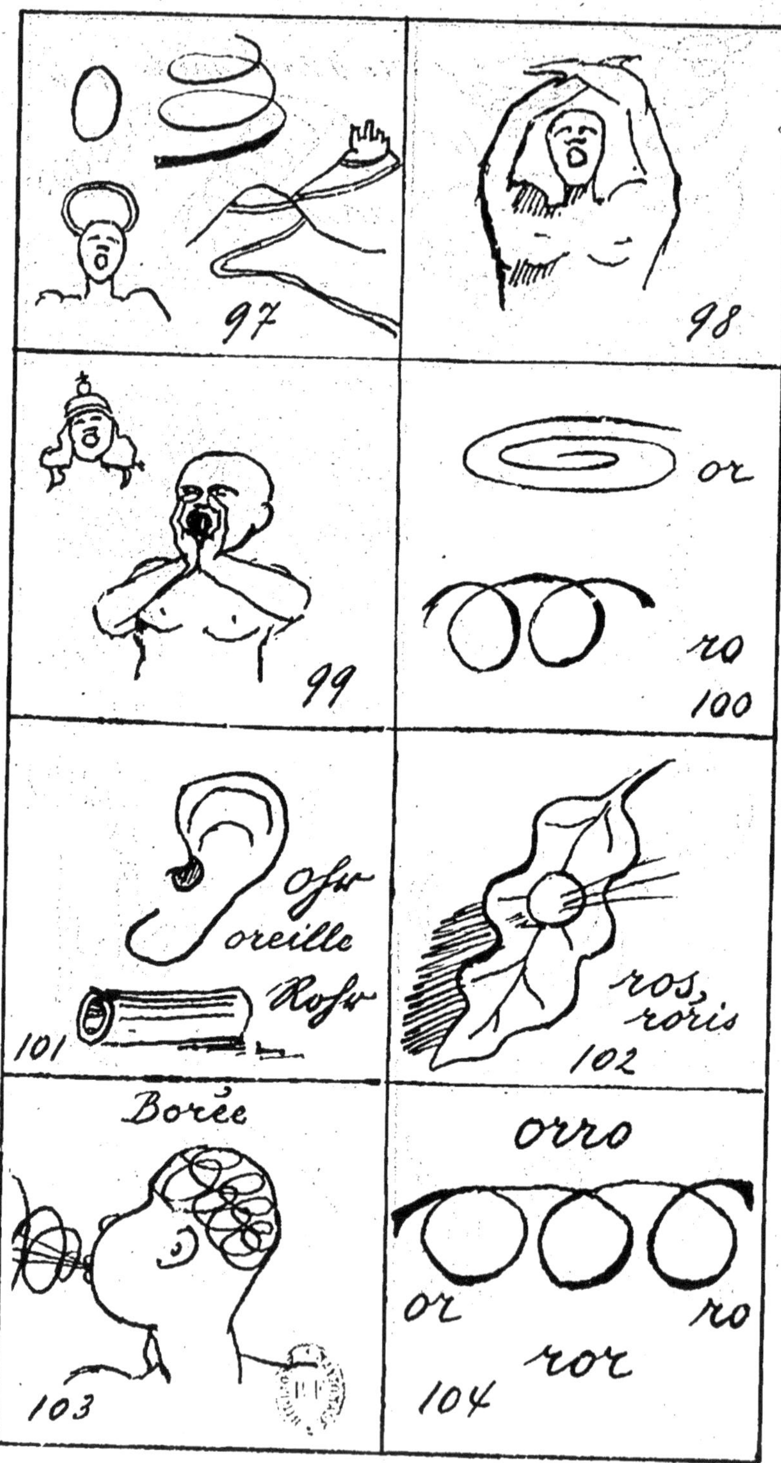

97
98
99
or
ro
100
oſr
oreille
Roſr
101
ros,
roris
102
Borée
103
orro
or
ro
ror
104

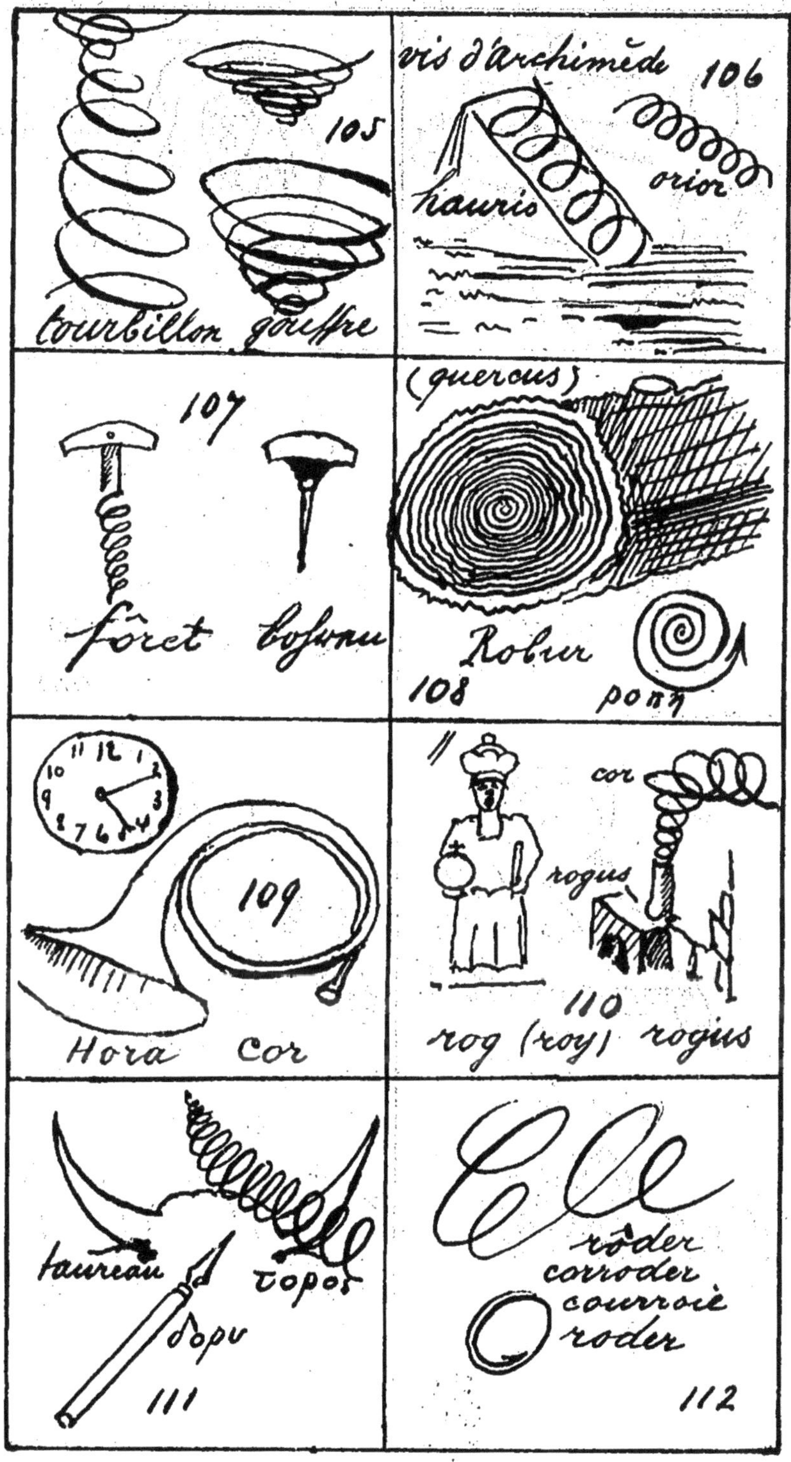
tourbillon gouffre
105
vis d'archimède 106
haurio
orior
107
fôret bosonu
(quercus)
Robur
108
pong
Hora Cor
109
cor
rogus
110
rog (roy) rogius
taureau τοροϛ
δορυ
111
rôder
corroder
courroie
roder
112

déplacements de l'eau torsions Dordogne Mont dore l'adour la dour 113	Côte dor (d'or) les côtes où se font le partage des eaux: doron – dorna – orne dornac – dortan – torrent ordre dorique en opposition avec l'architec- ture polyédrique de l'Egypte 114
tor tour τοψυω 115	rota rotule 116
PAS D'HORIZON . . . . . . BRUIT ROM TROM 117	HORIZON VASTE SILENCE MOR MORT 118
sloria stoory 119 attention	rostro ROSTRI parole 120

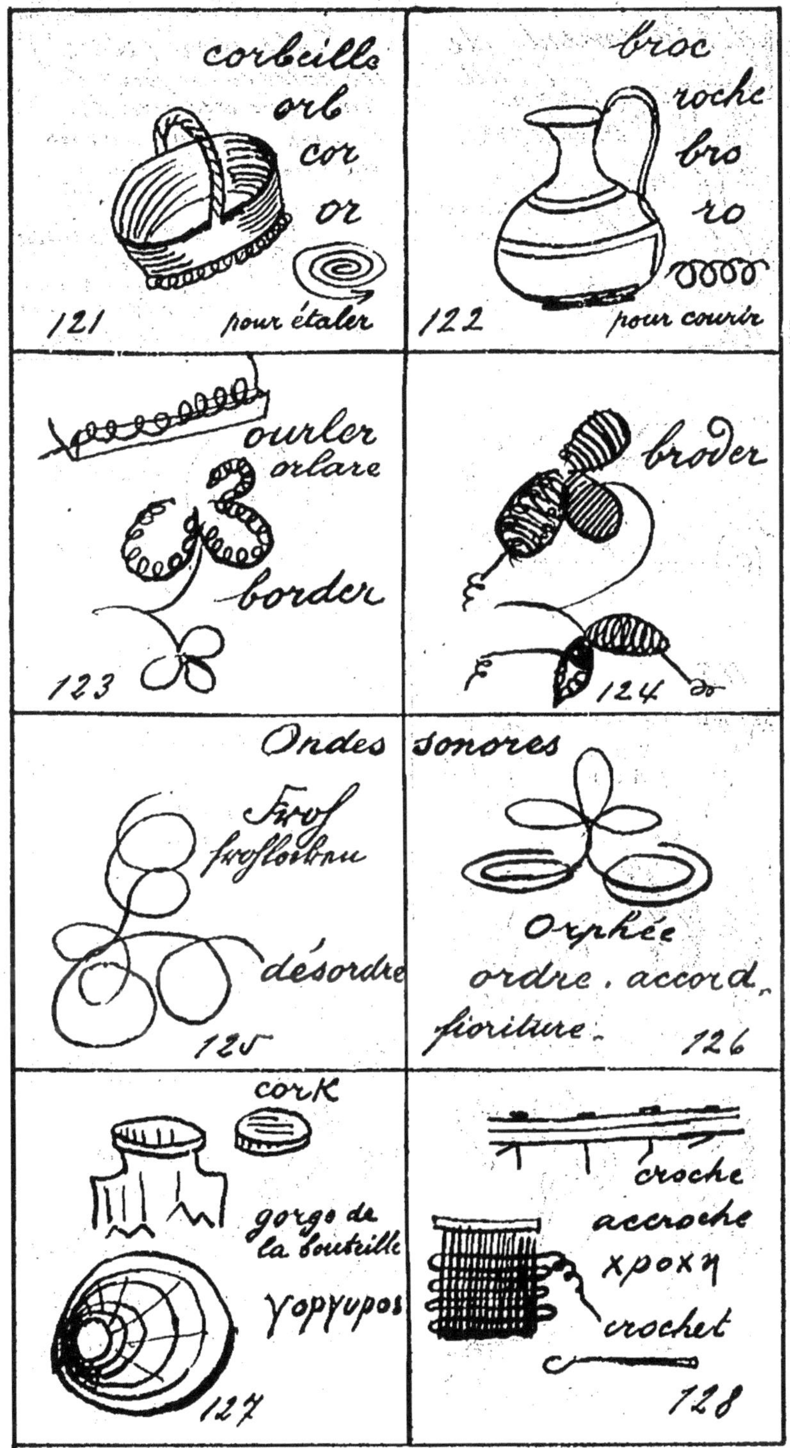
corbeille
orb
cor
or
pour étaler
121

broc
roche
bro
ro
pour courir
122

ourler
orlare
border
123

broder
124

Ondes sonores

frof
frofloiban
désordre
125

Orphée
ordre. accord,
fioriture.
126

cork
gorge de
la bouteille
γοργυρος
127

croche
accroche
χροχη
crochet
128

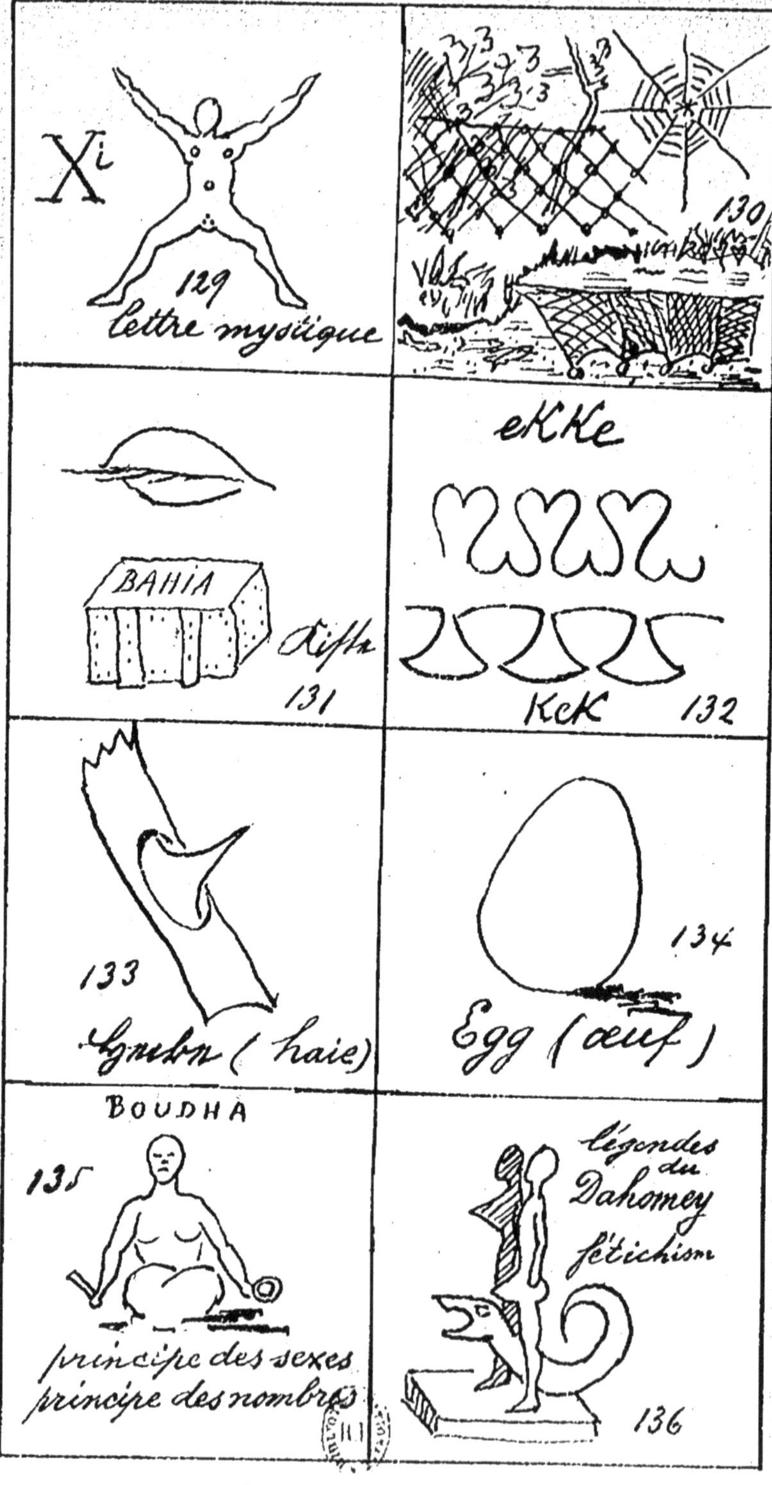

129
lettre mystique

130

131
BAHIA
Kifta

eKKe
KcK
132

133
Gnebn (haie)

134
Egg (œuf)

BOUDHA
135
principe des sexes
principe des nombres

légendes
du
Dahomey
fétichism
136

137 en Chine
à Tarascon 138
139 en Judée
aujourd'hui
le Diable
l'Esprit du mal
140
Borne 141
equus 142
143
cav'aller
cavallo 144

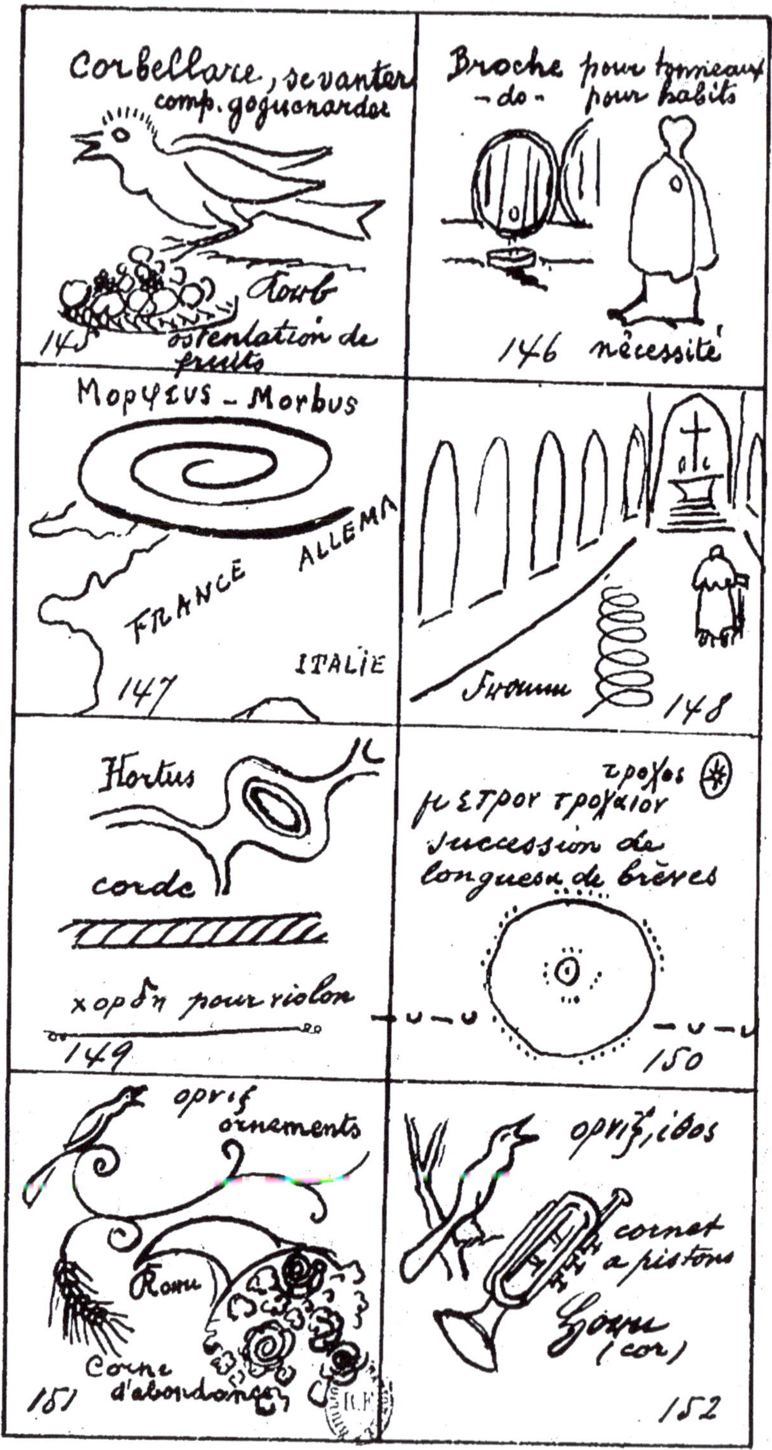
Corbellare, se vanter
comp. goguenarder
Towb
ostentation de
fruits
147
Broche pour tonneaux
- do -   pour habits
146   nécessité
Μορψευς - Morbus
FRANCE ALLEMA
ITALIE
147
Suomu
148
Hortus
corde
χορδη pour violon
149
τροχος
μετρον τροφαιον
succession de
longues de brèves
150
οπριζ
ornements
Rowu
Corne d'abondance
151
οπνιζ, ιδος
cornet
a pistons
Goru
(cor)
152

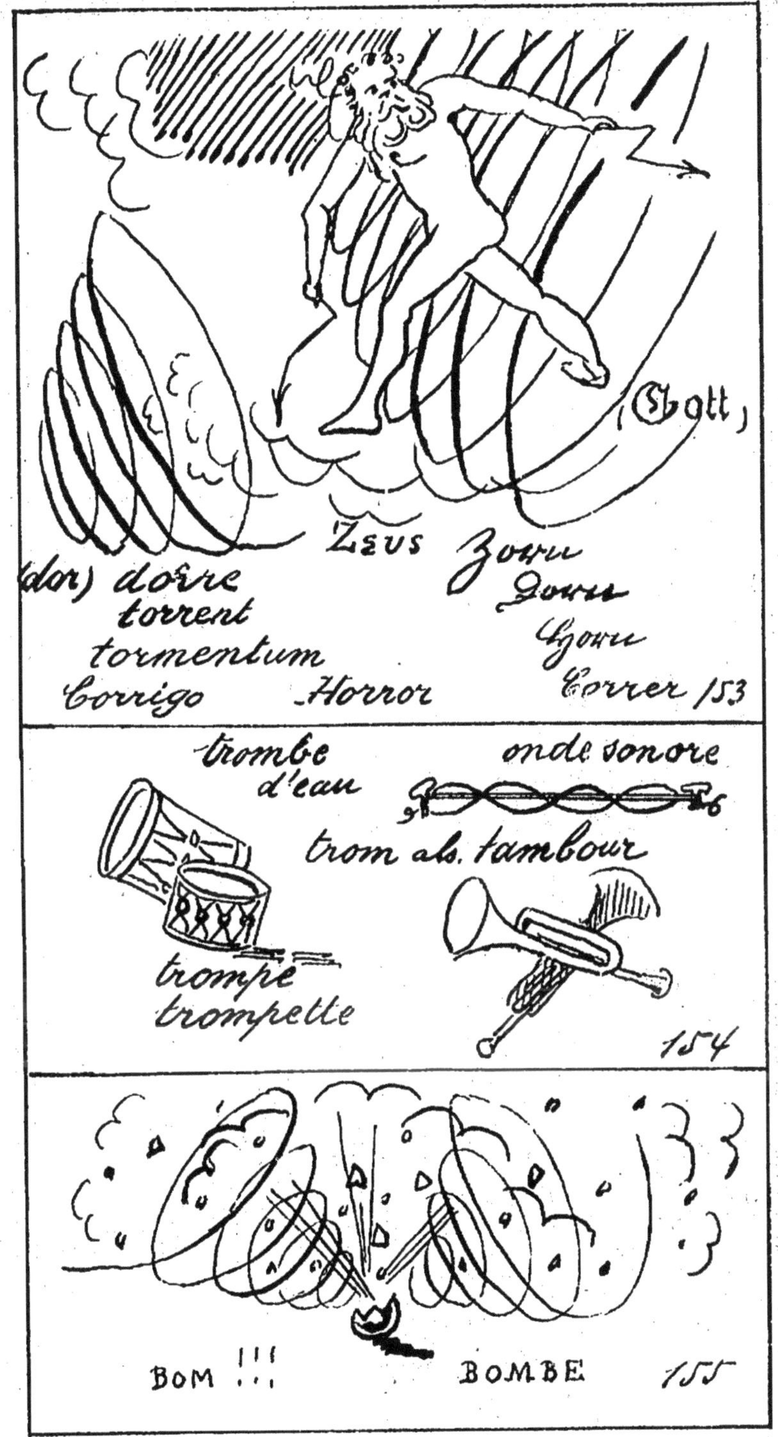
(Gott)
Zeus
Zorn
Zorn
Zorn
(dor) dorre
torrent
tormentum
Corrigo   Horror   Terrer 153
trombe
d'eau
onde sonore
trom als. tambour
trompe
trompette
154
BOM !!!   BOMBE   155

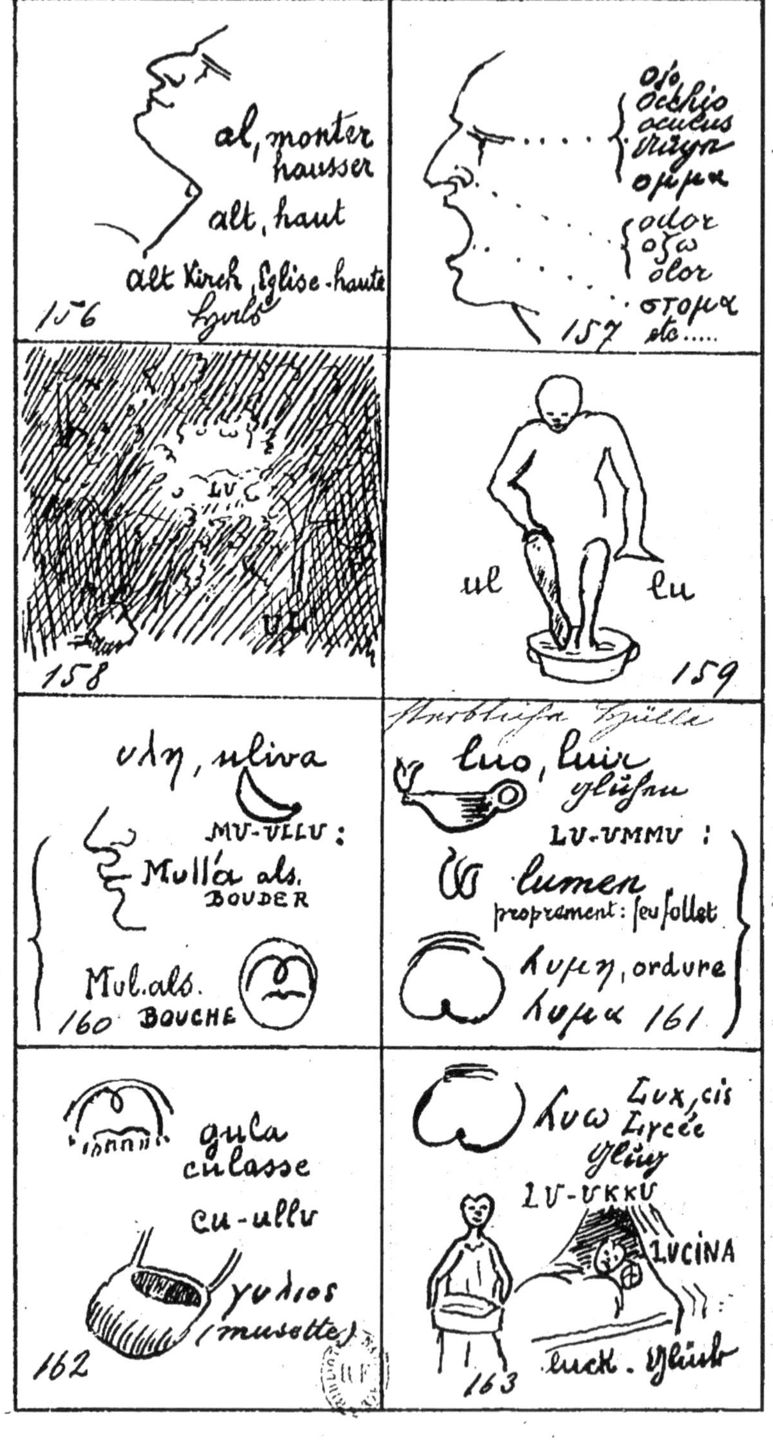
al, monter
hausser
alt, haut
alt Kirch, Eglise-haute
156

occhio
oculus
ὄμμα
odor
ὄζω
olor
στόμα
etc.....
157

LU
158

ul   lu
159

ULY, uliva
MU-ULLU:
Mulla als.
BOUDER
Mul.alb.
160 BOUCHE

LUO, luire
LU-UMMU:
lumen
proprement: feu follet
λύμη, ordure
λύμα 161

gula
culasse
cu-ullu
γυλιος
(musettes)
162

Lux, cis
Lycée
LU-UKKU
LUCINA
163

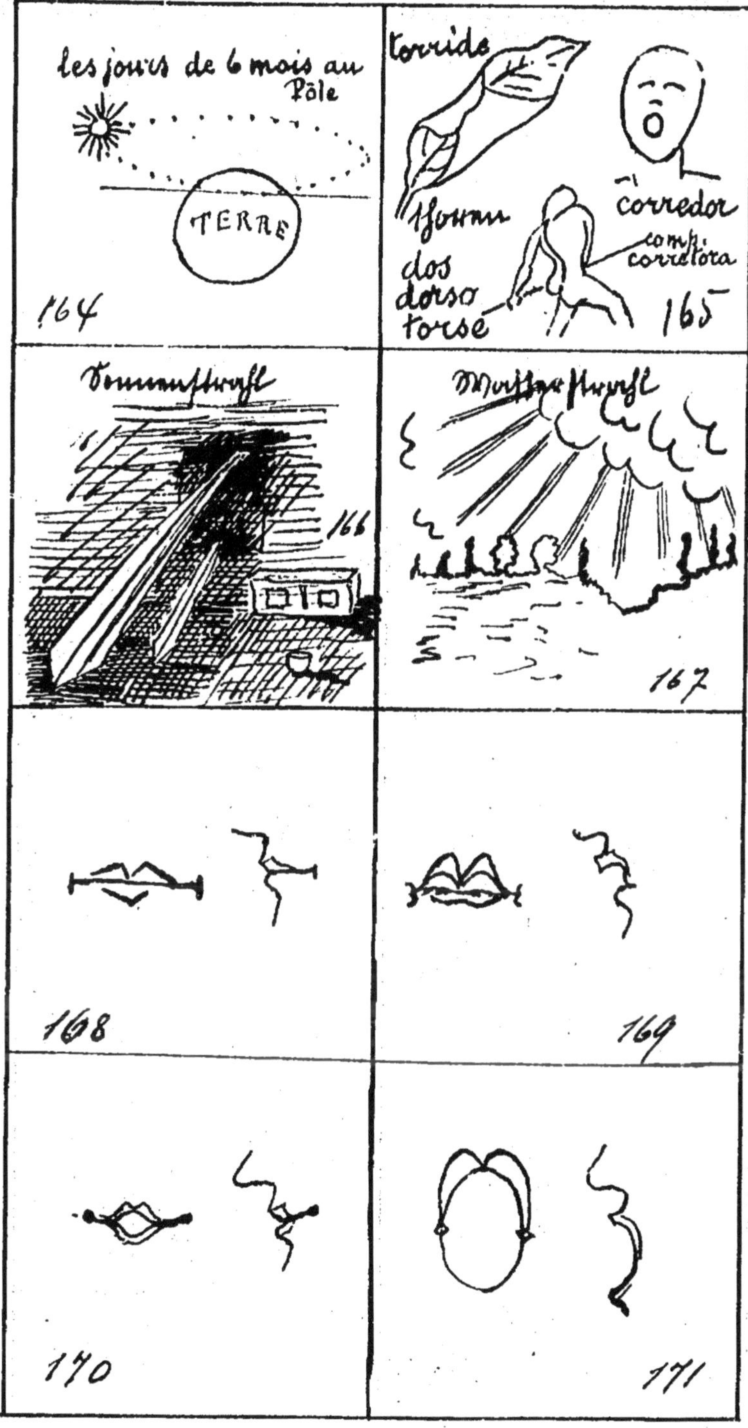
les jours de 6 mois au Pôle
TERRE
164
torride
corredor
comp.
corretora
dos
dorso
torse
165
166
167
168
169
170
171

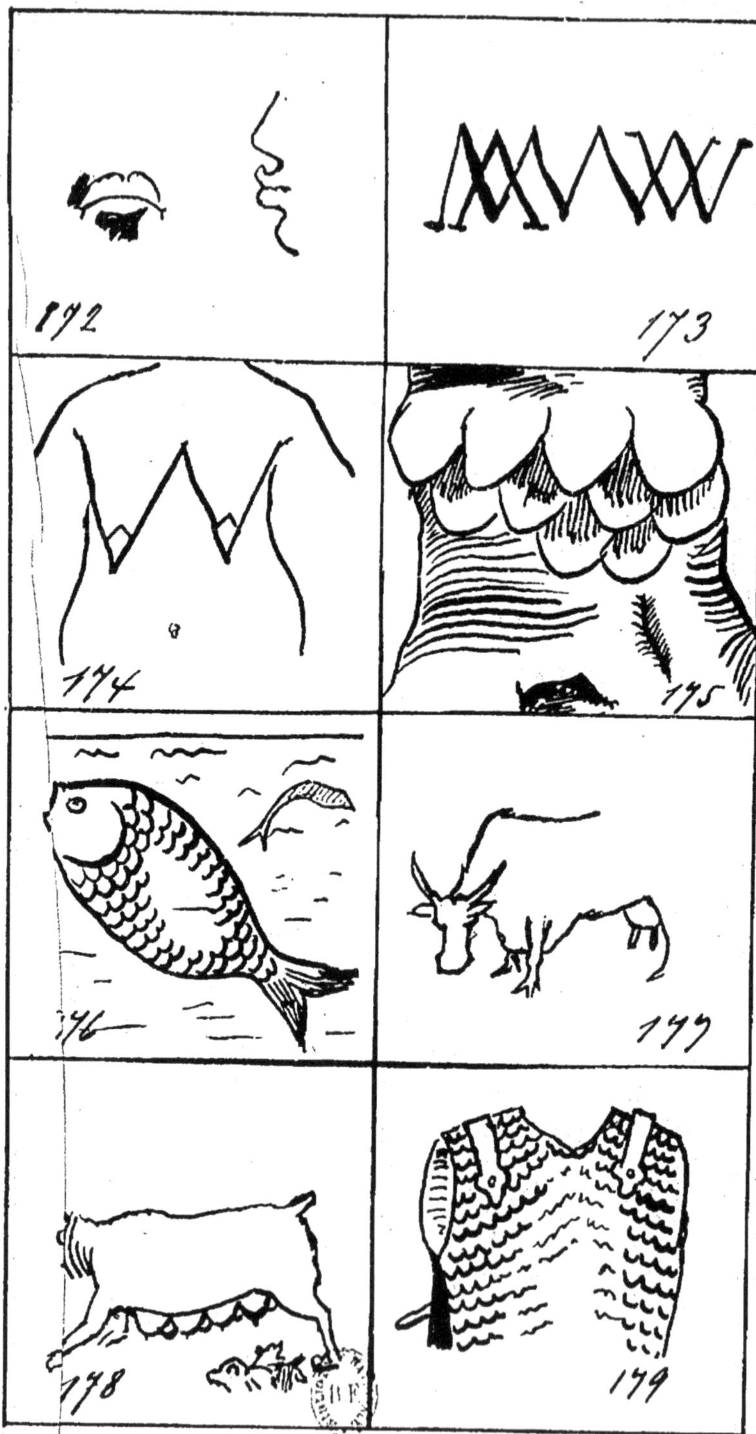

Schnecke
eK
180   Ke
181   Ke
eK
gland
182
Egg
183   Schnecke
Knospe
stengel
Schnittl
Sengel als
fil à plomb
equerre
Knoten
Knospe
184
Xer-eX   adoucir les coins
185   Xch·reX · XerX
courbe regulier
186
1
2
3   4
187

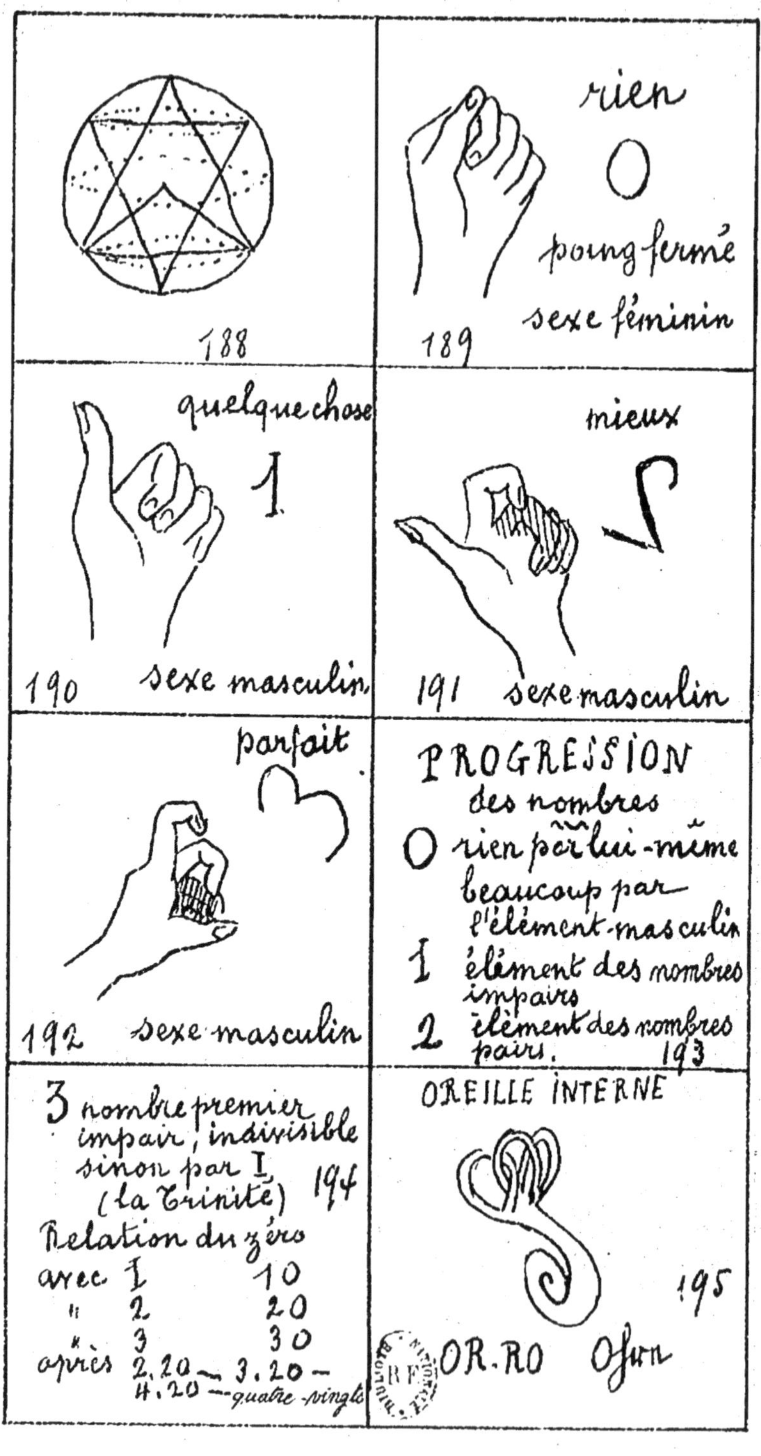

188

rien
O
poing fermé
sexe féminin
189

quelque chose
1
190   sexe masculin

mieux
2
191   sexe masculin

parfait
192   sexe masculin

PROGRESSION
des nombres
O rien par lui-même
beaucoup par
l'élément-masculin
1 élément des nombres
impairs
2 élément des nombres
pairs.   193

3 nombre premier
impair, indivisible
sinon par 1
(la Trinité) 194
Relation du zéro
avec 1   10
"   2   20
"   3   30
après 2.20 — 3.20 —
4.20 — quatre-vingts

OREILLE INTERNE
195
OR·RO   Ofun

RAPPORT
des gestes & des signes
avec les mots

ERRE

ER   RE

e français   ρ grec

mouvement de rotation
annuel de la terre

ÈRE , AIRE , AIR , ERRE , ερα

serrer
(forme du nœud)

torre , verre , berry , ferrum

terre als.
fruits sauvages   Lraen
(poire)   berry
         baie
quand le fruit est vert   quand il est mûr

| DROIT | | COURBE |

ER   Lraen sujet à er - re   RE

ερα ω   ρεω
ερεω
ερις
heros
ερυω
ρωδη
verta
ertezze
ériger
érection

ser   erreur   reus   res
                            résonner
essere   raisonner
(sexe)   ερως   résidu
                              respect
                              réséda

196

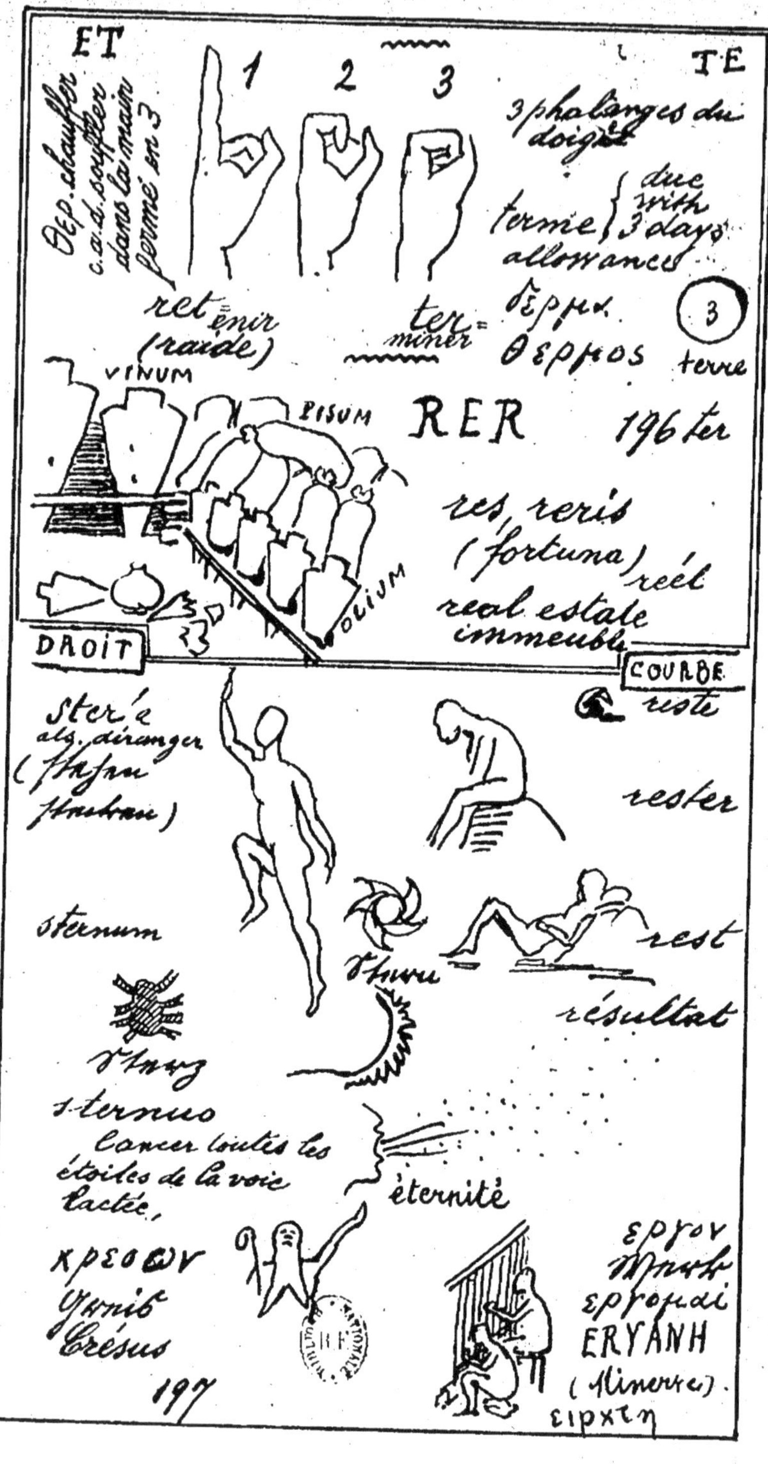
ET
TE
1 2 3
Resp. chauffer
c.à.d. souffler
dans la main
fermée en 3
3 phalanges du doigt
terme { avec with 3 days allowance
ret=enir
(raide)
ter=miner
δερμα
θερμος
terre
3
VINUM
PISUM
RER
196 ter
LOLIUM
res, reris
(fortuna) réel
real estate
immeuble
DROIT
COURBE
reste
ster'é
alg. déranger
reste
rester
sternum
rest
résultat
s-ternuo
Cancer toutes les
étoiles de la voie
lactée,
éternité
ΧΡΕΟΩΝ
Crésus
197
ΕΡΓΟΝ
εργομαι
ΕΡΥΑΝΗ
(Minerve).
ειρχτη

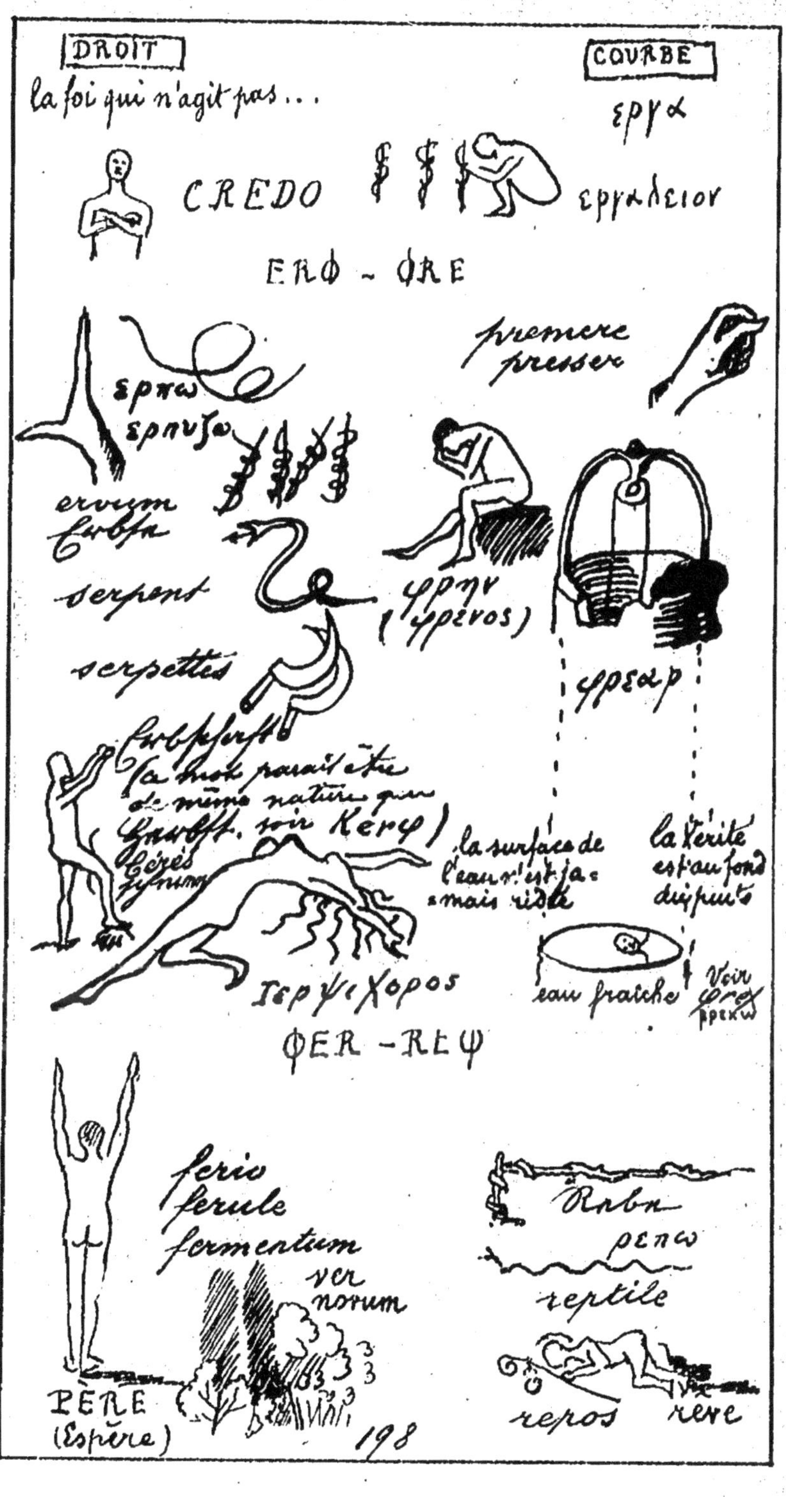

DROIT
COURBE
la foi qui n'agit pas...
ἔργα
CREDO
ἐργαλειον
ERΦ - ΦRE
premere
presser
ἔρπω
ἔρπιζω
ervum
serpent
serpettes
φρην
(φρενος)
φρεαρ
(ce mot paraît être
de même nature que
, voir Kερφ)
Cérès
la surface de
l'eau n'est ja-
mais ridée
la vérité
est au fond
du puits
Τερψιχορος
eau fraîche
Voir
φρεκω
ΦER - REΨ
ferio
férule
fermentum
ver
novum
ρεπω
reptile
PÈRE
(Espère)
198
repos
rêve

DROIT XER - REX COURBE

Régir
règle

Ruissenne

Rayon
(βρεχω)

REX, REGIS

rêne

regulate

Ker'a als. giron de
la mère
cher, chéri
γερανος
χερας, corne
geranium

χειρ

cero
(zero)

ιερος ?
malléable comme la cire

χγενr, coeur

XERX - ΦERΦ

ferveur
verve
perpétrer
perpendiculaire
perpétuel

χερχος
χερχω

cercle
quercus
gercure

XERΦ - ΦREX

breche
breccia

précipice
βρεχω

BRÊCHE
GERBAGE

Gerbe
cerfeuil
cervelle

CERF
Herbe
199

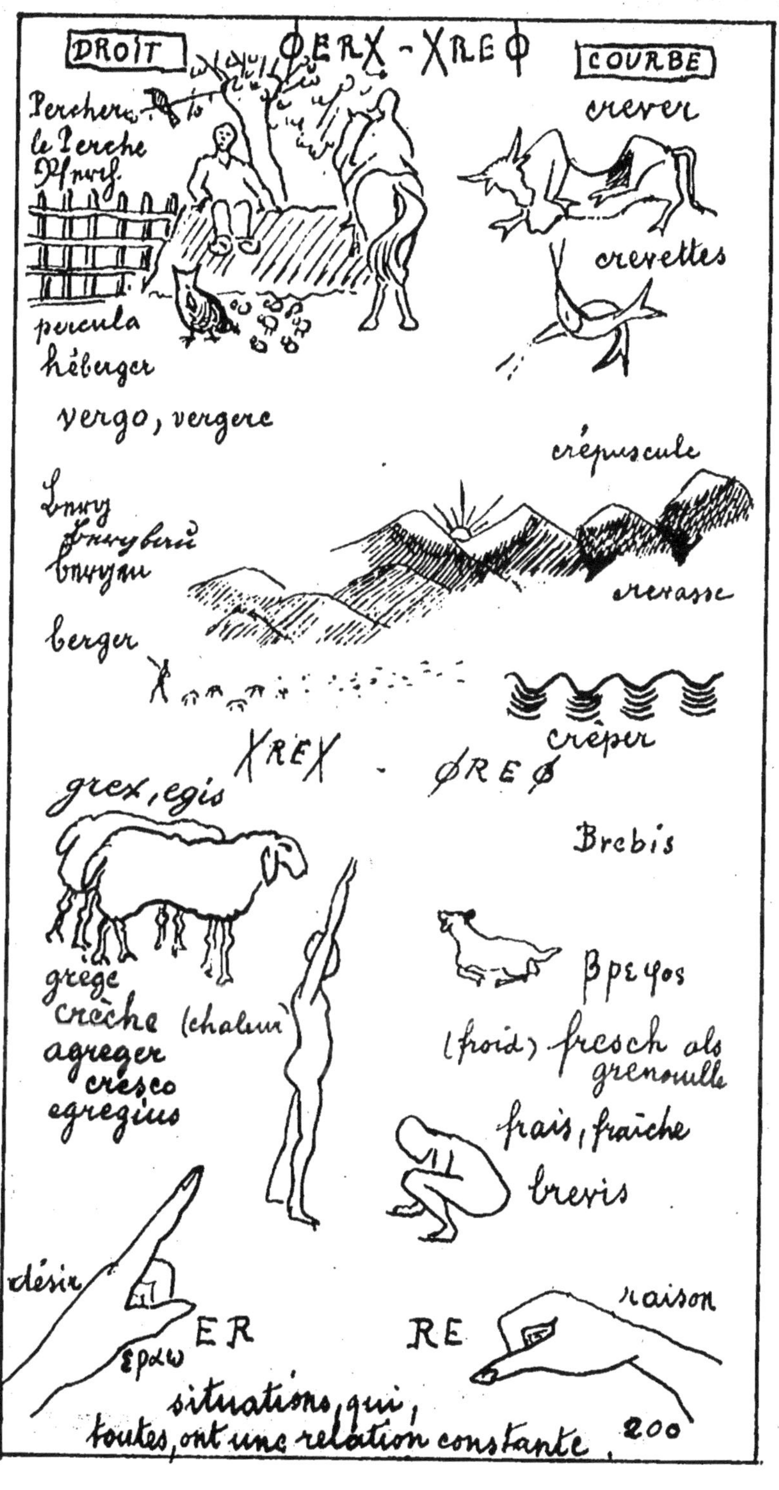
DROIT
ΦERX - XREΦ
COURBE
Percher
le Perche
crever
pericula
héberger
crevettes
vergo, vergere
crépuscule
berger
crevasse
XREX - ΦREΦ
crêper
grex, egis
Brebis
grège
crèche (chaleur)
βρεχος
agréger
(froid) fresch als
cresco
grenouille
egregius
frais, fraîche
brevis
désir
raison
ER
RE
situations qui,
toutes, ont une relation constante. 200

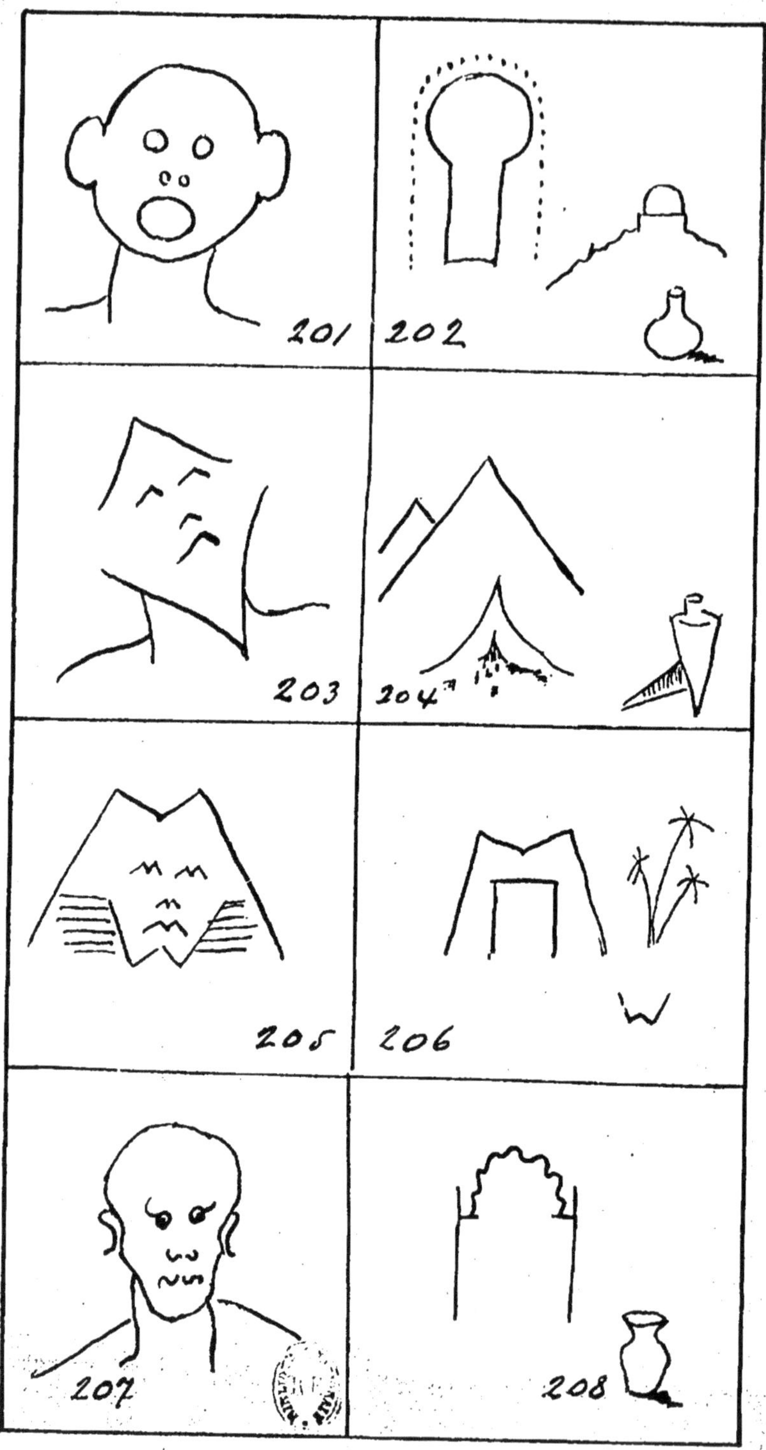

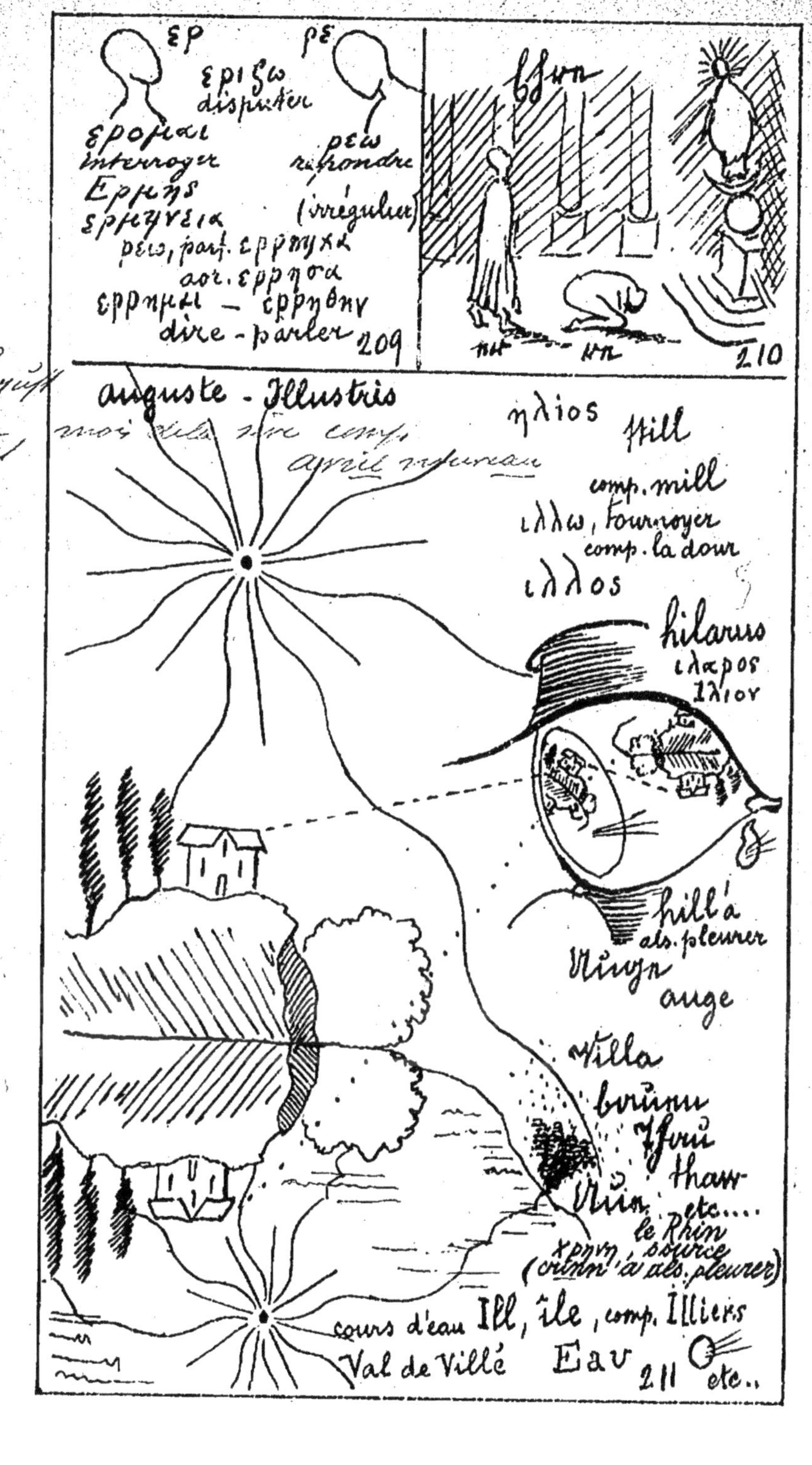
ερ   ρε
εριζω
disputer
ερομαι   ρεω
interroger   répondre
Ερμης
ερμηνεια   (irrégulier)
ρεω, part. ερρηκα
aor. ερρησα
ερρημαι — ερρηθην
dire - parler   209

210

auguste - Illustris
ηλιος   still
comp. mill
ιλλω, tournoyer
comp. la dour
ιλλος
hilarus
ιλαρος
Ιλιον
hill'a als. pleurer
auge
villa
le Rhin
χρηνη, source
cours d'eau Ill, île, comp. Illiers
Val de Villé   Eau   211   etc..

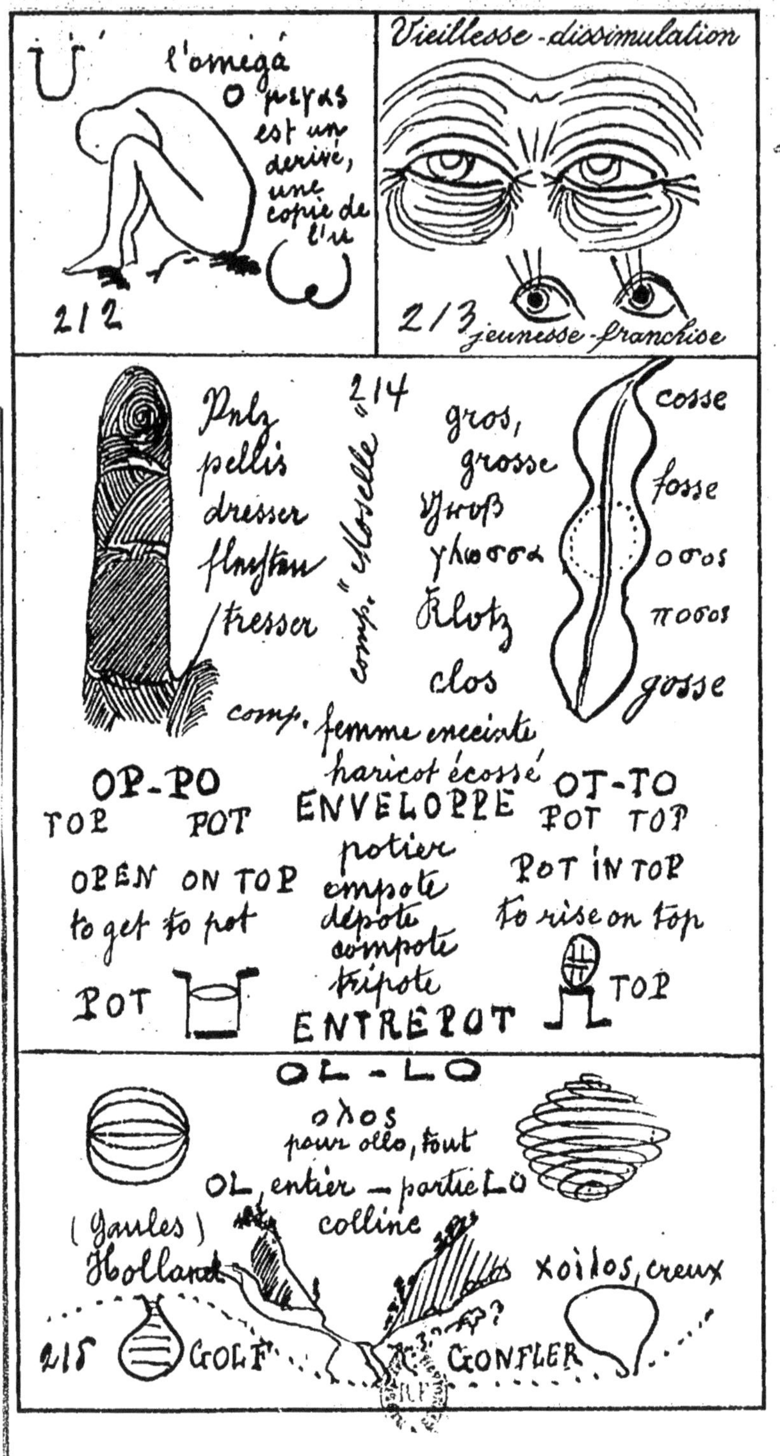

l'oméga
O μεγας est un dérivé, une copie de l'u
212
Vieillesse - dissimulation
213 jeunesse - franchise
214
Pnlz
pellis
dresser
flechteu
tresser
comp. "Moselle"
gros,
grosse
γross
γλωσσα
Klotz
clos
comp. femme enceinte
haricot écossé
cosse
fosse
οσσος
ποσος
gosse
OP - PO
TOP   POT
ENVELOPPE
OT - TO
POT TOP
OPEN ON TOP
to get to pot
potier
empote
dépote
compote
tripote
POT IN TOP
to rise on top
POT
ENTREPOT
TOP
OL - LO
ολος
pour ollo, tout
OL entier — partie LO
colline
(Gaules)
Hollande
χοιλος, creux
215   GOLF
GONFLER

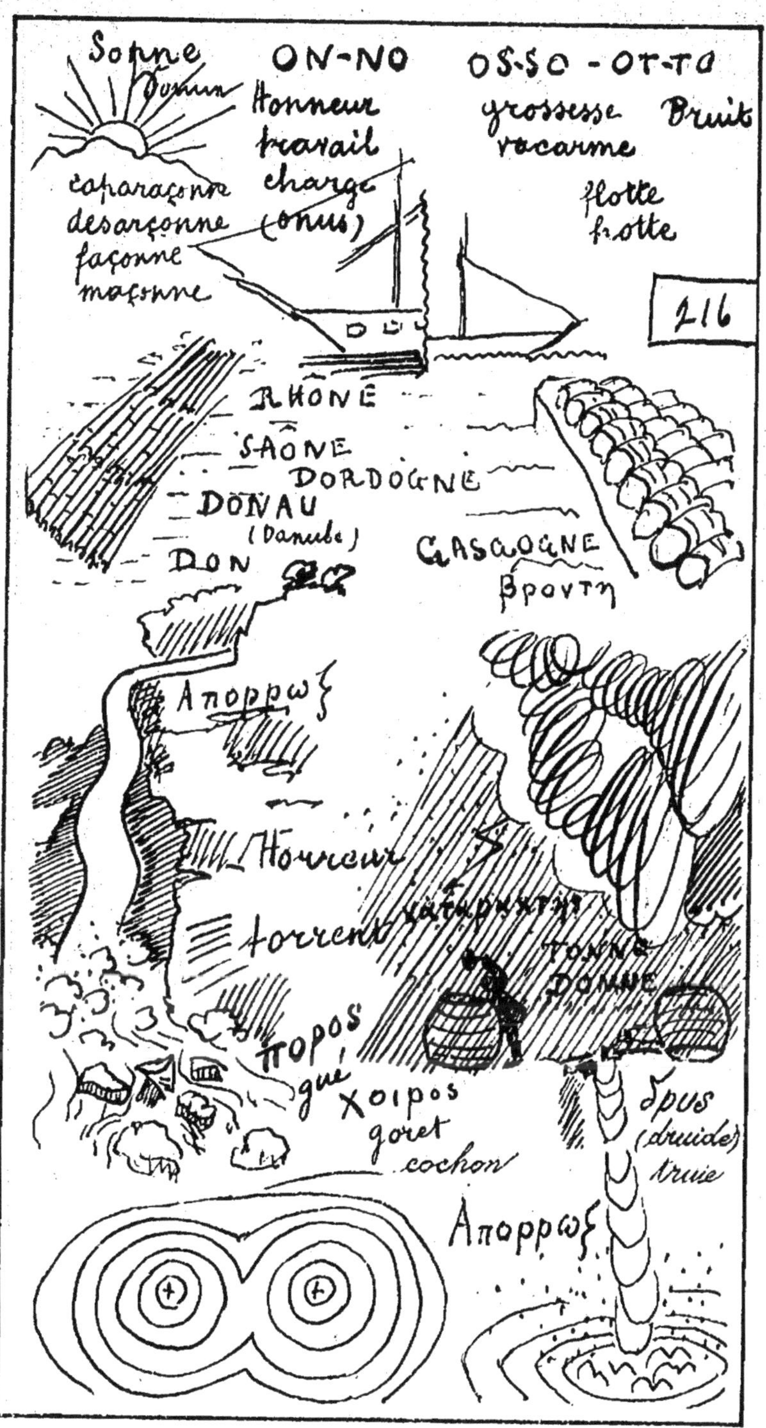

Sonne
ON-NO
OSSO - OT-TO
grossesse
Bruit
Honneur
racarme
travail
charge
flotte
(onus)
frotte
caparaçonne
desarçonne
façonne
maçonne
RHÔNE
SAÔNE
DORDOGNE
DONAU
(Danube)
GASCOGNE
DON
βροντη
Απορρωξ
Horreur
torrent
TONNE
DONNE
πορος
gué
Χοιρος
goret
cochon
δpus
(druide)
truie
Απορρωξ

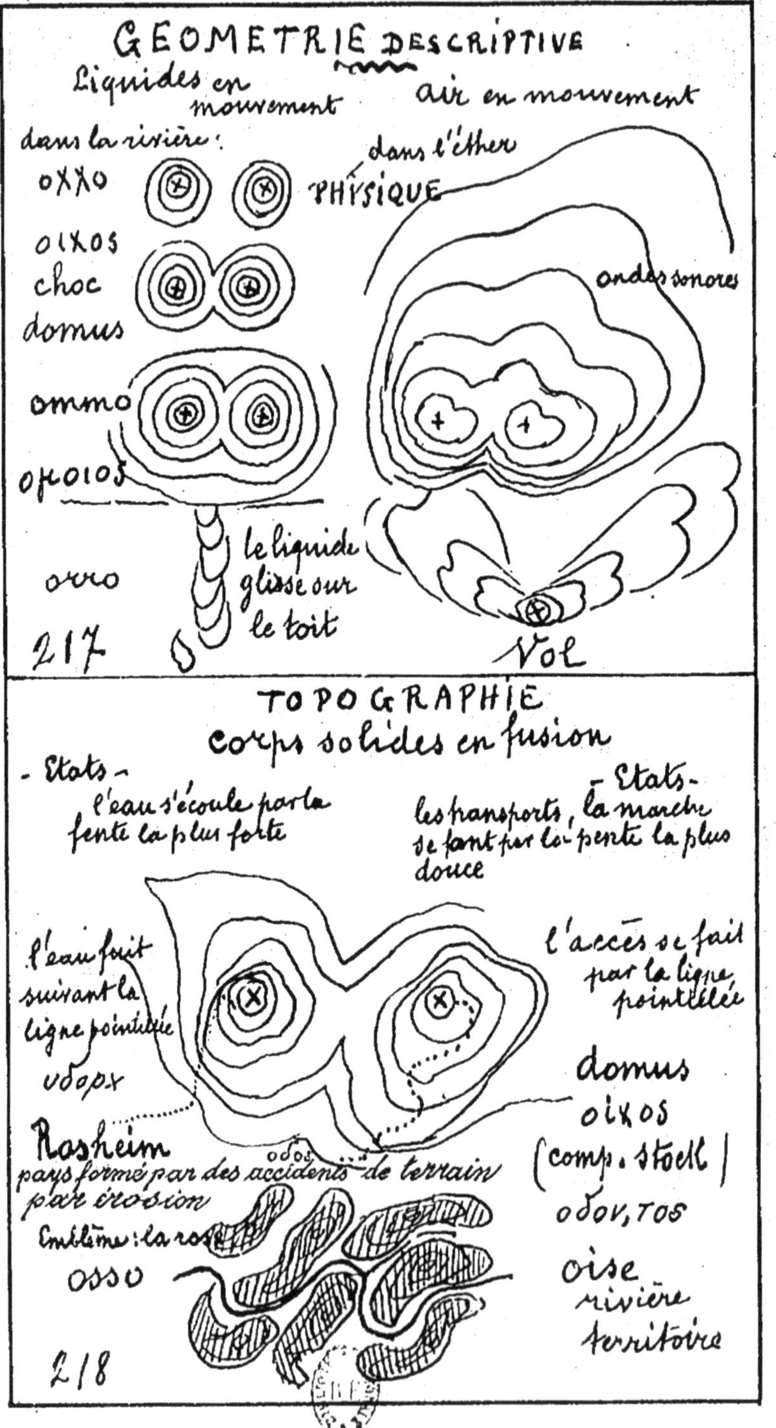

GEOMETRIE DESCRIPTIVE
Liquides en mouvement
air en mouvement
dans la rivière :
dans l'éther
PHYSIQUE
OXXO
OIXOS
choc
domus
ommo
OPOIOS
orro
ondes sonores
le liquide glisse sur le toit
217
Vol
TOPOGRAPHIE
corps solides en fusion
- Etats -
l'eau s'écoule par la fente la plus forte
- Etats -
les transports, la marche se font par la pente la plus douce
l'eau fuit suivant la ligne pointillée
UÔOPX
l'accès se fait par la ligne pointillée
domus
OIKOS
(comp. stoell)
oôov, TOS
oise
rivière
territoire
Rosheim
pays formé par des accidents de terrain par érosion
Emblème : la rose
OÔOS
OSSO
218

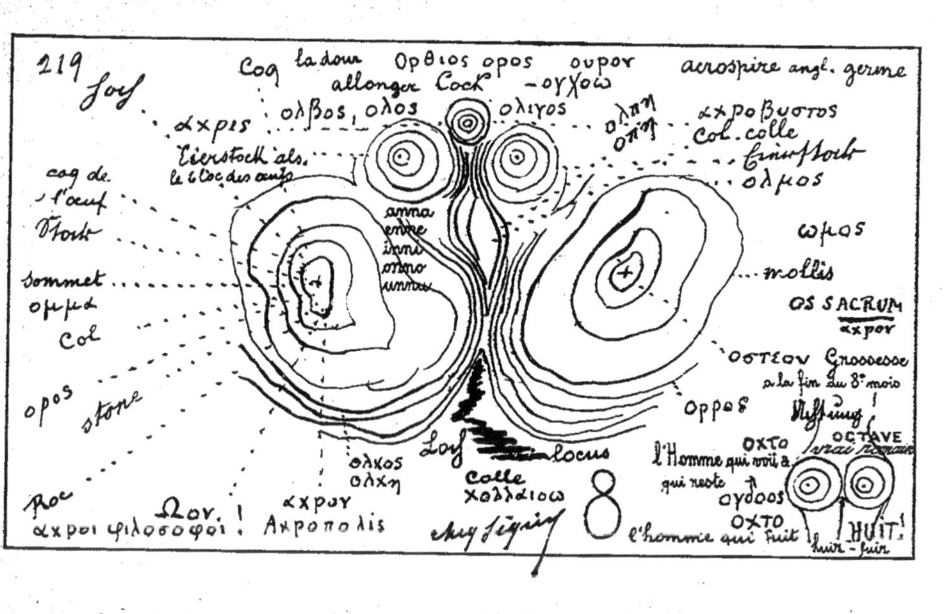

219 Joy
Coq la dou Opθιος opos oupor
allonger Cock -oγχoω
acrospire angl. germe
αχρις ολβος, ολος ολιγος ολπη οπη αχροβυστος
Col. colle
cog de. l'œuf Eierstock als. le Coc des œufs ολμος
Stock
ωμος
sommet mollis
ομμα OS SACRUM
Col αχρον
ΟΣΤΕΟΝ Grossesse
opos stone a la fin du 8e mois
Oppos
Roc OXTO OCTAVE
αχροι φιλοσοφοι! Ωον! l'Homme qui voit a
Ακροπολις qui reste oγδoos
αχρον OXTO HUIT!
Joy locus l'homme qui fuit huit-fuir
colle
ολκος χολλδιον 8
ολκη

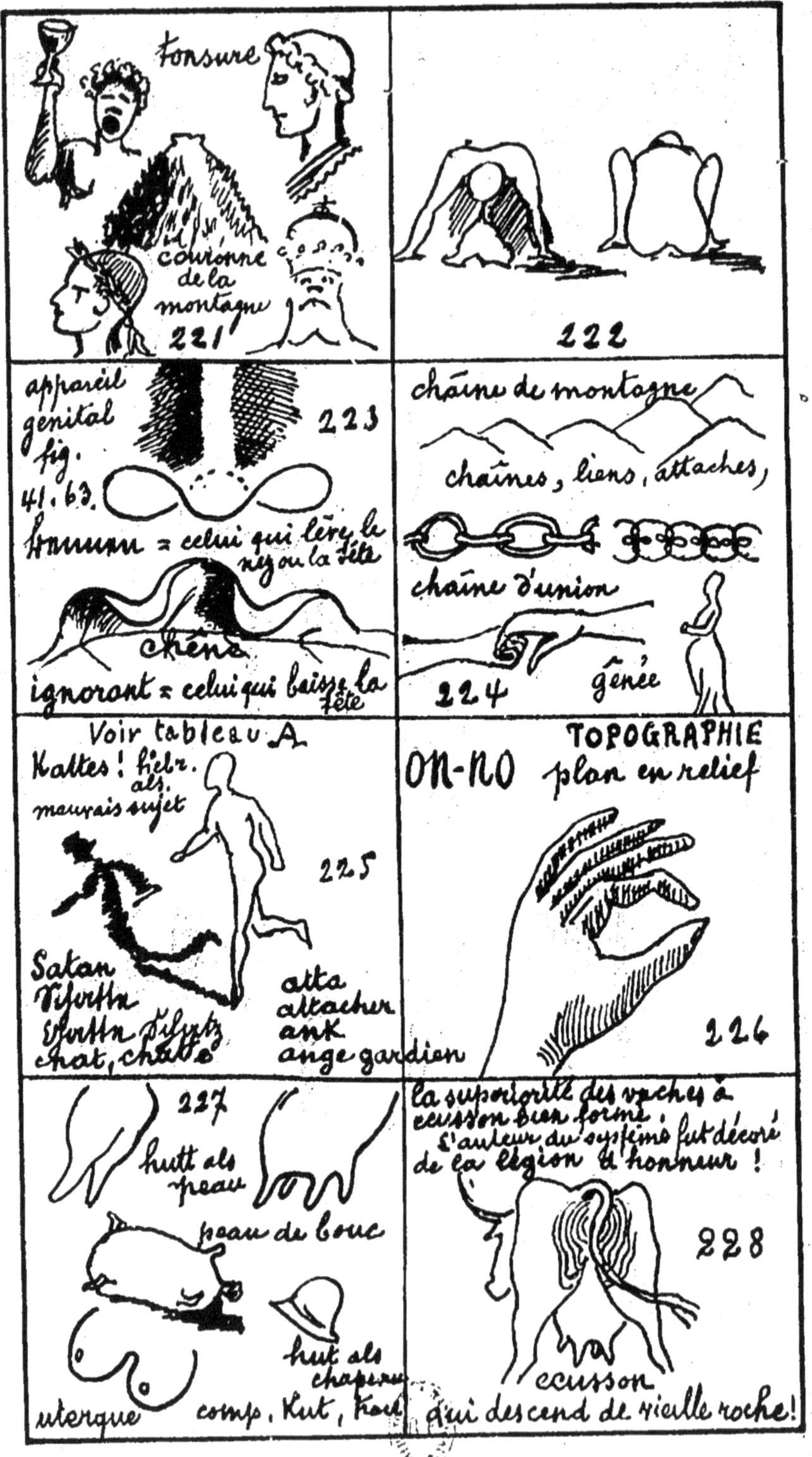
tonsure
couronne de la montagne
221
222
appareil génital
fig. 41. 63.
223
chaîne de montagne
chaînes, liens, attaches,
chaîne d'union
gêné
224
Voir tableau A
225
TOPOGRAPHIE
plan en relief
226
227
hutt als peau
peau de bouc
uterque
228
écusson
qui descend de vieille roche!

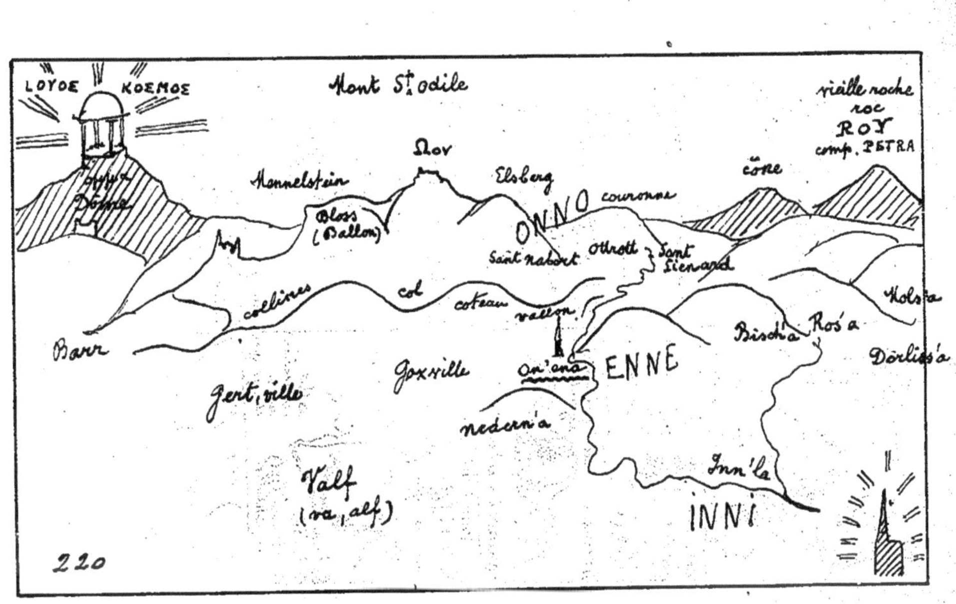

ΛΟΥΟΣ   ΚΟΣΜΟΣ
Mont St. Odile
vieille roche
roc
ROY
comp. PETRA
Dome
Ωον
Mannelstein
Bloss
(Ballon)
Elsberg
ONNO
couronne
cône
Saint nabort
Othrott
Sant Lienard
Holsta
collines
col
coteau
vallon
Bisch'a   Ros'a
Dörlies'a
Barr
On'ena
ENNE
Goxville
nedern'a
Inn'la
Valf
(va, alf)
INNI
220

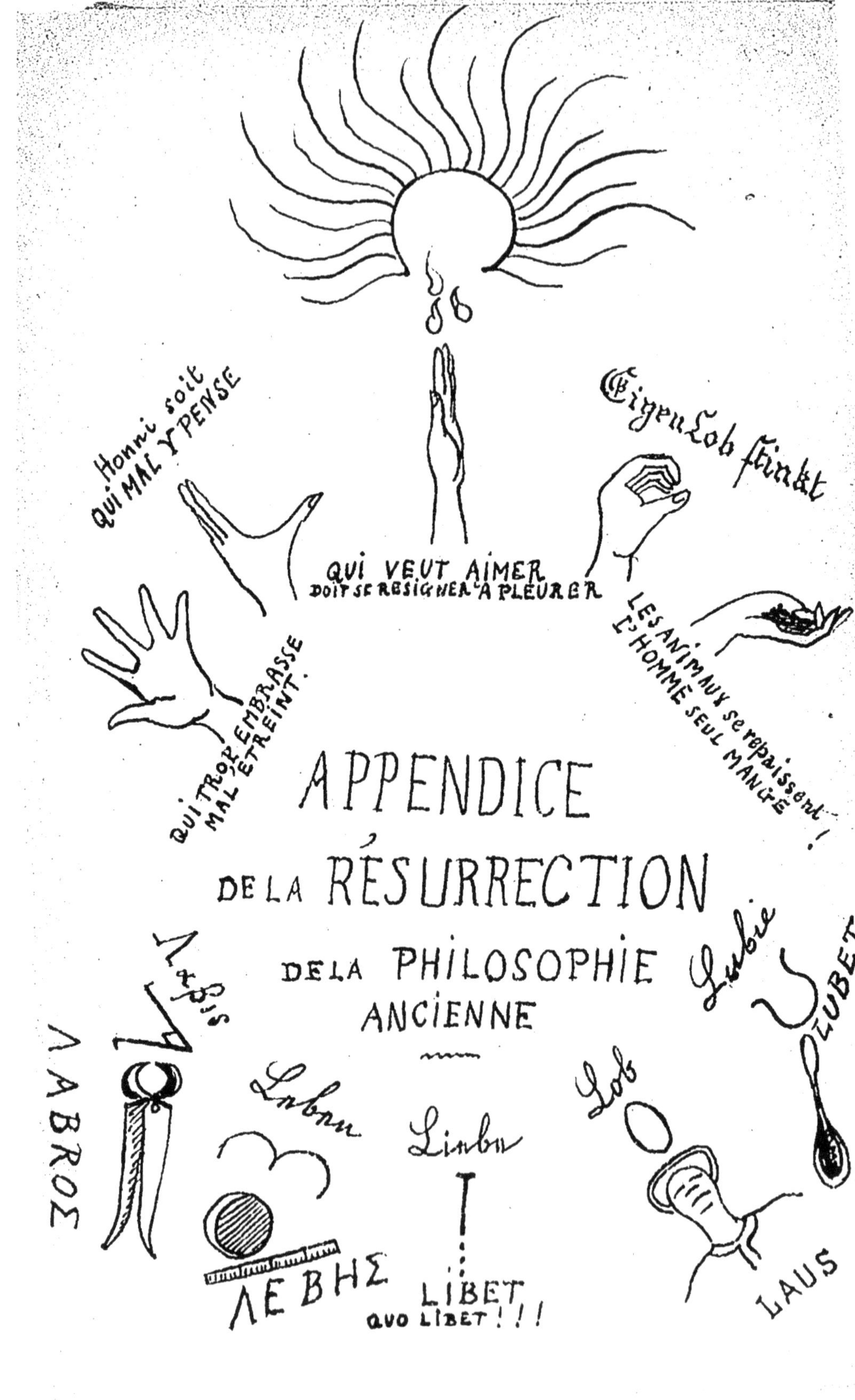

Honni soit QUI MAL Y PENSE
Eigen Lob stinkt
QUI VEUT AIMER
DOIT SE RESIGNER A PLEURER
LES ANIMAUX se repaissent L'HOMME SEUL MANGE!
QUI TROP EMBRASSE MAL ÉTREINT.
APPENDICE
DE LA RÉSURRECTION
DE LA PHILOSOPHIE
ANCIENNE
ΛΑΒΡΟΣ
ΛΕΒΗΣ
LIBET QUO LIBET !!!
LAUS

Épilogue muet.

Avant de parler, l'homme faisait des gestes, tel un sourd muet. Il désignait l'organe correspondant à ses sensations, à ses désirs.

Plus tard, la langue humaine s'est formée en représentation de ces signes. Sa définition est fort simple : c'est la reproduction du geste à travers les siècles.

" Étudier le geste, c'est donc
" étudier la langue humaine "

Fort de cet axiome, je vais essayer de faire parler les gestes eux-mêmes, par l'intermédiaire du dessin.

LANGAGE APHONE

LA ... AL

Significations.

Muss Zeit !

alesco, aliments
αλS , αλλαs
ale, alms

Perverfler

αλαζων aio (ll)
αλαλη
ψαλλω, psalms
(psaumes)

ALLA

LA ... AL

	aller	αλλομαι
ballader	balancer	αλλομαι
yrl	fuller	παλλω
Ferlequaffer	θαλαμος	σφαλλω
	θαλασσα	αλλαττω
	βαλανειον	σχαλλω
	comp. saut,	σαλος
	" paume,	παλλμη

αλα, sens de rame

Sens figuré : tous mouvements et dessins à angle,

I

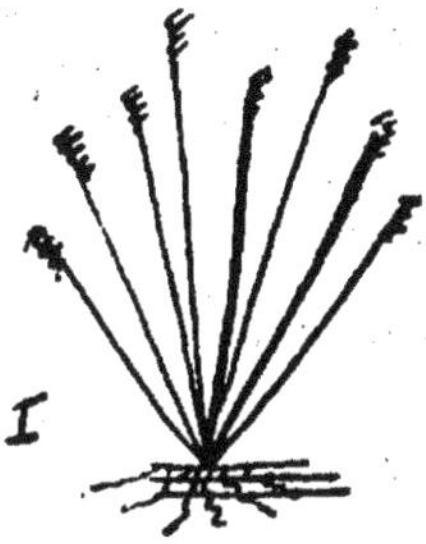

I talle, comp. θαλλω
voir τελλω, τελεθω

II malle ulln, Zerfl

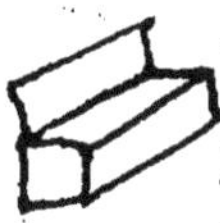

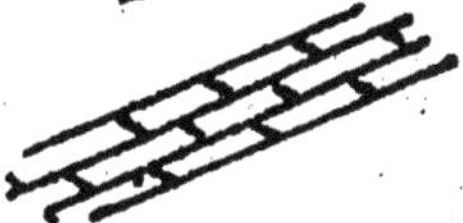

dalle

salle

Je suspicte beaucoup de mots grecs en AL dériver de formations étrangères en OL, tels χαλαμος – χαλαθος, πάλαθη. Je les examinerai avec d'autres sous la rubrique OLLO.

Toutefois, si nous laissons χαλαμος dans la catégorie des A, le mot aura le même sens que « talle » déjà cité ou à peu près.

ELLE

smell
ailes du nez
selle (garde-robe)
ελλεβορος

αελλα

aile

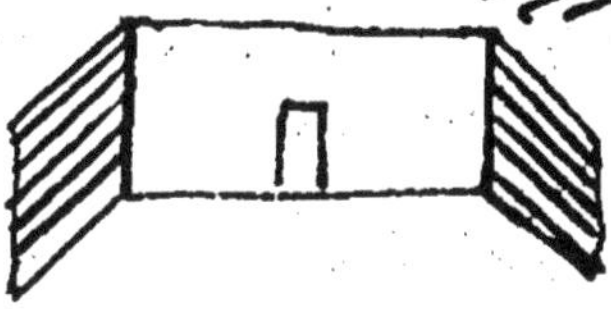

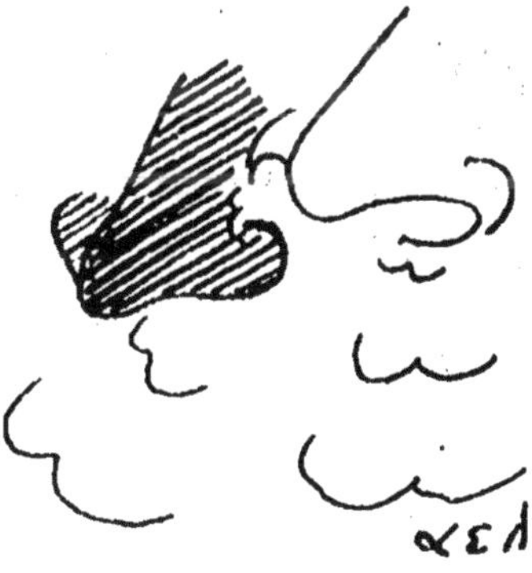

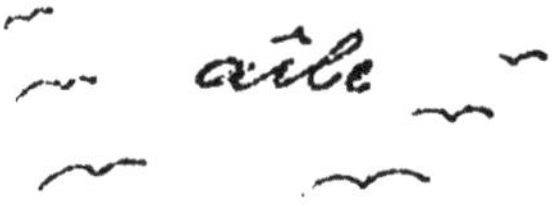

αελλα
comp. tempête
bell
χελαδος
schallen
αγγελλω
πελαγος
appeler
Vogelmutter

ala (sens de aile ou voile)
vol des oiseaux de passage
(Science des augures)
Helenus !

uccello
augello
vogel

les soupirs :
ελεος
ελεγος, ελεγεια
ελεημοσυνη
Elend
bellum

ΕΛΠΙΣ !

αελλα

veil
s..ailing
vessel
m..ast coach

nacelle [illegible]
nag, elle

πελαγος   Ερασμια ΠΕΛΕΙΑ
tourterelle
hirondelle

la rapidité :
ελλος — bélier
elan, [illegible]
ελεφας
ΚΕΛης, cheval
selle
αλεομαι
[illegible] — électrique
accélérer
pêle-mêle
pelure, pellis
pelle
[illegible]
[illegible]
fila etc...
nouvelle.
[illegible]
ciel ! Hellespont

II les organes génitaux

femelle
la belle !

βελος, πελτη, πελλος
well, swell
swelling !
velum (veil) un voile
cachons !

III. Sens figuré : toutes, les formes hémisphériques,
célestes, ou dérivées de ces formes ;

Hellé ; fille de Néphélé
νεφελη
Hélène, fille de Jupiter
θηλυς

Θαλλω doit être un dérivé de ΘΕΛΛω, mot
perdu, dans le sens de "pousser fleurs & branches."
En effet, la représentation de Θαλλω "pousser des
branches" est la suivante :

dessin, qui range ce
mot dans la voyelle
A ; mais, dans l'état,
cette figure représente
une nature morte —

une chose inerte en hiver...

Θελλω, de son coté, représenté par les mots
τελλω, τελεθω, dit « être, naître » le propre
de la nature en avril, alors qu'elle fait pousser
branches et fleurs

ΙLLİ

ω Ξωιλλη   Briller
Ιλλος
quille, partie du   Cil
bateau caché dans   Χηλη
l'eau.   Γλημη
Gellnt Lieft
illumina
Ηλιος
Criller
Kill   αλεα, ειλη
Pillory   ηλεκτρον
Bill of lading   Killow-Silex
comp. Gnilound - Ciel.
Ηλιαζω, Heliastes
Ελλανοδικαι - Ελλην
comp. Gentils
gentilhomme, illustris
hill'a alt. pleurer
illacrymo
LION
pour illion.   LION signe du zodiaque,
comp. villous   comp.   Juillet
Vhegüft (août) mois
de la sère.

II manifestation des rapports génitaux :

stilla, distiller
filiation
φιλειν
comp. fil de l'eau
le fil de la vie
aux doigts des Parques
Billard

III Sens figuré : toutes les formes de divisibilité de l'eau

fig I

fig II

fig III

ΙΛΛΩ
sillage, sillon
whirl
vrille
drill
vilbrequin
quille du bateau

estampille
ΕΛΙΣΣΩ
ΕΛΙΣ
tourbillon
whirl

ILL als. rivière
Ile, Illiers, ville
ile, Paillon, Tiller
similis, l'image dans
l'eau semblable à
l'objet miré,
eau tranquille
still

glich a als
ressembler
Clichy eau tranquille
où les rives se reflètent
clichet, cliché
glich als. de suite, ɣlɪɴɣ
pour *illich* **illico**
srill
Illyrie

ce sont toutes les acceptions d'ILLI embrouillées
avec les mots Uhyn, Eau, Oculus, Occhio, où
l'oeil tirait son nom, tantôt de sa forme, tantôt
de son huméfication, tantôt de son pouvoir éclatant
et vice versa, qui ont fini par rendre troubles
tous les mots composés. De là & d'autres causes presque
similaires sont nées les contradictions des langues
d'oc et d'oil.

Il se forma une série de mots agglutinés
composés de parties appartenant aux idiomes différents
parlés dans le même pays, mots doubles, tels
rouleau — rouler, ΙΛΛΩ tourner —
soleil — sol, oeil, ΙΛΛΟΣ, ΗΛΙΟΣ etc
flambeau — flamber, ΗΛΙΟΣ, briller
oiseau — ois, ill', & dans ce cas, ill' n'est
autre chose qu'un diminutif oisille,
oisillon, comme dans les mots sui=
=vants :

lionceau	lioncillo	leoncello
taureau	torillo	torello
fourneau	hornillo	fornello
jouvenceau	jovencillo	giovanetto / giovanile

nous remarquerons seulement que l'Espagnol a
conservé a ce diminutif "illo" sa vraie valeur
en raison de l'extrême divisibilité de l'eau, tandis
que l'Italien lui a préféré par "ello", les formes
éthérées, ailées de l'air.

Je comparerai encore fusil avec fuseau, pour
expliquer fusiller "fuser le feu comme le Soleil
ηλιος. Ce mot, cependant, est moderne; mais, il
prouve combien, malgré nous, nous sommes attachés aux
traditions, comp. briquet silex

OLLO

Κοιλος
hollow, hohl, creux
hole

Κολος
colon (intestin)   BOUILLIR
Κοιλια comp. BOIL BOYAU
Χολη, bile, colique
Χολερα
comp. la foire (forer)
Sens figuré
les formes creuses ou poreuses
φωλεος, caserne
μωλος – ολολυζω
Κολαξ, enjôleur, χολοιας
χολεος
κυλος, flûte
gaule, un jonc ou roseau
call pron. côll, crier
fort, d'une voix creuse
géole un creux entre 4 murs
a vaulted prison
gaule, Hollande, la terre vallonnée, entre les 2 mers
de l'Adour, au Rhin et au Var, des Alpes aux Pyrénées,
jolly – joli pays de France. X

roucouler
colère (Χολow)
jaula, cage

§ comp. ϒΠΕΡ, super, sur – ober , sobre esp. sur
ϒΠΟ (sup) sub – αλσ , sirlz –

Θολος, coupole
collier (rem. la chute
col, collar   mot)
χαυλος, cauli-flower
col, choux
comp.
Holz (Holiunter,
bois
comp. Soultz-sous-Forêt (Alsace   forêt, comme forer, bore
bohunu
(charbon,) Kohln, coal, collery
the coal is porous, the collery is hollow
comp. gallerie
VIOLETTE, viole
VIOL, violon
comp. geôle
CLOCK, cloche,
comp. fiole   pour   OLLOCHE
loth Lost
locus
loquere
locutus !
OROLOJERIA, horlogerie
comp. horas loquere
ou donde se colocan las horas
OLLA, le pot au feu
olla potrida

par ole   la PAROLE
assoler la terre, hollow the
field, rendre la terre poreuse, m
comp. labor, labourer avec bora, bohrau
πολεω
coloniser
SOL, soil, la terre poreuse, propre à la
culture – κυλαξ, sillon
SOLITUDE, un creux où vous êtes seul, solus
SOL (soleil) plongé dans le creux de l'espace

EMBLÈME DE
LA MODESTIE !

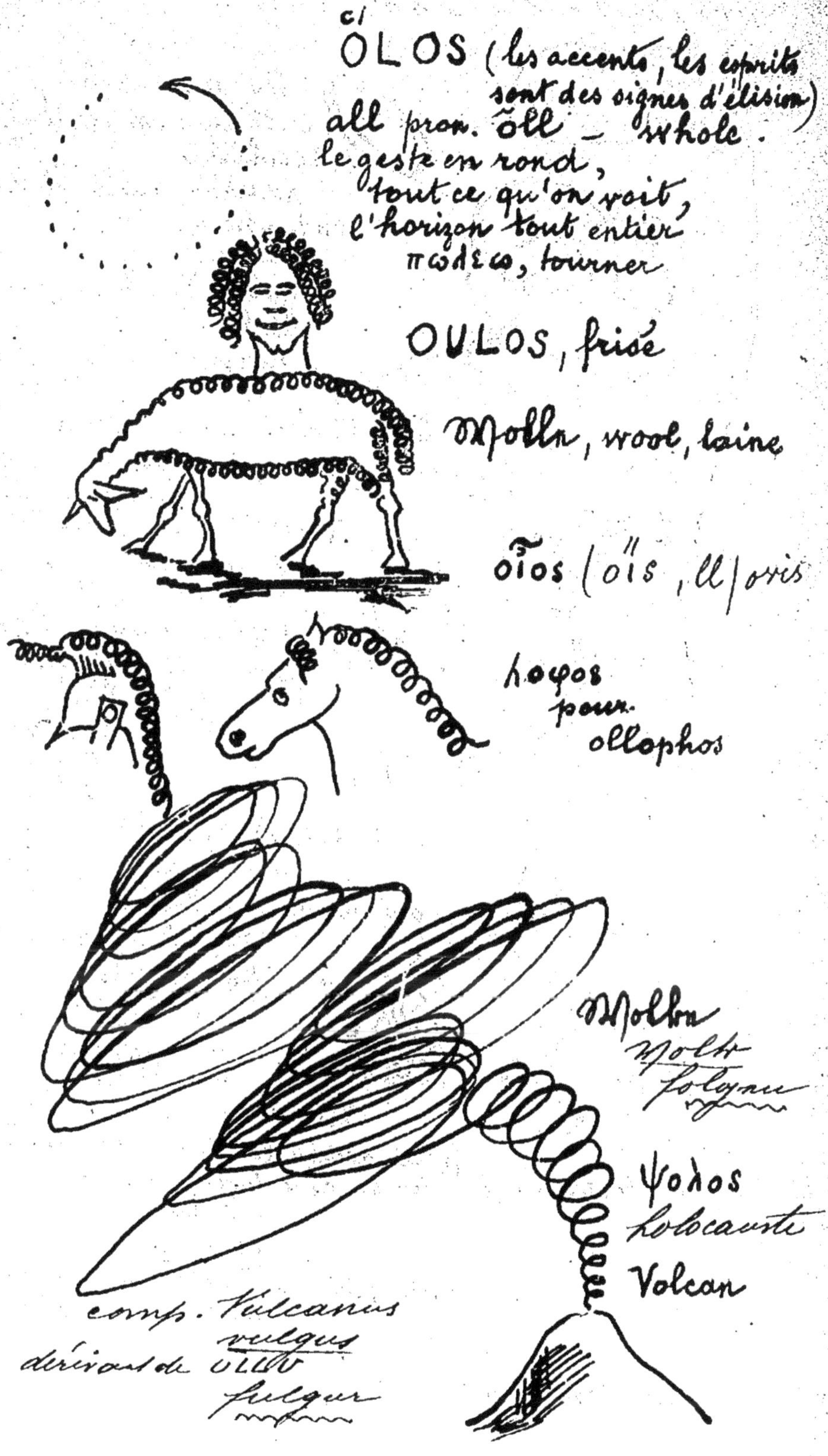

ÓLOS (les accents, les esprits
sont des signes d'élision)
all pron. ŏll — whole.
le geste en rond,
tout ce qu'on voit,
l'horizon tout entier
πωλεω, tourner

OULOS, frisé

Μολλη, wool, laine

οῖος (οῖς, ll/ovis

λοφος
pour.
ollophos

Μολλη
Μολτ
Pologne

ψολος
Holocauste
Volcan

comp. Vulcanus
vulgus
dérivant de OLLU
fulgur

Je reviens aux mots :

κάλαθος   corbeille,
πάλαθη   le cabas de figues
κάλαμος   roseau, plume

pour ce dernier mot, je renvoie à gaule, roseau, fofl,
à moins que vous ne préfériez le comparer à Halle, fofl,
Haller, rubrique ALLA,
et j'ajoute les mots

           μάλη   aiselle
(κμαλλος)   μαλάσσω   mollir
           μαλλος   laine

Je compare de suite   μαλλος   à Wool (Molln)
d'autre part   μάλη   à … aise

(amollir & non malaxer) μαλάσσω à molasse. français
pour conclure que tous ces mots ont été importés en Grèce,
où ils ont trouvé une patrie d'adoption, où leur O
leur forme ronde s'est changée en forme angulaire,
en A. J'en excepte tout au plus πλαθη, le cabas
fait de jonc, d'alfa ou de roseau, croisé en A.

A

Le κάλαθος a été, sans doute,
le κολαθος
comme le
μαλάσσω
a été le molassô
c'est à dire
ass. toucher
ft… beaucoup
oll, creux, soit un ballon de
caoutchouc ou un autre objet gonflé incomplètement.
Pour des raisons identiques πάλαμη n'est pas
synonyme de " paume ". C'est la même main, mais
dans une position différente.

ULLU.
manifestation du goût !
la goule, les gueules, gules
Meule, moulin par les dents
μυλίτης οδους
gullet, gulp
ululare, ύλάω, λύζω
σκύλλω, συλη butin

cuillère — collation en U devrait être
cullation, pourtant ce mot classé
en "oll" dit nettement 'déjeuner'
le cul, la culée, le culot
$\pi\omega\lambda\omega\nu\gamma$, garde robe
$\pi\omega\lambda\circ\varsigma$ $\theta\rho\upsilon\lambda\lambda\circ\varsigma$
$\lambda\upsilon\rho\alpha$, $\lambda\upsilon\rho\eta$, $\lambda\upsilon\omega$

full'a, poulain — $\pi\omega\lambda\circ\varsigma$,   pullus, comp υιο.
pull a als. excréments des animaux (ll)
pulire, nettoyer
Sens figuré : tous les dessins et mouvements en
U, les formes qui disparaissent pour
reparaître plus loin.

$\Sigma\chi\upsilon\lambda\lambda\alpha$, monstre
marin dont
parlent les Fables

$\Psi\upsilon\lambda\lambda\alpha$, la puce

füllan, farcir

brüllen, gémir

schüla, école

$\varphi\upsilon\lambda\lambda\circ\nu$, feuillage

$\varphi\upsilon\lambda\circ\nu$, sexe

Je mets en vedette ici
le mot
$\upsilon\lambda\eta$, forêt, bois, qui

n'est pas à sa place×. Mais $\upsilon\lambda\eta$ désigne aussi
l'endroit où il fait obscur, où se détachent des clairières;
il désigne aussi les matières, les plantes, les branches mortes,
qui obstruent les forêts, qui pourrissent, et de là, le classe-
-ment du mot dans la voyelle U ($\varphi\upsilon\lambda\circ\nu$) à moins que
× où l'on se cache (füllen)

les Grecs n'aient eu spécialement en vue la matière
qui brûle, qui s'enflamme, qui s'éteint.
Se classe aussi dans les mots irréguliers :

comp. Χυλος

Κολαζω   pour culazō
χολαπτω sculpter „ culaptō
χολλα   colle   „ culla
les déjections des intestins
colle cependant, lorsqu'on
parle d'un produit ressem=
=blant au sperme, produit
des testicules en O.

NOTA. après avoir fait marcher tous les organes de
nos sens, il nous est facile de les voir à l'arrêt, en em=
=ployant la lettre double ST qui marque l'immobilité
de STA.. en STU
arrêts divers.

Contact en ALLA   Stalle, Stinflüssig,
stall – σταλαζω,
répandre – (στιλαζω devrait
exister pour dire "couler
goutte à goutte „
comp. étal, s'étaler
etc. etc. . . .

en l'air en ELLE   στελλω, replier les
voiles, Steiln, stella
στελεον, stel'a manche
d'un outil en Alsace –
Stelze – stelzfus ols
jambe de bois –
Stella, Stellung,
Stalljung

στηλη

étai, étayer
stella (bien placé pour indiquer
la position élevée des étoiles)
mal placé pour indiquer
l'éclat des astres, comp.
stellone, astérique.

stelo, ital. stel'a als. tige d'herbe ou de fruit
dans la lumière en ILLI

στιδη, pièce de monnaie
très-petite — un scrupule, un
rien
stilla, stillatim, peu à
peu — steal, dérober
(peu d'abord) stealthy, clan=
=destin, still
comp. stellionnat
" 'ételle (lorrain) étin-
=celle.
comp. stellone (pour
stillone) astérique

dans le mouvement et le bruit
en OLLO

ce qui est creux
stolla brioche
stolz fier, celui qui se
gonfle, en marchant
comp. pavaner — stolzieran
stola, robe ample des
matrones romaines
στολη comp. étole, or=
=nement qui ne comporte
que les garnitures du
surtout antique, très
large
stol'haf'a als marmite
à pieds, pour produire
un creux, un vide pour
la combustion du bois
stol'a, pied d'une chaise
qui s'élargit dans le bas.

forme cloche

ce qui plaît en ULLU

στυλος, colonne, soutien
stühl stuhlmus
stool

Maintenant, il resterait à faire jouer, dans le même cadre, toutes les autres consonnes !

— Tous les mots connus des langues européennes pourraient être passés en revue successivement, les uns, déclassés loin de leurs voyelles d'origine, les autres, embrouillés dans des systèmes de diphtongues, toujours diffuses.

Ainsi apparaîtra **la langue universelle** dans toute sa simplicité !

Ainsi germera une pédagogie nouvelle, greffée sur un ensemble dont les gestes feront comprendre les mots, et dont le rigoureux classe-ment des mots amènera une facilité beaucoup plus grande pour l'instruction et l'éducation des masses.

Puis, la Philosophie, fille de la Pensée humaine nous guidera toujours vers des sommets plus élevés : elle sera, à tout moment, la pierre de touche, la plus sûre, de la civilisation et du progrès.

La preuve de mes affirmations antérieures est bien faite.

Le dessin triomphe !

Puis, quand toutes choses auront été ramenées à l'unité nécessaire, nous verrons les Lettres, plus intimement liées avec les Arts et les Sciences, dans leurs formations, dans leurs développements, aller, pour le plus grand profit de tous, à la conquête du vrai, du beau et du bien.

Nice, le 31 Décembre 1907
Aug. Sigrist

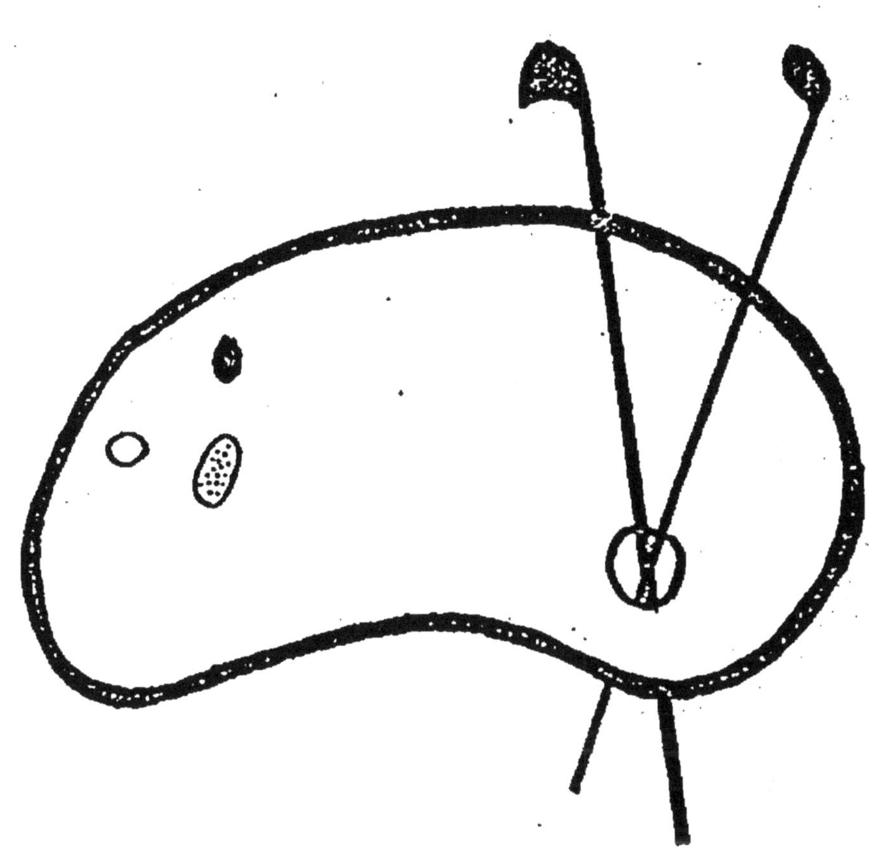

ORIGINAL EN COULEUR

NF Z 43-120-8

www.ingramcontent.com/pod-product-compliance
Ingram Content Group UK Ltd.
Pitfield, Milton Keynes, MK11 3LW, UK
UKHW020130130726
13696UKWH00001B/293